2025年度浙江省哲学社会科学规划后期资助重点课题研究成果
（编号：25HQZZ004Z）

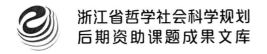
浙江省哲学社会科学规划
后期资助课题成果文库

复杂商务大数据智能图计算的
方法、模型与应用研究

Intelligent Graph Computing
for Complex Business Analytics: Methodologies,
Models and Applications

刘东升　郭飞鹏　王潇杨◎著

ZHEJIANG UNIVERSITY PRESS
浙江大学出版社
·杭州·

图书在版编目（CIP）数据

复杂商务大数据智能图计算的方法、模型与应用研究 /
刘东升，郭飞鹏，王潇杨著. — 杭州：浙江大学出版社，
2025. 6. — ISBN 978-7-308-26134-0

Ⅰ. F712.3

中国国家版本馆 CIP 数据核字第 2025KC0170 号

复杂商务大数据智能图计算的方法、模型与应用研究

刘东升　　郭飞鹏　　王潇杨　　著

策划编辑	吴伟伟
责任编辑	陈逸行
文字编辑	谢艳琴
责任校对	刘婧雯
封面设计	雷建军
出版发行	浙江大学出版社
	（杭州市天目山路 148 号　邮政编码 310007）
	（网址：http://www.zjupress.com）
排　　版	杭州晨特广告有限公司
印　　刷	浙江新华数码印务有限公司
开　　本	787mm×1092mm　1/16
印　　张	20.25
字　　数	309 千
版 印 次	2025 年 6 月第 1 版　2025 年 6 月第 1 次印刷
书　　号	ISBN 978-7-308-26134-0
定　　价	98.00 元

前　言

在信息化时代,商务环境的复杂性日益增加,企业和组织面临着前所未有的数据处理和分析挑战。随着数字化的日益深入,从金融市场到供应链管理,从社交媒体分析到电子商务平台,复杂的商务场景产生了大量多模态数据,这些数据体量巨大且种类繁多,包括文本、图片、视频以及各种传感器数据等。企业若能有效处理这些数据,将会极大地提高决策的精准度和操作的效率,进而锁定竞争优势。尽管传统的图计算方法在处理结构化数据方面已经展示出其潜力,但在应对数据复杂性和实时需求方面,这些方法往往存在局限性。传统图计算方法在处理来自不同数据源的高维性和异构性数据时往往难以捕捉数据间复杂的关联和内在结构,从而限制了数据分析的深度和广度。例如,这些算法在实时更新数据流、处理大规模动态数据集或融合多种数据模态方面的能力通常较弱。此外,随着数据量的不断增长,现有的图计算框架和模型在效率与可扩展性上也面临着严峻的挑战。

本书旨在研究一系列新的理论框架和实用技术,以帮助读者理解和应对复杂数据处理带来的挑战。本书的核心内容涵盖了从理论基础到实际应用的全方位解析,不仅详细介绍了大数据的智能图计算方法和相关模型,而且通过具体的案例展示了这些方法和模型应用的实际效果。

希望读者通过对本书的学习,能够获得关于如何使用图计算技术处理和分析大规模多模态数据的更多知识,理解这些技术在现实商务环境中的应用,并掌握将这些理论应用到实际操作中的能力。我们希望本书能够为正在或计划涉足数据科学领域的专业人士、研究人员和学生提供帮助,提高他们在复杂的商务场景中有效利用大数据的能力。

在未来的商业竞争中,数据和信息将成为决定企业成败的关键因素。

本书的目标是通过深入浅出的方式指导读者利用先进的图计算技术,让读者不仅能够处理和分析大数据,还能从中提炼出有价值的洞见和策略,最终推动企业的成长和行业的进步。

目 录

第一章 绪 论

第一节 研究背景与意义

一、研究背景

(一)复杂商务场景下大数据爆炸式增长

在数字化时代,社交网络、金融市场、供应链系统等复杂商务场景产生的多模态大数据正经历着前所未有的爆炸式增长。例如,在电子商务领域,大量的交易记录、用户行为数据和产品信息持续积累,形成了庞大的多模态数据池。同时,大型企业和商业集团的运营管理依赖于对其商务活动的全面感知和实时监控,这涉及大量的客户交互数据、销售点数据和市场营销活动监测数据等。这些多源、多类型的数据交织形成了一个高度复杂和动态的数据环境,其中不仅包括结构化的文本和数值数据,还包括大量的非结构化数据(如图像、视频和音频等)。这些数据的异构性和复杂性对数据的存储、处理和分析提出了巨大的挑战。从数据的实时性和准确性要求,到数据分析的深度和广度,各方面都对现有技术和方法提出了更高的要求。特别是在零售、金融、商业物流等电子商务关键领域,对大数据的有效分析和利用成为推动企业创新、优化决策和促进经济发展的关键因素。

(二)传统图计算方法处理多模态大数据问题的困难日益凸显

复杂商务场景下产生的多模态数据涉及不同类型的数据源,这些数据之间可能存在复杂的关联,数据的高维性和异构性使得传统图模型难以有效捕捉和表达数据间复杂的关联和内在结构,影响了分析的深度和广度。当前图计算方法在处理多模态数据时面临的主要挑战如下。

1. 传统图计算方法多为静态或半静态,难以支撑实时动态决策

传统图计算方法往往在图结构建立之初就需要全部数据,而在复杂商务场景下,数据流是不断变化的,新的信息源可能随时加入,已有数据也可能发生变动。因此,需要算法具备实时处理和分析的能力,以适应数据流的动态更新,确保决策反馈的及时性和准确性。此外,这种静态或半静态的特性还限制了图计算方法在处理大规模数据流时的灵活性和扩展性,难以满足多模态大数据环境下对于高效、实时计算的需求。

现有的图数据挖掘算法和模型并不总是能够完美适应多维度数据的环境,尤其是当算法无法精准识别关键信息时,可能会引发对数据的过度分析,进而增加计算负担。实时数据分析对计算效率提出了极高的要求,数据流的实时更新和依赖关系的处理需要借助高效灵活的计算策略来应对数据的实时变化,但在资源有限的情况下,多维数据分析的复杂性、动态性和依赖性常常使得分析效率降低,并最终导致人们无法根据现有的信息作出实时决策,影响决策水平。

此外,为满足动态处理分析复杂商务场景下大规模图数据的要求,还需要保证数据流传输的完整性及实时性。在复杂商务场景下,超大规模图数据流传输往往存在网络带宽限制、数据同步困难、数据协调处理能力不足、传输错误及丢包,以及资源竞争等因素的相互作用和叠加效应所导致的传输阻塞及数据完整性低的问题。网络带宽的限制导致数据传输速度下降,尤其是在数据需要经过多个节点或长距离传输时,这种限制更为明显。同时,由于数据来源广泛且类型多样,如文本、图像和视频等,维持这些数据的同步并保持它们之间的内在联系对于保证数据完整性来说至关重要,但这在实际操作中是极具挑战的。

2. 缺乏信息融合机制,无法实现异构数据的深度集成和语义一致性

传统图计算方法往往缺乏有效的机制来自动识别和处理不同数据模态间的内在联系。由于复杂商务场景下不同来源的数据拥有各自独特的表达形式和内部结构,这使得直接进行信息融合变得极为复杂。这些数据不仅在格式和尺度上存在差异,而且在语义层面上有着明显的鸿沟,即使是描述

相同事件的不同模态数据也难以实现语义上的无缝对接。这种语义差异提高了跨模态信息融合的难度,因为缺乏有效的桥接机制来统一不同模态数据的语义表示。

尽管相关领域的研究取得了一定的进展,但现有的融合技术和方法尚不成熟,特别是在处理和融合结构高度异构的数据方面。缺乏统一的数据融合模型进一步加剧了这一问题。不同模态数据很难在同一分析框架下进行有效整合,这影响了跨模态信息融合的效率和准确性。同时,信息融合过程往往需要巨大的计算资源,但在实际应用中,可用的计算资源往往有限,特别是在处理大规模多模态数据时,资源的限制成了信息融合的瓶颈,从而导致无法分析不同模态数据间复杂的联系,难以实现跨模态的数据分析和信息融合。

3. 图分析挖掘算法集中于表层结构,深层语义关联挖掘能力弱

在图计算领域,传统方法主要聚焦于分析图结构的基础属性,如顶点间的连通性和图的整体拓扑结构,而往往忽视了蕴含于图数据中的深层语义信息以及多模态数据之间的复杂语义联系。这种方法的局限在于缺少对图数据中深层次语义关联的有效挖掘,因此不能充分利用图数据中丰富的多模态语义信息。

此外,随着数据维度的增加,传统图计算方法在数据挖掘过程中面临着资源消耗和时间成本计算的指数级增长。多维数据的每一维度都潜藏着大量信息。然而,并非所有信息均对解决特定问题有直接贡献,因此传统图计算方法会导致大量计算资源在处理无关特征上的浪费,即计算冗余现象。有效的特征选择和降维策略对于处理高维数据来说至关重要。面对大规模的多维数据,现有的图计算策略往往难以在保持数据完整性的同时实现维度的显著降低,这不仅降低了计算效率,也限制了对实时数据分析的支持。加之多维数据中常见的稀疏性问题进一步导致了计算资源的无效利用,即在巨大的数据空间中,实际有效信息的密集度极低,造成了资源的无效消耗。

(三)急需构建复杂商务场景下大数据智能图计算的方法、模型与应用研究

基于上述分析,可见当前复杂商务场景下传统图计算方法在大数据处

理分析方面仍存在一定的不足,因此,为推动数字经济发展,充分挖掘和激活数据要素潜能,构建新型的智能计算方法与模型,需要针对传统图计算方法进行改良和创新,研究适应复杂商务场景下大数据处理分析的新型图计算框架。

首先,要针对数据传输过程中的带宽限制、数据同步困难和并发处理能力不足等问题,开发数据流预测及补全算法,实现数据流的智能协调调度,以减少数据在传输过程中的阻塞和丢包问题,保证数据的实时性和完整性,为实现实时动态计算提供基础,其关键在于开发高效的特征选择技术,通过精准地识别和提取对分析任务有用的信息,减少无关特征对计算资源的占用,提高数据处理和分析的效率;研发适用于大规模、高维度和动态变化数据的高效实时分析模型和算法,以支持对复杂多模态大数据的快速响应和实时决策;研究和开发能够理解与处理不同数据模态的统一数据模型和融合框架,以实现数据之间的有效整合和深度融合。

此外,针对现有模型和算法在处理特定类型多模态数据时的不适应性,亟须跨学科合作,结合人工智能、机器学习、统计分析等领域的最新研究成果,开发出更为灵活和智能的数据处理方法,以适应多模态数据的复杂性和多样性。同时,考虑到计算资源的限制,还需要优化计算框架和资源调度策略,充分利用云计算、边缘计算等技术提高数据处理的并行性和分布式计算能力。

总之,面对复杂商务场景下传统图计算处理和分析大数据的挑战,需要综合运用多学科知识和技术,创新数据处理方法和分析模型,以实现对多模态大数据的高效管理、深度分析和智能应用,从而为经济转型和社会发展提供强有力的数据支撑与智能决策。

二、研究意义

(一)理论意义

第一,综合分析了复杂商务场景下多模态大数据计算面临的主要问题,拓展了图计算的理论方法。本书对研究领域和研究层面进行拓展,分析复杂商务场景下大数据计算的挑战,并将图计算中的理论方法以及数学模型引入复杂商务场景下大数据处理领域,为复杂商务场景下大数据的处理提供了新的方法。此外,本书研究的方法和发现丰富了大数据领域的研究内容,为大数据的图表示、分析和计算提供了新的理论基础。通过对多模态大数据特有的结构和特性进行深入分析,本书推动了大数据分析技术向更加复杂、高效的方向发展,同时为相关理论的进一步研究奠定了基础。

第二,弥补了传统算法的不足,对图计算相关算法进行了理论创新。本书深入探讨了传统图计算方法在面临新问题时的局限性,深度剖析了复杂商务场景下大数据的特点,并对这些传统算法的核心机制进行了优化、改进和创新。本书进行了一系列理论创新,包括融合特征增强的多模态数据流预测模型、融合社区结构分析的图生成算法、多样化的超图搜索算法等。这些创新不仅提升了图计算方法在多模态大数据环境下的适应性,也对其适用范围进行了拓展,使其能够更好地适应复杂网络结构和动态变化的数据特性。通过这些理论上的创新,本书为图计算领域的研究提供了新的视角和方法,进而为多模态大数据的深度分析和应用打下了坚实的理论基础。

第三,补充丰富了图计算在复杂商务场景下大数据领域的应用研究。通过将图计算的理论和方法应用于多模态大数据领域,本书不仅扩展了图计算的应用范畴,还为多模态数据的分析和处理提供了新的视角与工具。在此基础上,本书进一步探索了图计算在复杂商务场景下大数据领域的具体应用,包括社交网络分析、推荐系统和机械设备故障诊断及预测等多个关键领域。通过对这些领域内的复杂数据进行图形表示和高效计算,本书不仅揭示了数据内在的结构特征和关联规律,还提升了数据分析的深度和广度。此外,本书还探讨了图计算在处理多模态大数据时的可扩展性和鲁棒性问题,并提出了相应的优化策略和解决方案,进一步提高了图计算技术在多模态大数据应用中的实用性和有效性。这些研究成果不仅丰富了图计算的理论基础,也为多模态大数据的实际应用提供了有力的技术支持,推动了数据科学和信息技术领域的发展。

(二)实践意义

第一,深入研究了复杂商务场景下多模态大数据的产生及面临的挑战,为复杂商务场景下大数据相关技术研发提供参考。为大数据产业中多模态大数据的处理与分析技术的研发提供了重要的理论基础和实践指南。通过对复杂商务场景下多模态大数据产生的原因、特性及面临的主要挑战进行深入分析,本书揭示了在大数据发展的新阶段所存在的关键问题和技术难点。这些研究成果不仅为多模态大数据处理技术的创新提供了科学依据,也为相关领域的研究人员和技术开发者提供了宝贵的参考信息,帮助他们更好地理解多模态大数据的内在复杂性,从而设计出更为有效的解决方案。

第二,提高对复杂商务场景下大数据计算方法的重视程度,为决策制定提供支撑。通过本书的研究,明确了在数据驱动的时代背景下对复杂商务场景下大数据计算方法进行深入研究和应用开发的重要性。利用大数据计算方法进行深度分析能够提供更全面的视角和更细致的洞察,可以更好地理解和预测社会经济发展趋势,提高决策制定的针对性和有效性,有助于推动基于数据和技术的智能化决策的制定,促进社会治理的现代化和信息化水平提升。

第三,综合分析了图计算在解决复杂商务场景下大数据的适配性问题,为大数据应用提供实践依据。通过对图计算方法在处理复杂商务场景下大数据时的应用进行综合分析,本书揭示了图计算方法在处理复杂数据时的有效性和灵活性。在图数据的处理中,数据之间复杂的关系可以通过图的形式直观地表达出来并进行相应的分析,图计算方法能够有效地挖掘和利用这些关系中蕴含的信息,从而提高数据分析的准确性和效率。这不仅扩展了图计算理论的应用领域,也为实际应用中多模态大数据的处理提供了坚实的技术支撑和实践依据。

第二节　基本概念界定

一、复杂商务场景大数据

复杂商务场景下的大数据是指在高度动态且多变的环境中产生和处理的大规模数据集合。这些数据源于多个异构系统,可能包括传感器网络、社交媒体平台、金融交易系统等。这些场景下的数据不仅数量庞大且增长迅速,还存在高度的异构性、时变性和不确定性,这些对数据集成、存储、处理和分析提出了更高的要求。在这样的环境中,传统的数据处理方法可能难以应对,因此需要更新的技术和方法,如实时数据处理、流计算、分布式计算和增强的数据安全措施等。复杂商务场景下的大数据分析旨在通过整合多源数据,提取有价值的信息和知识,从而支持实时决策和行动。例如,在供应链管理中,通过分析从供应商到终端消费者的物流数据、库存数据和市场需求信息,可以实现供应链的实时优化和效率提升。复杂商务场景下大数据的应用不仅推动了各行业的数字化转型,也为解决社会中的复杂问题提供了新的方案,具有广泛的社会和经济价值。

二、图计算

图计算是一种高效处理图结构数据的计算范式,关注图中节点(实体)及其边(关系)的复杂网络分析,利用图论的原理来解析和挖掘数据中的复杂关系。这种方法在社交网络分析、网络拓扑、生物信息学以及推荐系统等领域具有广泛的应用前景,尤其适用于挖掘和分析数据中的隐含模式与关系(Cohen,2008)。图计算的核心在于能够有效处理和分析大规模、拥有复杂关系的数据集合。它不仅关注单个数据点,更重视数据点间的连接和结构,算法如 PageRank(页面排名)、Dijkstra(迪杰斯特拉算法)和 Louvain(一种基于模块度的社区发现算法)等被用于识别最重要的节点以及计算最短路径或检测社区结构,从而提取数据中的关键信息,揭示隐藏在数据关系中的深层次模式。同时,作为处理和分析复杂关系数据的有效工具,在数据密集型领域的应用日益增多。其发展不仅促进了计算方法的创新,也为解决现实世界的复杂问题提供了新的视角和解决方案,对数据科学和人工智能领域的进步产生了深远影响。

第三节 研究内容与框架

一、研究内容

为研究复杂商务场景下大数据智能图计算的方法、模型与应用,考虑到多模态数据流传输效率与数据完整性会在根本上影响大数据实时计算决策性能，首先，本书针对数据流阻塞及数据丢失问题，提出了数据流缺失值预测模型、长时间序列预测模型等，并在基于实时数据流的基础上构建以图为核心的多模态融合数据结构。其次，本书将复杂商务场景下多模态数据处理分析与图计算技术融合，研究了面向多图的图查询算法，同时构建出针对多元子图数据的图分析模型，实现了关键信息子图的高效挖掘以及多维数据的联合分析。最后，本书基于多模态数据的挖掘及分析结果，构建了多场景应用示范案例，探讨复杂商务场景下多模态大数据的应用研究。本书主要研究内容的逻辑关系如图1-1所示。

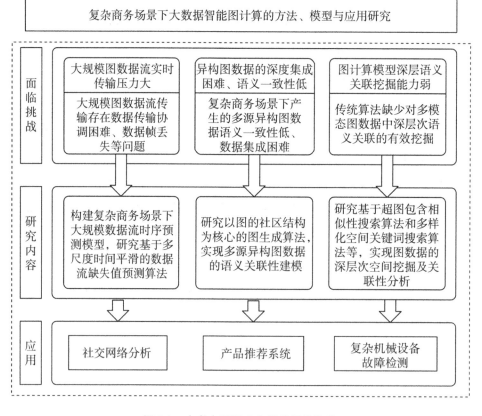

图1-1　本书主要研究内容的逻辑关系

第一部分针对复杂商务场景下超大规模图数据流传输存在的数据传输协调困难、数据帧丢失、数据传输阻塞和传输压力大等问题,构建复杂商务场景下大规模数据流时序预测模型,研究基于多尺度时间平滑的数据流缺失值预测算法,通过对数据流进行预测建模,实现数据传输时的智能调度,提高数据传输效率,降低传输损耗。

第二部分针对复杂商务场景中产生的多源异构图数据语义一致性低、数据集成困难的问题,研究以图的社区结构为核心的图生成算法,实现多源异构图数据的语义关联性建模。

第三部分针对传统图计算模型深层语义关联挖掘能力弱、高维度数据挖掘乏力的问题,研究基于超图包含相似性搜索算法和多样化空间关键词搜索算法,以及针对符号图的团识别模型,从而实现图数据的深层次空间挖掘及关联性分析。

第四部分从实际场景出发,针对社交网络、产品推荐系统以及复杂机械设备故障检测三个复杂商务场景中产生的数据进行分析,将图计算与大数据分析结合起来,构建基于特殊场景的图数据分析模型。

二、研究框架

第一章为绪论,主要介绍了本书的研究背景和研究意义,以及研究内容、框架、研究方法和技术路线,并总结了研究创新点。

第二章的文献综述对现阶段相关文献的研究现状进行总结回顾,明确了本书的研究方向。

第三章为复杂商务场景下融合特征增强的长短期记忆网络(LSTM)多模态数据流预测,利用注意力机制改进现有方法的不足,实现数据流预测。

第四章为基于数据增强的 LSTM 复杂商务场景数据流缺失值预测,利用多尺度时间平滑来推断丢失的数据,补全传输过程中缺失的数据。

第五章为复杂商务场景下的长时间序列预测,使用 Token MLP(序列多层感知器)和 Channel MLP(通道多层感知器)对序列与通道依赖性进行建模,降低随时间推移积累而产生的误差。通过对数据流进行预测补全,实现数据传输时的智能调度,提高传输速率。

　　第六章为融合社区结构分析的图生成算法,通过新型的社区保护生成对抗网络,对实时多模数据进行分析,理解数据关联性,构建生成图。

　　第七章为基于神经网络的超图包含相似性搜索算法,使用基于学习的方法对图数据进行查询,达到准确性和效率之间的平衡。

　　第八章为道路网络上的多样化空间关键词搜索算法,利用基于签名的倒排索引技术,实现针对空间关键词的准确搜索。第七章和第八章组成图数据挖掘部分,为后文的图数据分析提供理论基础。

　　第九章为符号图下的团识别。本章介绍了一个基于平衡理论的模型,针对图数据中的有符号图,挖掘图中的紧密节点集合,从而揭示网络中的模块化结构、群体关系和共同模式。

　　第十章、第十一章、第十二章分别针对社交网络、产品推荐系统以及复杂机械设备故障检测三个应用场景进行了分析,将图计算与多模态大数据分析结合起来,并对实际应用进行展示。

　　由此可见,第三章、第四章、第五章是第六章的研究基础,而第六章是第七章、第八章的研究前提,第九章在前两章的基础上进行了进一步的分析,最后三章结合前面的研究内容进行了实际应用研究。全书各章之间紧密结合,从而形成了复杂商务场景下大数据智能图计算的方法、模型与应用研究体系。本书整体的研究框架如图 1-2 所示。

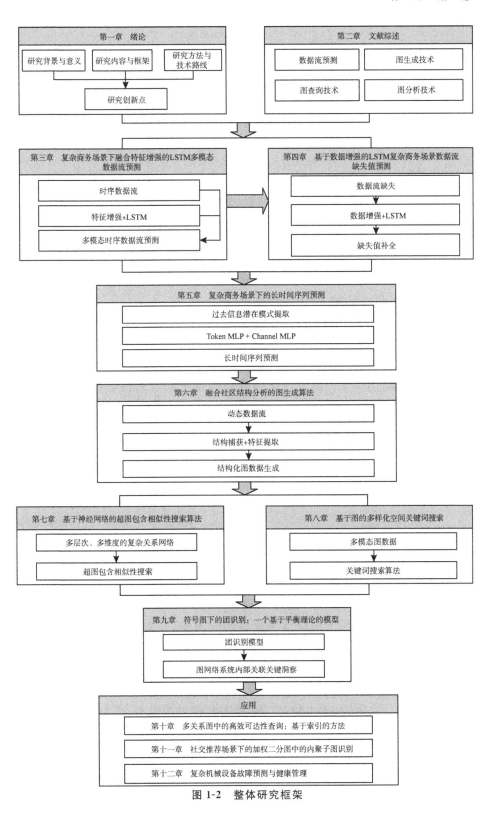

图 1-2 整体研究框架

第四节　研究方法与技术路线

一、研究方法

在探讨复杂商务场景下多模态大数据智能图计算的方法、模型与应用的过程中，本书采用了一系列的研究方法，以确保分析的准确性、模型的有效性以及应用的实用性。这些研究方法总结如下。

(一)数据预处理与特征提取

针对多模态大数据的异构性和复杂性，本书首先采用数据预处理技术对原始数据进行清洗、归一化和标准化处理，以提高数据的质量和分析的准确性。接着运用特征提取方法从多模态数据中提取关键特征，包括文本的自然语言处理技术、图像的视觉特征提取技术以及音频和视频数据的时频特征提取技术，这些关键特征将为后续的数据分析和模型构建提供重要的输入信息。

(二)深度学习与机器学习

考虑到多模态大数据的复杂性，本书采用深度学习方法，如卷积神经网络(CNN)、循环神经网络(RNN)和长短期记忆网络，以及注意力机制等来处理和分析数据，这些方法在特征识别、模式挖掘和关系建模方面展现出了显著优势。此外，机器学习算法如支持向量机(SVM)、决策树、随机森林和梯度提升机等也被用于构建预测模型和分类器，以实现数据流的预测和缺失值的补全。

(三)图计算与网络分析

基于图计算理论，本书构建了多模态数据的图模型，将复杂的数据关系转化为图中的节点和边的形式。运用图算法如 PageRank、社区检测、节点中心性分析等对图模型进行深入分析，揭示数据中的重要结构特征和潜在关系。网络分析方法也被用于研究数据中的网络拓扑结构,从宏观和微观层面理解数据的组织和动态变化。

(四)数据增强与模型优化

为了提高模型的泛化能力和预测性能,本书采用数据增强技术扩充训练集,增加模型训练的多样性和鲁棒性。同时,模型优化策略如超参数调优、正则化技术和交叉验证等被用于优化模型结构和参数,以提高模型的准确度和效率。

(五)实验验证与案例分析

本书通过设计一系列实验来验证所提方法和模型的有效性,包括使用公开数据集进行基准测试,以及分析在真实应用场景中的案例。对实验结果的分析和讨论不仅验证了方法的可行性,也为模型的改进提供了依据。

二、技术路线

技术路线的构建是本书研究推进的关键,它指导着整个研究过程的开展和深入。本书的技术路线围绕多模态大数据的智能图计算方法、模型与应用展开,旨在提供一套系统的解决方案,以应对复杂商务场景下大数据处理和分析带来的挑战。

第一步,本书将对复杂商务场景下大数据的基本概念和特性进行深入的探讨和分析,明确大数据在复杂商务场景中的表现形式和挑战,以及图计算在其中的作用和意义。进行这一步骤的目的是界定研究的范围和核心内容,为后续的研究工作奠定基础。

第二步,本书将深入探索图计算在复杂商务场景下大数据分析中的应用潜力,通过构建适应复杂商务场景数据特征的图模型,实现数据之间复杂关系的有效表达和深入分析。这一步骤涉及图模型的设计、节点和边的定义,以及图结构的构建方法,是实现数据有效分析的关键环节。

第三步,针对复杂商务场景下大数据分析中的关键技术问题,如数据流的实时预测、图数据的深度挖掘和分析等,本书将设计和优化一系列的算法与模型。其中包括但不限于数据流缺失值的预测模型、基于深度学习的图节点分类和边预测模型,以及社区检测和图聚类算法等。这些算法和模型的设计与优化是提高数据分析效率和准确性的关键。

第四步,本书将通过一系列实验来验证所提出的方法和模型的有效性。实验设计将覆盖多种数据集和应用场景,以全面评估方法的性能和适用范围。对实验结果的分析和讨论不仅能够证明方法的可行性,也能够揭示其优势和潜在的改进空间。

第五步,本书将基于研究成果,探讨所提出的方法和模型在实际应用场景中的应用潜力和实践价值,并提出一系列应用示例。这些应用示例将展示如何将理论研究成果转化为实际应用,以解决实际问题。同时,本书还将对未来的研究方向进行展望,为后续的研究工作提供指导和灵感。

综上所述,本书的技术路线从复杂商务场景下大数据的基本概念分析入手,然后进行图计算模型的构建和算法的设计与优化,再到实验验证和实际应用探索,形成了一条完整的研究线路,旨在为复杂商务场景下大数据的智能处理和分析提供全面的理论支持与实践指导。

第五节　研究创新点

一、实现了多模态数据流的实时预测与智能调度

本书通过引入基于多尺度时间平滑和注意力机制的 LSTM 模型来预测和调度复杂商务场景下的大规模数据流,并对传输过程中出现的数据缺失值进行补全,使用 Token MLP 和 Channel MLP 对序列与通道的依赖性建模,降低随时间推移积累而产生的误差。实现数据传输时的流量智能调度及数据流补全,提高传输速率。

二、研究了基于社区结构的多源异构图数据语义关联性建模算法

本书通过开发新型的社区保护生成对抗网络，将传统的图计算方法应用于多源异构数据的语义关联性建模。该方法不仅能有效保持数据的语义一致性，还能深入挖掘不同数据源之间的联系。

三、建立了深层次的高维度数据空间挖掘及关联性分析模型

通过研究超图包含相似性搜索算法和多样化空间关键词搜索技术，使用基于学习的方法，对图数据进行查询，提高对图数据进行高维度挖掘的效率及准确性，通过构建基于平衡理论的团识别模型，对有符号图进行关联性分析，从而揭示图数据中的模块化结构、群体关系和共同模式。

第二章 文献综述

第一节 数据流预测

在数据流预测领域,随着数据体量的爆炸式增长和计算技术的快速发展,各种新兴的预测技术不断涌现。这些技术被广泛应用于金融市场分析、网络监控、水资源管理等领域,为决策提供支持。本书综述了最新的数据流预测技术相关论文,重点关注深度学习、机器学习以及其他数据驱动方法在数据流预测中的应用和发展。

深度学习因其强大的特征提取和模式识别能力,在数据流预测领域显示出巨大潜力。特别是长短期记忆网络和卷积神经网络等模型因其在处理时间序列数据方面的优势而被广泛研究。LSTM 是一种特殊的递归神经网络,能够捕捉长期依赖关系。在数据流预测中,LSTM 通过学习过去的数据流来预测未来的值。例如,有学者对比了 LSTM 和其他传统机器学习算法在日流量预测中的性能,发现 LSTM 在多个统计指标上表现优异。尽管 CNN 主要用于图像处理,但其在处理时间序列数据方面也显示出较大的潜力。通过将时间序列数据视为一维图像,CNN 可以提取数据中的重要特征并进行预测。除了深度学习和机器学习方法外,还有一些其他的数据驱动方法被用于数据流预测。如自回归移动平均(ARMA)模型和差分自回归移动平均(ARIMA)模型等传统时间序列分析方法在处理稳定的数据流时仍然有效。为了提高预测性能,研究者们尝试将不同的预测模型组合起来。

例如,通过结合深度学习模型和传统统计模型,可以充分利用各自的优势,提高预测的准确性和鲁棒性。

Guisheng 等(2014)提出了一种新的数据流预测方法,通过将输入数据流构造成有向图结构,并使用马尔可夫模型进行预测,提高了预测的精度和成功率。Wu 等(2009)研究了数据驱动模型在日流量预测中的准确性表现。通过与其他几种模型,即 KNN(K 最近邻)、ANN(人工神经网络)、CDANN(迁移学习网络)的比较,提出了一种新模型,并通过与数据预处理技术的结合,进一步提高了模型性能。Londhe 和 Charhate(2010)对三种数据驱动技术,即 ANN、GP(遗传算法)和 MT(梅森旋转算法)在河流流量预测中的应用进行了比较,发现 GP 在预测精确度方面略胜一筹,尤其是在处理正常事件和极端事件时。

尽管数据流预测技术取得了显著进展,但仍面临一些挑战,包括数据流的动态性和不稳定性、大规模数据处理的计算成本以及模型的泛化能力等。未来的研究方向可能包括:开发能够适应数据流变化的预测模型,以应对数据流的动态性和不稳定性;探索更高效的算法和模型压缩技术,以降低处理大规模数据流的计算成本;探究深度学习模型,尤其是"黑箱"模型的决策过程。研究模型的可解释性对于提高用户信任和推进模型应用来说至关重要。

第二节 图生成技术

图计算作为数据科学和机器学习领域的一个重要分支,近年来受到了广泛的关注。图数据的复杂性和丰富的结构信息使得图生成技术成为一个重要的研究方向。图生成技术旨在模拟和复现现实世界中图的结构特性,包括但不限于社交网络、知识图谱、蛋白质相互作用网络等。有效的图生成技术不仅能够帮助我们更好地理解图数据的内在规律,还能够在数据缺乏时为图数据分析和图机器学习模型的训练提供帮助。

图生成技术大致可以分为两大类。

第一,基于规则的方法。主要包括经典的图生成模型,如 ErdÖs-Rényi 模型(E-R 随机图模型)、B-A 模型等,这些模型通过定义简单的生成规则来构建图,能够捕获一些基本的图结构特性,如度分布、小世界特性等。

第二,基于学习的方法。随着深度学习技术的发展,基于深度学习的图生成方法逐渐成为研究热点。这类方法通常利用深度神经网络来学习图的分布特性,并在此基础上生成新的图实例,其中包括基于变分自编码器(VAE)的图生成模型、基于生成对抗网络(GAN)的图生成模型等。

Cai 等(2017)对图嵌入技术进行了全面的综述,图嵌入技术通过将图数据映射到低维向量空间中,为图生成提供了一种有效的表示学习方法。这项工作不仅回顾了图嵌入的基本概念和方法,还探讨了图嵌入在图分类、链接预测等任务中的应用。Qiao 等(2018)综述了数据驱动的图构建和图学习方法。这项研究强调了构建高质量图的重要性,并回顾了多种图构建方法,如基于距离的方法、基于属性的方法等。Gui 等(2019)对图处理加速器的设计和实现进行了系统的回顾。该工作讨论了图处理加速器中的预处理、并行图计算和运行时调度等核心内容,为图生成技术的高效实现提供了技术支持。Nickel 等(2015)探讨了知识图谱中的关系机器学习技术。该综述强调了统计模型在知识图谱上的训练和应用,为基于学习的图生成技术提供了理论基础和应用背景。Wang 等(2021)对网络表示学习进行了全面的回顾。网络表示学习通过学习图顶点在低维向量空间中的嵌入,为图生成技术提供了有效的特征表示方法。

图生成技术在多个领域都有广泛的应用,包括数据增强、网络模拟、药物发现等。有效的图生成技术可以帮助研究者和工程师更好地理解与模拟复杂系统的行为,推动相关领域的研究和应用发展。

然而,图生成技术仍面临许多挑战,包括如何提高生成图的真实性和多样性、如何处理大规模图数据,以及如何提高图生成模型的可解释性等。此外,将图生成技术与其他数据模态(如文本、图像等)结合,以实现多模态数据的综合分析和生成,也是一个重要的研究方向。

第三节　图查询技术

在图计算中,图查询技术是核心组成部分之一,它涉及如何有效地在图数据上执行查询操作,以及如何优化这些查询以提高性能。随着社交网络、生物信息学、交通网络等领域中图数据的广泛应用,图查询技术的研究受到了极大的关注。图查询技术包括多种查询类型,如点查询、路径查询、子图匹配等,旨在从复杂的图结构中有效地检索信息。其主要技术包括图查询优化、加密图查询、索引结构、查询处理算法等。

在大规模网络中进行图查询面临着巨大的挑战,特别是在进行子图同构查询时会因其 NP(可以由非确定型图灵机在多项式时间解决的问题)完全的性质而导致查询尤为困难。Zhao 和 Han(2010)提出了一种高性能图索引机制 Spath(路径搜索),通过将顶点邻域周围的分解最短路径作为基本索引单元,实现了图搜索空间的有效剪枝和高扩展性的索引构建与部署。Spath 利用一种更高效的路径优化方式处理和优化图查询,展示了在大型网络中处理图查询的潜力。

随着云计算的普及,图数据的外包处理成为一种趋势。为了保护敏感信息,这些图在外包到云之前通常需要加密,这给加密图上的图查询带来了极大的挑战。Shen 等(2017)提出了一种新颖的图加密方案(Connor),其利用对称密钥原语和某种同态加密技术,实现了在保护隐私的同时约束最短距离查询的能力。这一研究的意义在于,它不仅提高了云环境中处理图数据的安全性,还保证了查询处理的效率,使得在加密的图数据上进行复杂查询成为可能。然而,该领域仍然面临许多挑战,包括如何进一步优化加密和查询算法以处理更大规模的图数据,以及如何在保证数据安全性的同时减少计算和存储开销。

图索引结构对于提高图查询效率来说至关重要。He 和 Singh(2006)提出的闭合树(Closure-Tree)通过构建层次化的图索引结构来有效支持子图查询和相似性查询,是图索引领域的重要贡献之一。Closure-Tree 利用图闭包的概念来汇总每个节点的子图,这种方法不仅可以减少查询时需要检查的图数量,还可以在不牺牲查询准确性的前提下大大提高查询效率。如何构建高效且可扩展的图索引结构仍然是一个活跃的研究领域,未来的研究可以探索如何更好地利用图的结构特性和数据分布,以及如何通过并行化和分布式计算来进一步提高索引构建与查询处理的效率。

图查询处理算法是图查询技术的核心。Dinari(2017)的文章对图查询处理技术进行了全面的回顾,其中对序列搜索和同构测试的讨论揭示了图查询处理中的一些挑战。为了应对这些挑战,研究者们提出了多种查询处理算法,旨在提高查询的效率和准确性。这些算法包括基于索引的方法、基于分解的方法,以及利用图的结构特性和统计信息来优化查询处理的方法。未来的研究需要在提高查询效率和准确性的同时,考虑算法的通用性和可扩展性,以便能够处理日益增长的图数据和日益复杂的查询需求。

图查询技术是图计算领域的一个关键组成部分,对于理解和分析大规模图数据具有重要意义。随着图数据在各个领域的广泛应用,高效的图查询技术变得越来越重要。本书综述了图查询技术的最新研究进展,包括图查询优化、加密图查询、索引结构和查询处理算法等方面。尽管在这些领域取得了显著的进展,但仍然存在许多挑战和未解决的问题,包括如何进一步提高查询效率、如何处理动态变化的图数据,以及如何保护图数据的隐私等。未来的研究可以在这些方向上进行深入探索,以推动图查询技术的发展和应用。

第四节　图分析技术

图分析在处理复杂网络数据中发挥着关键作用,涵盖了从社交网络分析到生物信息学,以及从互联网拓扑到交通网络的广泛应用。图分析技术旨在揭示图数据中的模式、动态、社区结构和其他重要特征,从而实现对复杂系统的深入理解。其主要包括社区发现、网络流分析、图嵌入和图神经网络等。

社区发现是图分析中的一项基础任务,目的是识别图中紧密连接的顶点集合,即社区。这一任务在理解社交网络、蛋白质相互作用网络等方面尤为重要。

模块化优化是一种流行的社区发现方法,通过最大化网络的模块化得分来识别社区结构。Newman(2016)提出了一种快速模块化的最大化算法,该算法通过贪心策略逐步合并社区,直到模块化得分无法进一步提高。基于密度的社区发现方法旨在识别图中的高密度子图并将其作为社区。Bohlin 等(2014)提出了一种基于信息流的方法——Infomap(信息图),该方法通过最小化描述网络社区划分的信息流长度来识别社区。

网络流分析关注图中信息、资源或流量的传递和分配,是理解图数据动态行为的重要工具。最大流问题旨在找到从源点到汇点的最大流量,而最小割问题则是寻找切割图以隔离源点和汇点的最小边权重和。Ford 和 Fulkerson(1958)提出了著名的 Ford-Fulkerson 算法来解决这一问题。网络中心性分析旨在识别图中重要的顶点或边。Freeman 等(1991)提出了几种中心性指标,如度中心性、接近中心性和介数中心性等,用于评估顶点在网络中的重要性。

图嵌入技术旨在将图中的顶点、边或子图映射到低维空间中,同时保留图的拓扑结构和属性信息。Perozzi 等(2014)提出了 DeepWalk 算法,该算法使用随机游走和 Word2vec 模型来学习顶点的向量表示。

Grover 和 Leskovec(2016)提出了 node2vec 算法,通过优化随机游走策略以更好地探索图的异质性和同质性,提高嵌入的质量。

图分析技术在处理和理解复杂网络数据方面发挥着关键作用。从社区发现到网络流分析,从图嵌入到图神经网络,各种方法和模型为我们提供了深入分析图数据的工具。然而,随着图数据的规模扩大和复杂性不断提高,如何开发并应用更高效、更可扩展且能够处理动态图数据的图分析技术仍然是一个挑战。未来的研究可以探索融合多种图分析技术的综合框架,开发适用于动态和大规模图数据的新模型,以及进一步提高图分析技术的解释性和可操作性。

第三章　复杂商务场景下融合特征增强的 LSTM 多模态数据流预测

　　时间序列分析在气象预报、异常检测、行为识别等领域有着广泛的应用。长期时间序列预测在各种应用中是一个长期存在的挑战。长短期记忆网络被广泛用于处理和预测具有时间序列的事件,但其难以解决复杂场景下极端的长期依赖关系,这可能是因为 LSTM 的误差会随着序列长度的增加而增加。探讨复杂数据流预测时必不可少的是历史数据。为了克服传统 RNN 在处理长期依赖时的局限性,研究人员发现可以借鉴注意力机制的思想,通过在不同时间维度上引入额外的特征来增强 RNN 的长期依赖性。针对 LSTM 缺乏极端长时记忆的问题,本章提出了一种改进的短期交通流预测方法,即 LSTM+,它是一种既能感知长短期记忆又能感知显著长距离的短期交通流预测方法,该方法将长序列时间步的高影响值与当前的时间步连接起来,这些高影响的交通流量值通过注意力机制捕获,可以有效改善 LSTM 长时记忆短缺的问题。同时,在数据预处理中,本章提出了一种基于趋势的简单通用方法来平滑噪声,通过平滑一些超出正常范围的数据,以获得更好的预测结果。在实验数据集方面,本章选取了 Caltrans 性能测量系统(PEMS)以及圣迭戈地区的检测器数据。在此基础上,本章加入了杭州市三个区之间的 72 条城际高速公路的传感器数据作为本地数据集来进行预测。实验结果表明,在 1 分钟和 5 分钟的时间间隔中存在着较为显著的长距离问题,所提出的预测模型在 PEMS 和本地的数据集上的表现均优于其原型 LSTM,表明其在短期交通流预测中具有一定的竞争力。

第一节　问题提出

近年来,关于时间序列数据流的研究在学术界和工业实践中均获得了大量的关注。随着大数据技术的迅猛发展,复杂的时间序列数据不断涌现,其数量急剧增加。时间序列数据流作为一种连续不断、按照时间顺序排列的数据集合,在股票市场分析、电话通信分析、网络流量监测以及传感器网络监控等领域发挥着至关重要的作用。时间序列数据流的应用前景广阔,其潜在价值难以预估。利用历史时间序列数据来预测未来的时序趋势已成为工业控制、医学诊断以及经济预测等领域不可或缺的技术手段。为了实现这一目的,我们需要深入挖掘时间序列数据中蕴含的信息价值,构建高效、可扩展且稳定的实时数据处理系统,以应对日益增长的数据处理需求。通过这种方法,我们能够更准确地预测未来,为各行各业的发展提供有力支持。

要积极采用智能系统,利用数据采集、信息处理、自动化等技术,合理配置计算资源,减少因网络带宽不足带来的数据流拥堵问题。智能系统的核心要素之一是短时间序列数据流预测。精确的时序数据预测模型在缓解网络拥堵、改善网络带宽、提高复杂场景下数据挖掘的能力等方面发挥着重要作用。

在当前的研究和应用中,时间序列数据的多样性表现得尤为突出,它们可以是单变量的,也可以是包含多个相关变量的;可以是长时间跨度的,也可以是短周期内的。然而,面对这些复杂多样的时间序列数据,现有的预测模型在稳定性和普适性方面面临挑战。这些模型往往难以同时在多种数据类型上取得令人满意的预测效果,从而难以满足现实世界中多样化的时序数据预测需求。因此,我们需要寻找更加先进和灵活的预测方法,以适应和应对日益复杂的时间序列数据环境。

目前已有很多短时间序列数据流预测方法。近年来,神经网络相关算法被广泛应用于各个领域，并被证明优于传统的数学算法。在神经网络相关算法中，LSTM 被广泛应用于时间序列预测(Lai et al.，2018)。LSTM 是一种特殊类型的循环神经网络。与 RNN 相比，LSTM 引入了"门"的概念。这个概念包含了三个部分：一个是"遗忘门"，它决定了要丢弃的信息；一个是"输入门"，它决定了要保存的新信息；还有一个是"输出门"，它决定了哪些信息要输出到下一级。LSTM 的三个"门"的存在有利于对长时记忆进行调控。然而，模型的性能随着序列长度的增加而迅速恶化(Cho et al.，2014)，这可能是因为误差的积累：LSTM 中的序列越长，误差越大。

在本章中，为了从长距离中感知有用的信息，我们尝试使用注意力机制来捕获超长序列中高影响的交通流值。然后，我们将捕获的信息添加到当前时间步，以赋予 LSTM 依赖超长时间步的能力。本章的主要贡献有：

第一，提出了一种既能感知长短期记忆又能感知显著长距离的短期交通流预测方法 LSTM＋。该方法可以有效地改善 LSTM 极度长时的记忆不足问题。

第二，在数据预处理方面，提出了一种简单、通用的，基于趋势的噪声平滑方法。

第二节　相关理论与文献分析

在工业生产领域，时序数据扮演着至关重要的角色，它们是由连续监控的工业指标随时间变化而形成的。时序数据分为单元时序数据和多元时序数据，后者涵盖了多个相关变量的时间演变。本章的核心关注点是多元时序数据预测，即如何有效地利用这些复杂数据来预测未来的趋势。时序数据预测的本质是基于历史数据对未来进行推测。这一领域的预测方法主要分为四个大类：基于统计的预测方法、基于机器学习的预测方法、时序多步预测方法、参数和非参数方法。

接下来，我们将详细探讨这四类主要方法的现状。一是基于统计的预测方法,它们依赖于数据的统计特性和模型假设。二是基于机器学习的预测方法,这类方法利用历史数据训练模型,并据此进行预测。三是时序数据多步预测中的关键问题和策略。四是参数方法和非参数方法在处理时序数据预测任务时的优缺点。

一、基于统计的预测方法

20 世纪 70 年代以来,时间序列预测技术得到了显著的发展,特别是在统计方法和机器学习领域。经典的 ARIMA 模型至今仍是金融、气象、医学和农业等领域中广泛使用的预测工具。ARIMA 模型通过捕捉数据的自回归和移动平均特性来预测未来趋势,并在多个应用中展现出了其有效性。例如,Xiong 和 Lu(2017)用它来预测股票价格。此外,针对特定场景,比如为了应对季节性因素的影响,研究者还提出了季节性 ARIMA 模型,并在空气污染预测等领域取得了显著成效(D'Urso et al.,2017)。

进入 20 世纪 90 年代后,随着多变量时序数据预测需求的增加,Toda 和 Phillips(1994)提出了向量自回归模型(VAR),旨在分析多个时间序列之间的相关性,并将单变量自回归模型推广到多元时序变量中。VAR 模型在多个领域的应用中显示出优于 ARIMA 模型的预测精度。VAR 模型也在多个领域得到了广泛应用,包括金融、网络流量预测、比特币等。研究者还提出了多种基于 VAR 模型的变体,如结合格兰杰因果关系的预测方法、贝叶斯压缩 VAR 模型等,进一步提升了预测性能。

尽管统计模型在时间序列预测领域有着广泛的应用,但它们也暴露出显著的局限性。这些模型主要依赖数据在时序维度上的特征关系,但这在面对多维度、非线性时间序列数据时往往难以提供精确的预测。实际上,由于缺乏对多维时序特性的深入学习和适应,传统时序预测模型在处理复杂的时序数据时表现不佳。此外,这些模型在处理不同类型和规模的时序数据时缺乏灵活性,因此很难有效地应用于处理多模态时序数据预测任务。简而言之,传统统计模型在多维度、非线性和多模态时序数据预测方面面临着巨大的挑战。

二、基于机器学习的预测方法

在时序预测领域,机器学习模型的演进有着令人惊叹的速度。自 20 世纪 60 年代起,一系列具有影响力的机器学习模型被相继提出并广泛应用于时序预测任务中。例如,Quinlan(1986)提出的决策树模型通过构建树状结构来进行分类和预测,为时序预测带来了新的视角。Breiman(2001)提出的随机森林模型通过集成多棵决策树提升了预测的准确性和鲁棒性。此外,Cortes 和 Vapnik(1995)提出的支持向量机(SVM)模型以其出色的分类和回归能力成为时序预测领域的重要工具。传统的机器学习方法基于统计学习理论和结构风险最小化原理,致力于在模型的复杂性和学习能力之间找到平衡点,以实现最优的泛化能力(Jain et al.,2000)。这些方法不仅关注预测的准确性,还在处理大规模数据集领域以及构建复杂模型的过程中拥有非常高的性能,这在时序预测中尤为重要。Rubio 等(2011)提出的LS-SVM(最小二乘支持向量机)模型,利用启发式搜索优化 SVM 的参数,进一步提高了时序预测的精度。在 SVM 模型的基础上,研究者进行了广泛的改进和应用。例如,Raicharoen 等(2003)将临界支持向量机(CSVM)用于时序预测,通过调整模型的临界值来优化预测效果。为了简化模型结构并减少过拟合风险,Cho 等(2014)提出了门控循环单元(GRU),作为LSTM 的一个轻量级变体。这些方法共同构建了一个强大的框架,用于建立时间序列内部的时间依赖关系。与此同时,Transformer(转换器)模型的提出为时间序列预测领域带来了新的可能性。与传统的循环神经网络不同,Transformer 模型采用自注意力机制,摆脱了序列计算的限制,极大地提高了计算效率。

三、时序多步预测方法

从预测的视角来看,预测任务可以分为单步预测和多步预测。在多步预测中,可以进一步分为迭代预测和直接预测。迭代预测方法的核心思想是将单步预测模型的输出结果作为下一步预测的输入,通过循环迭代的方式完成多步预测任务。然而,当预测的时间跨度较长时,由于每一步的推进都依赖于前一步的预测结果,这种迭代方式可能会导致误差累积,特别是在长期预测中,这种累积的误差可能会变得相当显著,进而影响预测的准确性。

相对于迭代预测,直接预测方法则是通过构建一个能够直接处理多个时间点的模型,来实现对多步预测目标的同时预测。这种方法通过一次性建立模型与所有预测时间点之间的关系,从而避免了迭代预测中的误差累积问题。例如,LSTNet(Shu et al.,2017)、TPA-LSTM(Cho et al.,2014)等模型都是采用直接预测的方法来处理多步预测任务的。这些方法借助模型内部的复杂结构和机制,能够直接捕捉多步时间序列之间的内在关系,从而实现更为准确和高效的预测。

四、参数方法和非参数方法

(一)参数方法

参数方法是基于经验数据(速度和流量)的方法,如运动波模型和元胞自动机模型。随着技术的发展,人们提出了基于参数方法的时间序列模型,其具有更高的预测精度。最经典的时间序列模型是 ARIMA 模型及其后续的改进 ARIMA 模型。参数方法是根据理论假设和经验数据确定模型参数的。在实际生活中,由于人为和环境的影响,交通流数据往往是不稳定、非线性的,因此仅仅依靠参数化模型来进行分析是不够的。

(二)非参数方法

非参数方法包括支持向量回归(SVR)、ANN、KNN,以及利用时间和空间信息改进的 KNN。近年来,Huang 等(2014)在深度学习方面取得了巨大的成功,许多研究人员开始使用深度学习方法,如深度置信网络(DBN)和堆叠自编码器(SAE)——其性能优于 BP 神经网络、随机游走(RW)预测方法、支持向量机模型和径向基函数神经网络(RBFNN)模型等——来预测交通流量。Wang 等(2017)利用深度双向(DBL)LSTM 模型捕获了交通流的深层特征。Liu 等(2017)则是通过增加奇异点概率来提高预测精度。许多研究人员将空间特征和时间特征结合起来进行预测(Cheng et al.,2018),

这种方法的缺点是过于依赖相邻区域的交通流数据。

虽然 LSTM 已被证明优于大多数非参数方法,但由于链式结构和误差累积,其并不十分擅长处理超长期数据。因此,我们提出了一种基于 LSTM 的特征增强算法(LSTM+),该算法使用注意力机制来感知极长期的高影响交通流量,使 LSTM 模型能够改善极长时间步的记忆。

第三节　LSTM 时序数据预测模型

一、注释和问题陈述

交通流量预测问题的描述如下:假设输入的交通流量序列记为 $X = (y_1, y_2, \cdots, y_{t-1}, x^1, x^2, \cdots, x^n)$,用 $y_t \in \mathbf{R}$ 表示第 t 个时间间隔内的交通流量,$x^n = (x_{t-m}^n, \cdots, x_t^n, \cdots, x_{t+m}^n) \in \mathbf{R}^{2m+1}$,$m$ 为步长,x_t^n 为预测时间前 n 天(无周末)的第 t 个时间间隔内的交通流量,交通流量预测问题就是利用 X 的数据预测交通流量 y_t。

二、数据预处理

对于时序数据流的实际统计,由于存在各种不确定因素,如交通拥堵、天气变化、信号传输等,原始数据中包含一定的噪声数据。当含噪数据达到一定数量时,含噪数据会影响交通流量预测的准确性。因此,需要识别噪声数据,并对含噪数据进行平滑处理。

由于工作日期间的日交通流量数据没有显著差异,我们可以认为交通流量近似服从周期函数,周期为一天。考虑到交通流量数据的随机性、周期性和不稳定性,我们使用了一种基于趋势的通用噪声点平滑方法来拟合它。

对于一个数据集,x_t 为待处理数据,对应的历史平均值为 Avg_t,历史平均值为前几个工作日相同时刻数据的算术平均值(为方便计算,本章取前五天的交通流量值)。第一,我们从当前时间间隔的交通流量值中减去相应的历史平均值。第二,我们设定一个阈值 A 来控制噪声的比例。这时,我们认为与历史数据偏差较大的点即为噪声点。结合数据质量可以调整 A 的值,在满足以下条件的情况下选择含噪点位置:

$$| \text{Avg}_t - x_t | > A \tag{3-1}$$

第三,我们计算并修改第一个噪声数据点的偏差 x_t。由于其与算术级数几乎一致,我们使用算术级数求解第一个噪声点的偏移量,并使用该点的历史数据计算点平滑后的数据。x_t 的更新值为:

$$x'_t = 2(x_{t-1} - \text{Avg}_{t-1}) - (x_{t-2} - \text{Avg}_{t-2}) \tag{3-2}$$

类似地,我们用最后一个噪声数据来计算平滑后的数据 x'_{t+d-1},其中 d 是噪声段的个数。

$$x'_{t+d-1} = 2(x_{t+d} - \text{Avg}_{t+d}) - (x_{t+d+1} - \text{Avg}_{t+d+1}) \tag{3-3}$$

如式(3-2)和式(3-3)所示,更新第一个平滑点,第二个噪声点以与第一个噪声点相同的方式处理。因此,倒数第二个噪声点与最后一个噪声点的处理方法一致,即我们交替平滑左右序列上的噪声点。如果噪声数据点的数量是偶数,那么根据这种方法,噪声数据会被平滑掉;若噪声数据点的个数为奇数,则为使数据更接近真实值,会对第一次和最后一次平滑后的数据求平均值,确定中心含噪点。

$$x'_{\frac{d}{2}+t} = (x'_{\frac{d}{2}-1+t} + x'_{\frac{d}{2}+1+t})/2 + \text{Avg}_{\frac{d}{2}+t} \tag{3-4}$$

利用这种噪声点平滑方法可以快速调整噪声点,并且平滑后的数据更接近真实数据。

三、特征增强的 LSTM

注意力机制,如图像描述、机器翻译、语音识别等,近年来得到了广泛的应用。我们注意到它被用于时间序列预测,并且它会将前一时间步的隐藏状态与当前时间步结合起来。对于交通流量而言,每周同一时间段的情况是类似的。受此启发,我们提出了 LSTM+,试图利用序列中添加的高影响特征来弥补对极长序列学习能力的不足。图 3-1 及图 3-2 为 LSTM+注意力机制模型。我们可以将 LSTM+大致分为四层:注意力机制层、混合输入层、隐藏层和输出层。在注意力机制层中,输入序列为 $x = (x^1, x^2, \cdots,$

x^n），其中我们认为每个周期的第 t 个时间间隔附近的值对未来的预测值会起到很重要的作用。因此，我们只选择每个周期的预测时间附近的数据，以减少冗余输入数据。我们利用第 t 个时间间隔附近的数据进行多元线性回归，w^n 为对应的权重，b 为偏置参数。然后可以得到多元线性回归函数：

$$y_t = \sum_{n=1}^{N} w^n x^n + b \tag{3-5}$$

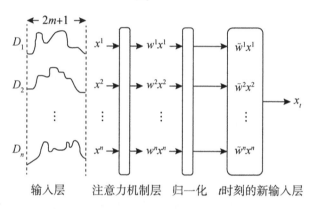

图 3-1　注意力机制的特征提取

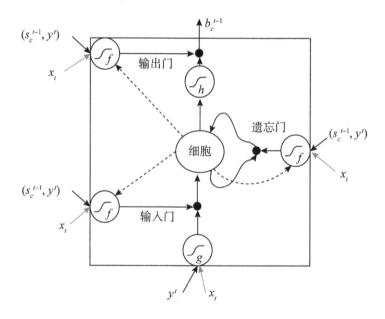

图 3-2　基于 LSTM 的特征增强

通过最小化 $L(h_\theta(x), y_t)$ 函数，我们可以得到模型中的权重和偏置参数。$h_\theta(x)$ 是预测的值，此外还有：

$$\widetilde{w}^n = \frac{\exp(w^n)}{\sum\limits_{n=1}^{N} \exp(w^n)} \tag{3-6}$$

$\widetilde{w}^n$ 为预测时间前第 n 天的权重，我们使用分类器函数保证所有权重之和为 1。我们将这些过去的交通流量值以及它们的权重引入 LSTM 中进行训练，这使得我们的 LSTM 具有超长记忆功能。加入 LSTM 后，LSTM 中的输入门、遗忘门和更新门增加了对过去交通流量的理解，具体情况如下所示。

输入门：

$$a_l^t = \sum_{i=1}^{l} w_{i,l} y_i^{t-1} + \sum_{c=1}^{C} w_{c,l} s_c^{t-1} + \sum_{n=1}^{N} w_{n,l} \widetilde{w}^n x^n \tag{3-7}$$

$$b_l^t = f(a_l^t) \tag{3-8}$$

遗忘门：

$$a_\varphi^t = \sum_{i=1}^{l} w_{i,\varphi} y_i^{t-1} + \sum_{c=1}^{C} w_{c,\varphi} s_c^{t-1} + \sum_{n=1}^{N} w_{n,\varphi} \widetilde{w}^n x^n \tag{3-9}$$

细胞状态：

$$a_c^t = \sum_{i=1}^{l} w_{i,c} y_i^t \tag{3-10}$$

$$s_c^t = b_\varphi^t s_c^{t-1} + b_l^t g(a_c^t) \tag{3-11}$$

输出门：

$$a_o^t = \sum_{i=1}^{l} w_{i,o} y_i^{t-1} + \sum_{c=1}^{C} w_{c,o} s_c^{t-1} + \sum_{n=1}^{N} w_{n,o} \widetilde{w}^n x^n \tag{3-12}$$

$$b_o^t = f(a_o^t) \tag{3-13}$$

其中，i 表示当前输入序列的长度；N 为循环次数；l 是输入的状态；φ 是遗忘门的状态；o 为输出状态，w 为其对应的权重；s_c^t 是 LSTM 细胞在 t 时刻的状态；c 为 t 时刻前的细胞数；f 和 g 为激活函数，在本章中其图像都为螺线形。公式中的其余参数与前面的描述完全相同，最终的输出结果为：

$$b_c^t = b_o^t h(s_c^t) \tag{3-14}$$

LSTM 使用向后传递的方法确定 LSTM＋中每个权重的梯度，然后得到各部分的权重值,并用于计算预测值。这种巧妙的构造为预测提供了更多的参数,这些参数的加入提高了 LSTM 超长期预测的效果。

第四节 实验与分析

一、数据集来源

(一)公开数据集

本研究使用的是通过 Caltrans 性能测量系统获得的公共数据集,数据是利用加利福尼亚州所有主要大都市地区的高速公路系统中的近 4 万台个体检测器实时收集的。它还提供了超过 10 年的数据,其中包括影响车辆流动的各种信息。本章使用 2017 年圣迭戈地区的检测器所收集到的数据,时间间隔为 5 分钟。我们的数据集不包括周末,并且尽量避开节假日。所选取的车流数据的时间段为 3 月至 5 月(共三个月),将其中两个月的数据作为训练集,另外一个月的数据作为测试集。

(二)本地数据集

我们还选取了一些本地数据集。因为本地数据集不如加利福尼亚州的数据集完整,存在大面积无数据的区域,所以我们未选用数据质量不达标的检测器所收集的数据。所选取的数据的时间周期仅为 31 天(2015 年 10 月 24 日至 11 月 23 日),训练集与测试集的比例为 3∶1,时间间隔为 5 分钟。在本章的研究中,我们纳入了杭州市三个区之间的 72 条城际高速公路的传感器数据。

(三)实验数据集

本章主要论证 LSTM+在短期交通流预测上的优越效果,因此我们只考虑 5 分钟间隔的数据。同时,为了验证模型的有效性和鲁棒性,我们从 PEMS 收集了 50 个传感器的数据,并在杭州市三个区的范围内抽取了 10

个传感器的数据用于研究。

二、实验

(一)性能指标

采用平均绝对误差(MAE)、平均相对误差(MRE)和均方根误差(RMSE)来评价模型的优劣。三者的定义如下:

$$MAE = \frac{1}{n} \sum_{i=1}^{n} \left| f_i - \hat{f}_i \right| \qquad (3\text{-}15)$$

$$MRE = \frac{1}{n} \sum_{i=1}^{n} \frac{\left| f_i - \hat{f}_i \right|}{f_i} \qquad (3\text{-}16)$$

$$RMSE = \left(\frac{1}{n} \sum_{i=1}^{n} \left| f_i - \hat{f}_i \right|^2 \right)^{\frac{1}{2}} \qquad (3\text{-}17)$$

其中,f_i 是发现的流量数据,$\hat{f}_i$ 是待预测的流量,n 是测试样本的个数。

(二)参数设定

LSTM+是基于开源框架 TensorFlow 实现的。学习速率为 0.01,LSTM 层激活函数为 tanh 函数,密集层激活函数为 ReLU 函数,隐藏单元个数为 32,批大小为 32,输出层维度为 1。

(三)数据处理对比实验

我们先调整阈值 A 来识别噪声点的位置。在本章中,针对不同的数据集,最合适的噪声比例是不同的。如果调整后的噪声比例过高,则不仅会导致数据失真,还会降低预测的准确性。而如果调整后的噪声比例过低,则无法提升预测的精度。经过多次实验,可知数据调整比例最好在 4.7% 左右,并且在所有的相关实验中,我们的数据调整比例都是相同的。检测出含噪数据的位置后,开始进行含噪数据平滑处理。我们使用了一种基于趋势拟合的数据交叉噪声平滑方法。具体的噪声平滑方案在前文中已经有了具体的描述。需要指出的是,这里使用的噪声数据平滑方法不适用于长期噪声段的平滑,并且长期的噪声平滑会导致数据平滑失真。

为了评估数据平滑对 LSTM 算法在交通流预测等任务中性能的影响,

我们设计了以下四种实验配置。

第一,标准 LSTM 算法。在该算法中直接使用原始数据进行 LSTM 模型训练,不进行任何数据预处理或平滑。

第二,预处理 LSTM 算法(pLSTM)。在训练 LSTM 之前,采用本章介绍的方法对数据进行预处理,以提高数据的稳定性和降低噪声。

第三,混合简单移动平均方法和 LSTM 算法(hsmLSTM)。先使用简单移动平均(SMA)方法对交通流数据进行平滑处理,以消除噪声。具体来说,第 t 个预处理后的数据点利用前四个原始数据点的平均值进行更新。然后将平滑后的数据输入 LSTM 模型进行训练。

第四,混合权重移动和 LSTM 算法(hwmLSTM)。使用加权移动的方法对交通流数据中的噪声进行预处理,第 t 个预处理后的数据用前四个交通流的数据进行更新。

表 3-1 给出了对比结果,从中可以看出,pLSTM 的平均相对误差为 12.52%。因此可以推知,在交通流量预测精度方面,pLSTM 获得了比其他算法更好的结果。其原因在于 pLSTM 考虑了交通流数据的趋势性。

表 3-1　基于不同方法的 PEMS 和本地的数据集的量化结果

算法	MAE	MRE/%	RMSE
LSTM	20.59	12.89	30.86
pLSTM	19.98	12.52	30.21
hsmLSTM	20.19	12.74	30.52
hwmLSTM	20.07	12.61	30.36

(四)超长序列特征增强对比实验

我们使用注意力机制,根据引入的算法求解高影响特征因子,时间跨度为一周。也就是说,我们在 1152 条交通流数据(时间间隔为 5 分钟,一小时包含 12 个数据,一天包含 288 个数据;对第一天的预测数据不予考虑,一共考虑四天)中寻找高影响的特征值。根据本章第三节中所讨论的原则,我们只需要在每一天的预测时间附近识别那些因素,同时保证数据的有效性和较少的数据冗余。

为了评估我们提出的模型的性能,我们对 pLSTM 模型进行了对比实验。由于篇幅限制,我们只选取八个传感器的评估数据进行展示(见表 3-2)。此外,表 3-3 展示了所有测试数据集的评估参数。

表 3-2　pLSTM 和 pLSTM＋模型的对比

传感器序号	pLSTM			pLSTM＋		
	MAE	MRE/%	RMSE	MAE	MRE/%	RMSE
2272	31.93	10.19	44.54	29.54	9.50	40.95
7762	21.28	30.32	9.79	19.06	28.54	8.97
7782	24.04	10.41	33.72	22.16	9.87	31.79
8078	20.38	9.19	27.71	19.33	8.46	26.03
8544	20.12	11.01	27.61	18.62	9.98	25.54
9828	24.88	10.07	35.67	23.65	9.57	34.71
12320	14.50	48.75	22.93	12.93	43.89	21.02
26803	19.99	11.50	28.84	18.70	11.03	27.53

表 3-3　基于 LSTM、pLSTM 和 pLSTM＋的平均性能指标

算法	MAE	MRE/%	RMSE
LSTM	20.59	12.89	30.86
pLSTM	19.98	12.52	30.21
pLSTM＋	19.06	11.87	28.78

图 3-3 展示了序号为 7782 的传感器的预测结果。从图 3-3(a)中可以看出黑色曲线更接近真实值,为了方便观察,我们放大了这张图中的一部分,即图 3-3(b),从放大的图中我们可以看到,pLSTM＋预测的大多数结果都优于 pLSTM。同时,从表 3-2 和表 3-3 中我们观察到 pLSTM＋具有较小的误差。与标准 LSTM 算法相比,pLSTM＋的 MAE 平均提高了7.43%,MRE 平均提高了 7.91%,RMSE 平均提高了 6.74%。同时,pLSTM＋在 MAE 上比 pLSTM 高出 4.60%,在 MRE 上平均高出 5.19%,在 RMSE 上平均高出 4.73%。值得注意的是,不同位置的交通流量值相差较大且交通流量波动不均匀。当交通流量较小且波动较大时,这将导致 MAE 相近,但

MRE 和 RMSE 会相差较大,如表 3-2 中序号为 7782 的传感器数据所示。这些改进是由于 pLSTM＋考虑了交通流趋势和历史数据的重要性,从另一个角度来说,这些测试结果也表明了 pLSTM＋的优势。

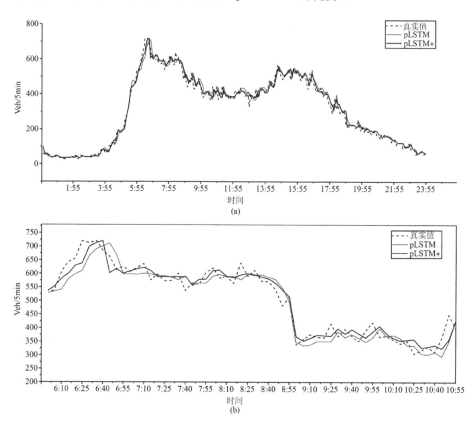

图 3-3　pLSTM、pLSTM＋在一天内的预测性能

注:图中的 Veh/5min 为车流量数据,表示每隔 5 分钟所采集或预测到的数值。

(五)与其他算法进行对比实验

我们还将 LSTM＋与反向传播神经网络(BPNN)、随机游走预测方法、支持向量机方法、径向基函数神经网络模型进行了比较。为了公平地比较其他方法,我们使用与之前的研究中相同的参数设置和训练测试数据。由于我们的算法旨在解决极长时间记忆问题,我们只选取了 15 分钟的时间间隔进行对比实验,结果如表 3-4 所示。

表 3-4　与其他算法的比较

算法	15 分钟的时间间隔		
	MAE	MRE/%	RMSE
BPNN	60.8	10.90	94.10
SVM	38.7	8.00	62.30
RBFNN	38.3	7.40	55.90
SAE	34.1	6.75	50.00
LSTM	34.4	6.68	49.87
LSTM+	31.8	6.54	48.37

由表 3-4 可知,深度学习算法优于浅层神经网络算法。SAE 和 LSTM 之间没有较大差异。在 15 分钟内,BPNN 的 MRE 为 10.90%,SVM 的 MRE 为 8.00%,RBFNN 的 MRE 为 7.40%,SAE 的 MRE 为 6.75%, LSTM 的 MRE 为 6.68%,LSTM+的 MRE 为 6.54%。与其他方法相比, MRE 具有一定的优势。在实验中,我们的 LSTM+预测的各项性能均表现优异。尤其是,对于 MAE,LSTM+的预测精度比 SAE 提高了 6.7%,比未经处理的 LSTM 提高了7.6%,因此 LSTM+不是在 15 分钟的时间间隔内使用的最佳选择。在测试中,LSTM+可以在处理 1 分钟或 5 分钟间隔的历史数据时表现出优越性,这也是本章改进 LSTM 算法的初衷。

在实验中,我们可以将 BPNN 和 RBFNN 归类为浅层神经网络。这类网络缺乏学习比深度学习网络更复杂的网络的能力。SVM 和 SAE 可以归入同一类别,但 SVM 缺乏时间考虑,而 SAE 则考虑了时间特性和空间特性。仅强调交通预测的最初几个时刻是不够的。LSTM 和 LSTM+可以划分为一类。尽管它们只考虑了时间特性的影响,但它们的性能与 SAE 相似,且成本更低。应该注意的是,如果多个传感器之间形成了拓扑关系,并且模型考虑了当前时间间隔交通流量和过去时间间隔交通流量的影响,那么模型会更加准确。

第五节　本章小结

　　针对 LSTM 缺乏极端长时记忆的问题,本章提出了一种改进的短期交通流预测方法,即 LSTM＋,这个算法遵循 LSTM 在长短期记忆方面的原理,并弥补了 LSTM 在极长距离上的不足。该方法将长序列时间步的高影响值与当前时间步连接起来,这些高影响的交通流量值通过注意力机制捕获,可以有效改善 LSTM 长时记忆短缺的问题。同时,在数据预处理方面,本章提出了一种基于趋势的简单通用方法来平滑噪声,通过平滑一些超出正常范围的数据,以获得更好的预测结果。在实验数据集方面,本章选取了PEMS 以及圣迭戈地区的检测器数据,在此基础上,本章将杭州市三个区之间的 72 条城际高速公路的传感器数据作为本地数据集来进行预测。实验结果表明,在 1 分钟和 5 分钟的时间间隔中存在的较显著的长距离问题上,所提出的预测模型在 PEMS 和本地的数据集上的表现均优于其原型LSTM,这表明其在短期交通流预测中具有一定的竞争力。在未来的工作中,我们计划通过结合时间和空间特性,同时考虑历史数据的影响,来改进模型。

第四章 基于数据增强的 LSTM 复杂商务场景数据流缺失值预测

在智能系统中，数据流预测扮演着至关重要的角色。然而，这些数据往往来源于由人工操作的传感器。这些传感器所收集的数据常面临多种挑战，其中包括数据长度不一致、采样频率不规则以及数据缺失等问题，导致这些数据无法被有效利用，以及复杂场景下数据存在时空不完整性，降低了复杂场景下的预测精度。大多数方法仅使用有效数据来训练网络模型，大大降低了训练集的规模。部分方法利用均值来处理缺失的数据或者根据时间平滑性约束推断缺失的数据，这会导致补偿过程与预测模型存在差异，并且无法有效地探索缺失的模式，从而出现较大误差的分析和预测。为了克服这个问题，本章提出了一种基于长短期记忆网络的方法，该方法可以获取时间序列观测值的长期和短期时间依赖关系，结合多尺度时间平滑来推断缺失的数据，并基于改进的 LSTM 模型，通过显式地考虑补全缺失数据的模式来学习并预测残差，从而优化预测结果。为了验证其有效性，我们在 Caltrans 性能测量系统数据集以及我们自主收集的交通流数据集的基础上进行了实验。实验结果充分展示了我们的方法在复杂环境中进行数据流量预测时的高准确度和优越性能，与其他方法相比，我们的方法展现出了更高的预测精度。下面以交通数据流为例，对复杂场景下数据流缺失值预测进行详细描述。

第一节　问题提出

交通流预测一直是学术界和业界关注的重点与难点问题。该预测可以为道路使用者的出行决策提供参考,提高交通流动效率,缓解交通拥堵。此外,它还可以延伸扩展,应用于解决其他时间序列预测问题,如人群流量预测、临床医学预测、天气预报、风速预测、电力负荷预测、人类行为预测、极端事件预测等。

基于传统机器学习的方法利用了时间序列方法、概率图模型等。然而,这些方法都不能有效地挖掘数据中的非线性特征和多模态特性,并且可扩展性有限。近年来,深度学习(特别是循环神经网络和长短期记忆网络)在时间序列预测任务中取得了巨大的成功,在拥有大量的标注数据时能够显著提升预测准确度。基于深度学习的核心理念,充足的数据资源使我们能够克服传统方法难以应对的复杂挑战,为预测任务带来更高的精度和可靠性。

尽管如此,由于数据缺失、抽样不规范、数据长度不一等问题,这些数据仍然难以进行高效率的探索。在交通环境下,这一问题变得更加严重,因为交通传感器通常是人工手动控制的。大多数方法仅使用有效数据来训练网络模型,这大大缩小了训练集的规模。其中一些方法利用均值来研究缺失数据或者使用时间平滑性约束来推断缺失数据。然而,这些解决方案有时会出现补偿过程与预测模型不匹配的问题,而且难以有效挖掘和利用数据中的缺失模式,这可能会导致预测结果和分析的质量不尽如人意,无法达到最优效果。

交通流数据具有周期性特征,例如交通在每天的上下班通勤时间更繁忙,这种特征可用于推断缺失值。但是周期线索的贡献难以确定,因此我们需要探索出一种动态分析贡献率的机制。此外,影响交通流量的因素众多,如果仅利用长期相关性进行预测,所获得的结果可能不够准确。缺失模式是一种时间依赖信息,可以用来补偿推断偏差。

本章提出了一种新颖的基于 LSTM 的交通流量预测方法。本章的主要贡献如下:第一,提出了一种创新的数据流预测方法,特别适用于复杂环境下的分析。该方法不仅能够捕捉时间序列观测值的长期和短期依赖关系,而且能够利用数据中的缺失模式来优化预测结果,从而提高预测的准确性和可靠性。第二,提出了一种新的方法,通过显式地结合基于修正 LSTM 模型的缺失模式来学习预测残差。第三,构建了一个基于交通流量数据的大数据库,从而实现了本章提出的能够被决策的交通流量预测方法。该数据库也可用于评价其他复杂场景下的数据流预测方法。第四,实验结果表明,本章提出的方法在交通流量预测上与其他先进方法相比是具有一定竞争力的。

第二节　相关理论与文献分析

一、相关工作

我们回顾了基于机器学习的时间序列预测任务的研究,分析了各种方法的优缺点,并将缺失值问题公式化。

各种机器学习方法已被用于复杂场景数据流预测:第一,时间序列方法,如 ARIMA 模型;第二,概率图模型,如贝叶斯网络、马尔可夫链和马尔可夫随机场(MRFs);第三,非参数方法,如人工神经网络、SVR 和局部加权学习(LWL)。然而,导致复杂场景数据流波动的原因是多方面的,数据中的模式是多模态的,难以学习。此外,这些浅层网络方法需要一个高维空间来对复杂的映射建模,而这需要大量的标注数据,并且过拟合问题在高维空间十分突出。

深度学习方法可以通过多层非线性结构获得更为强大的能力。利用多层非线性结构,我们可以用更少的维度来表达数据中的多模态模式,并且令过拟合问题得到缓解。

Huang 等(2014)提出使用深度信念网络(DBN)进行无监督的复杂场景数据流特征学习,采用多任务回归进行监督预测。随后,Lv 等(2015)使用 SAE 来学习通用的复杂场景数据流特征,并以逐层贪婪的方式训练模型。为了提高预测精度,Yang 等(2017)对该方法进行了扩展,提出了一种基于利文贝格-马夸特模型的栈式自编码器,并使用 Taguchi 方法(Roy,2010)来修正优化过程,通过逐层和贪婪无监督学习方法来学习时间序列特征。Polson 和 Sokolov(2017)将 SAE 模型与 L1 范数正则化相结合来识别非线性时空效应。Guo 等(2018)开发了一个基于融合的框架,用于提高流量预测的准确性。

在时间序列预测任务中,时间关系起着重要的作用。DBN 和 SAE 在学习数据隐含的空间关系时,无法显式地对时间依赖关系进行建模。LSTM 旨在结合短期和长期的时序信息,并表现出了优越的时间序列预测性能。Ma 等(2015)在遥感微波传感器数据的基础上使用 LSTM 来捕获非线性交通动态。为了预测极端条件下的交通流量,Yu 等(2017)提出了一种混合深度 LSTM 方法,用于对正常交通进行建模,并使用 SAE 模拟事故中断。为了研究交通流中的时空相关性,Zhao 等(2017)提出了一种新的 LSTM,其中两个维度直接表示时空相关性。为了获取交通网络拓扑中的时空交通信息,使用卷积 LSTM 和图卷积门控循环单元(GC-GRU)来确定时间关系。

虽然 LSTM 在复杂场景数据流预测中取得了有竞争力的成果,但在处理 LSTM 结构中的缺失值方面所做的工作很少。其主要存在以下两个问题:第一,当缺失值通过均值或时间平滑进行填补时,无法区分该值是填补缺失值还是真实值;第二,简单地将有效掩蔽和时间间隔向量串联是无法利用缺失值的时间结构的。Che 等(2018)利用 LSTM 框架中的均值和最后一个观测数据来推断缺失值,忽略了复杂场景数据流中数据的伪周期特性。Cinar 等(2018)提出在注意力权重中使用指数函数或配分函数来预测缺失值,但是其没有对偏差进行建模,因此这种推断是不稳定的。

二、长短期记忆网络

为了便于理解本章所采用的方法,我们简要介绍 LSTM(该方法的基线)的机制,并讨论 LSTM 在序列分析中的优势。

尽管 RNN 在时间序列预测任务中已被证明是成功的,但由于递归网络的梯度累积,经常会发生梯度爆炸、消失现象,导致它难以学习长期依赖关系。

LSTM 则通过融入记忆单元解决了这个问题,即学习了何时忘记以前的记忆并更新记忆。图 4-1 给出了使用这样一个循环过程生成描述的例子。图 4-1 中的(a)为 LSTM 的结构,(b)为 LSTM-M 的结构。在 LSTM-M 中,引入掩蔽向量 m_t 和时间间隔 l_t 来提供初始预测,记为 x_t,并学习块中的预测残差。

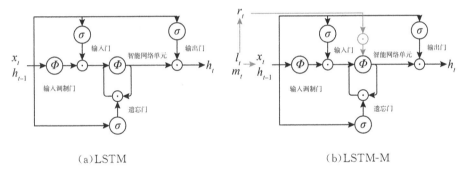

(a)LSTM　　　　　　　　　　　(b)LSTM-M

图 4-1　LSTM 模型和 LSTM-M 模型

我们将长度为 t 的 D 个变量表示为 $X=(x_1,x_2,\cdots,x_t)$ 的多元时间序列,其中 x_t 表示所有变量的第 t 个观测值,x_t^d 表示 x_t 的第 d 个变量的测量值。LSTM 模型的主要贡献是一个存储单元 c_t,它包含了在时间步长 t 上的信息,是在这一步中已经获得的观测值。单元格由多个门控制,既可以保持值,也可以根据门的状态重置值。特别地,LSTM 采用了三个关键的门控机制:遗忘门 f_t 用于决定是否忽略当前单元的状态值;输入门 i_t 用于决定是否读取新的输入信息;而输出门 o_t 则决定了单元状态的输出程度。除此之外,还有一个输入调制门 c_t,它负责生成新的候选单元值。LSTM 的门控机制和单元状态更新与输出的数学定义如下所述。

$$i_t = \sigma(\boldsymbol{W}_{x,i}\, x_t + \boldsymbol{W}_{h,i}\, h_{t-1}) \tag{4-1}$$

$$f_t = \sigma(\boldsymbol{W}_{x,f}\, x_t + \boldsymbol{W}_{h,f}\, h_{t-1}) \tag{4-2}$$

$$o_t = \sigma(\boldsymbol{W}_{x,o}\, x_t + \boldsymbol{W}_{h,o}\, h_{t-1}) \tag{4-3}$$

$$\tilde{c}_t = \varphi(\boldsymbol{W}_{x,c}\, x_t + \boldsymbol{W}_{h,c}\, h_{t-1}) \tag{4-4}$$

$$c_t = f_t \odot c_{t-1} + i_t \odot \tilde{c}_t \tag{4-5}$$

$$h_t = o_t \odot \varphi(c_t) \tag{4-6}$$

其中, $\odot$ 表示产品操作, $\boldsymbol{W}$ 矩阵为网络参数。由于这些门能够很好地处理梯度爆炸、梯度消失的问题,使得 LSTM 得到了稳健的训练。非线性项为双曲正切函数 $\varphi(\cdot)$ 和 sigmoid 函数 $\sigma(\cdot)$, h_t 为隐藏状态。

第三节　方法构建

我们分析了缺失数据的各种模式,并结合每种模式的特点设计了一种新颖的预测方法。此外,我们基于修正的 LSTM 模型,提出了一种显式结合缺失模式推断预测残差的新方法。

在复杂场景的数据流中,数据缺失的现象十分常见,引起这种现象的原因多种多样,包括但不限于传感器出现故障、人工操作导致的系统关闭以及信号传输过程中出现错误等。

不管原因如何,我们发现,经过统计分析,大部分缺失的观测值可以分为两类,如图 4-2 中的(a)和(b)所示,即短周期缺失值和长周期缺失值。

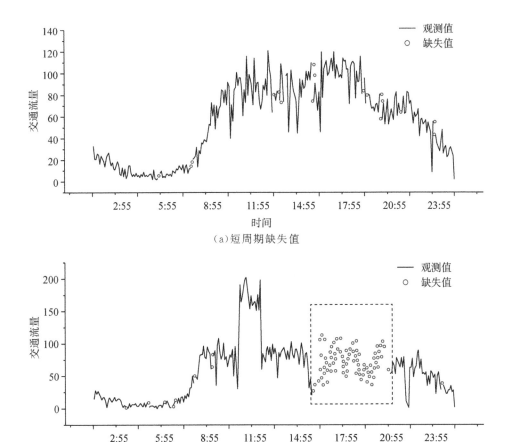

（a）短周期缺失值

（b）长周期缺失值

图 4-2　缺失值统计

短周期缺失值的持续时间通常不超过 5 分钟，而在某些特定情境下，无效的时间段可能持续不到 1 秒。这些短暂的数据缺失主要是由于设备不稳定或环境因素的干扰。鉴于时间信息的丰富多样，在处理这类缺失值时，我们通常采用时间平滑度的方法来进行合理推断和填补。

长周期缺失值的持续时间为数小时甚至数天，这些通常是由系统关闭或维护等封闭性操作引起的。在处理这类长期缺失值时，一种常见的策略是使用数据流中的均值来近似代替无效值。然而，由于长时间内的时间信息存在稀缺性，这种方法往往难以准确反映真实情况，从而导致预测结果存在较大的误差。

为了妥善处理时间序列数据中的这两类缺失值问题，特别是在交通数据应用中,我们重点关注了以下两种情况:一是缺失的观测值与其时间邻近值相近;二是输入变量随时间推移呈现周期性变化,如交通流量数据的周期性变化。为了解决这两类问题,我们提出了一种名为 LSTM-M 的新模型。该模型融合了长周期和短周期的处理机制,以准确建模输入变量中的缺失数据,并通过隐藏状态来捕捉上述特性,从而实现对缺失数据的有效管理。

将有缺失值的时间序列记为 $X \in \mathbf{R}^{t \times D}$,$s_t \in \mathbf{R}$ 表示第 t 个观测值获取时的时间戳。我们用一个影响因子 $m_t \in \{0,1\}^D$ 来表示在时间步长 t 处缺失的标志位。m_t^d 可表示为:

$$m_t^d = \begin{cases} 1, & \text{如果} x_t^d \text{ 是可观测的} \\ 0, & \text{其他} \end{cases} \tag{4-7}$$

对于每个变量 d,我们计算从上次观测到当前时刻的时间间隔 l_t^d:

$$l_t^d = \begin{cases} s_t - s_{t-1} + l_{t-1}^d, & \text{如果} t > 1, m_{t-1}^d = 0 \\ s_t - s_{t-1}, & \text{如果} t > 1, m_{t-1}^d = 1 \\ 0, & \text{如果} t = 1 \end{cases} \tag{4-8}$$

然后我们引入权重 r_t 来控制影响,考虑到:第一,复杂场景数据流序列中的每个输入变量都有唯一的含义和时间戳,权重应该根据相对于前一个变量的时间间隔从 0 到 1 灵活变化;第二,缺失模式在预测任务中是有价值的,因此权重应该代表模式并有利于推理任务;第三,由于缺失模式未被发现且可能是非线性的,我们使用指数分布来建模权重。此外,我们利用复杂场景数据流序列中的训练数据来学习权重,而不是将其设置为先验:

$$r_t = \exp(-\max(0, W_r l_t + b_r)) \tag{4-9}$$

其中,W_r 和 b_r 是与 LSTM 中的参数共同学习的参数,并且 W_r 被约束为对角线,以使变量与其他变量相互独立。我们选择指数负整流器来确保权重在 0 到 1 之间的适当范围内单调递减,并保持其他变量与权重在相同范围内单调变化。例如可以采用 sigmoid 函数。

我们提出的缺失数据时间序列模型结合了两种时间预测尺度,可以直接从输入值中获得缺失数据,并将其隐含在 RNN 状态中。考虑一个缺失观测,我们用一个影响因子 m_t^d 来表示前一个观测的权重,用另一个影响因子 $1 - m_t^d$ 来表示周期因子的权重。在此假设下,观测可以表示为:

$$x_t^d = m_t^d x_t^d + (1 - m_t^d) r_t^d x_{t'}^d + (1 - m_t^d)(1 - r_t^d) x_{t''}^d \qquad (4\text{-}10)$$

其中，x_t^d 为第 d 个变量的前一周期观测值，$x_{t'}^d$ 为第 d 个变量 $(t'' < t' < t)$ 的周期观测值。

在某些时候，上述的模型可能不能很好地预测缺失数据，因为缺失的模式不是单一的，不能用短期和长期的推断准确地表示。为了捕捉数据中复杂的缺失模式，我们对传统的 LSTM 模型进行了修正，提出了 LSTM-M 模型。

在 LSTM-M 模型中，影响因子 r_{c_i} 也被用于模拟记忆中的衰减影响。也就是说，在获得新的细胞状态 c_t 之前，将先前的细胞状态 c_{t-1} 加权为 $r_{c_i} \odot c_{t-1}$，r_{c_i} 中的参数也要与 LSTM 模型中的参数进行联合学习。

此外，由于缺失模式错综复杂，因此我们通过在模型中直接引入一个变量来模拟 LSTM 单元中预测值与真实值之间的残差，将其记为 m_t。因此，LSTM-M 模型的更新函数为：

$$i_t = \sigma(\boldsymbol{W}_{x \cdot i} x_t + \boldsymbol{W}_{h \cdot i} h_{t-1} + V_i m_t + b_i) \qquad (4\text{-}11)$$

$$f_t = \sigma(\boldsymbol{W}_{x \cdot f} x_t + \boldsymbol{W}_{h \cdot f} h_{t-1} + V_f m_t + b_f) \qquad (4\text{-}12)$$

$$o_t = \sigma(\boldsymbol{W}_{x \cdot o} x_t + \boldsymbol{W}_{h \cdot o} h_{t-1} + V_o m_t + b_o) \qquad (4\text{-}13)$$

$$\tilde{c}_t = \varphi(\boldsymbol{W}_{x \cdot c} x_t + \boldsymbol{W}_{h \cdot c} h_{t-1} + V_c m_t + b_c) \qquad (4\text{-}14)$$

$$c_t = f_t \odot c_{t-1} + i_t \odot \tilde{c}_t \qquad (4\text{-}15)$$

$$h_t = o_t \odot \varphi(c_t) \qquad (4\text{-}16)$$

其中，V_i、V_f、V_o 和 V_c 是 m_t 的新参数。

LSTM-M 模型的框架如图 4-1(b)所示。m_t 有两个作用：第一，通过式 (4-10)描述的线性模型参与缺失观测值的预测；第二，通过 LSTM 单元中的非线性函数学习预测残差。虽然时间间隔 l_t 起到了类似的作用，但由于它是与时间信息而不是瞬时信息有关，所以它修正了之前的细胞状态 c_{t-1}，而不是修改输入调制门 $\tilde{c}_t$。

第四节 实验与分析

在本节中,我们将所提出的方法与最先进的方法在有效性方面进行比较。本节提供了实验的配置、训练细节、测量、结果和讨论。

我们使用 TensorFlow 算法来评估性能和计算效率。实验中的 LSTM-M 网络通过广泛使用的深度学习框架进行训练。我们的主要架构由六个 LSTM 层和一个全连接(FC)层组成。参数是根据我们的工程经验选取的。本章的观测变量(输入)维度为 1,LSTM 中隐藏单元的大小为 32。此外,LSTM 层的激活函数为 tanh 函数。LSTM 层和 FC 层的所有参数均根据范围在 $[-1.00, 1.00]$ 上的均匀分布初始化,所有偏置项均初始化为零。我们使用 Adam 算法进行优化。鉴于复杂场景数据流往往伴随着噪声干扰,Adam 优化算法在此类应用中会展现出独特的优势。它特别适用于处理具有显著噪声或稀疏梯度的问题,能够更有效地应对这些挑战。学习率 $r = 0.001$。当达到最大历元数(在我们的案例中为 10)时停止训练。如果参数向量的范数超过 5.0,则对梯度进行剪枝。小批量规模保持在 32,其他超参数通过交叉验证进行优化。我们的模型可以在三小时内训练完成。

为了评估本章提出的方法的有效性,我们使用了两个数据集进行实验:用于完成交通流量预测任务的 Caltrans 性能测量系统和我们自己构建的数据集。

PEMS 已成为交通流预测领域极为常见的数据集。它基于感应线圈进行数据收集,旨在预测高速公路上特定位置附近的交通流量。这些交通数据是以每 30 秒一次的频率从超过 15000 个独立的检测器中收集而来的,这些检测器广泛分布于加利福尼亚州的各条高速公路。在处理包含多个检测器的高速公路数据时,为了确保数据的有效性和代表性,系统会选取那些在 15 分钟内至少记录到一辆车通过的数据序列,用于进行模型的训练和测试。本章对 2013 年 1 月至 3 月工作日的交通流量序列进行整理,选取后两周的数据作为测试集,而其余数据则作为训练集。我们采取独立处理的方式,将高速公路的两个方向视为不同的数据流进行处理。在本章中,我们主要测试 LSTM-M 模型在 5 分钟、15 分钟和 1 小时时间间隔下的预测精度。因此,我们从 PEMS 数据库中导出 5 分钟、15 分钟和 1 小时时间间隔的交通流数据。在涉及多个检测器的高速公路场景中,我们采取平均化处理策略,即将不同检测器所采集到的交通数据进行整合,从而计算出该高速公路的平均流量。

我们的交通流数据集包括从 2015 年 4 月 4 日到 2016 年 1 月 3 日的数据。在杭州市某高架道路上采集了大量的交通数据,数据采集地点包括上城区(10 个)、拱墅区(10 个)、西湖区(8 个)和滨江区(6 个)。每个检测器都安装在杆子上,并向道路倾斜,以捕获车辆信息,包括车牌号码、通行时间和车辆速度。然后我们根据车牌数量计算交通流量值,例如在指定时间内捕获新车牌时将交通流量值加 1。如果没有车辆通过观测道路,则指定时间段内的交通流量值为零,缺失数据记为 N/A,本章将训练数据和测试数据的比值固定为 4.0。

我们将这些数据导出并重组为可用的交通流量序列。交通流量定义为在固定时间段内通过指定地点的车辆总数。时间间隔的长度可以是 5 分钟或 15 分钟,数据可能在某些部分出现异常,例如由于数据缺失或突发事件。在数据采集阶段,可能会出现数据普遍缺失的情况,这种缺失可能源于检测设备的工作状态差异,或者道路上出现了紧急状况。不同时间间隔的数据缺失率列于表 4-1 中。数据的缺失率会随着时间间隔的变化而变化。时间间隔越大,则该时间段内整体数据丢失的概率越小。但时间间隔不能过大,应在短时间内准确反映交通状况。

表 4-1　不同时间间隔下数据缺失率的统计

时间间隔/分钟	缺失率/%
5	10—32
15	7—26

我们将 MAE、MRE 和 RMSE 作为评估标准来衡量预测精度,定义为:

$$\text{MAE} = \frac{1}{n} \sum_{i=1}^{n} \left| f_i - \hat{f}_i \right| \tag{4-17}$$

$$\text{MRE} = \frac{1}{n} \sum_{i=1}^{n} \frac{\left| f_i - \hat{f}_i \right|}{f_i} \tag{4-18}$$

$$\text{RMSE} = \left(\frac{1}{n} \sum_{i=1}^{n} \left| f_i - \hat{f}_i \right|^2 \right)^{\frac{1}{2}} \tag{4-19}$$

其中，n 为测试样本数，f_i 为样本 i 中的真实交通流量，$\hat{f}_i$ 为预测交通流量。

我们在交通流数据集上展示了所提出的模型的性能。我们的交通流数据集是苛刻的，因为数据中包含大量缺失或无效的观测值，这些观测值约占数据集的 30%。我们对缺失数据进行预处理，并利用式(4-10)得到初始预测值。然后利用 LSTM-M 模型对预测残差进行补偿。观测点 A 和 B 的交通流预测结果分别如图 4-3 中的(a)和(b)所示。在我们的方法中，只考虑原始交通流数据，而其他因素(如天气状况、事故、交通流密度和速度等)则被忽略。我们利用 LSTM-M 方法捕获的短期的时间模式可以用来改善预测结果。相较之下，LSTM 则无法捕获时间模式，这可能是由于 LSTM 单元中非线性函数预测残差的学习能力不足。

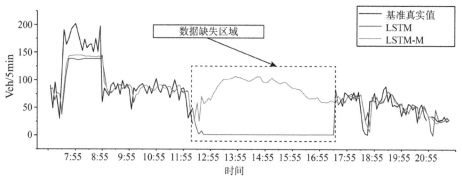

(a)观测点 A 的实验结果

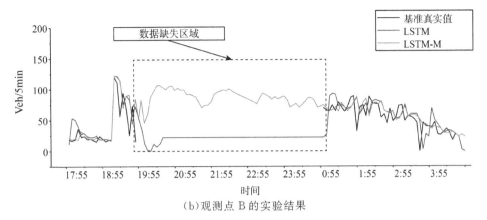

（b）观测点 B 的实验结果

图 4-3 数据集中观测点 A 和 B 的实验结果

注：Veh/5min 为车流量数据，表示每隔 5 分钟所采集或预测到的数值。

表 4-2 给出了 LSTM 和 LSTM-M 方法关于短时间间隔序列（5 分钟的时间间隔）在峰值时间（上午 8—10 时和下午 17—19 时）和非峰值时间的性能比较，图 4-4 给出了使用 LSTM-M 方法得到的统计检验结果。

表 4-2 LSTM 与 LSTM-M 在高峰和非高峰时间的定量比较

数据集		MAE		MRE/%		RMSE	
		LSTM	LSTM-M	LSTM	LSTM-M	LSTM	LSTM-M
PEMS	高峰时间	18.47	16.76	7.76	6.29	27.16	25.32
	非高峰时间	14.32	12.28	5.43	4.87	22.54	21.29
	全天	15.92	13.88	6.45	5.12	25.49	22.67
我们的数据集	高峰时间	20.39	18.49	7.53	5.45	29.63	25.34
	非高峰时间	15.27	14.20	6.78	5.02	24.41	21.51
	全天	16.86	14.57	6.97	5.12	26.24	21.98

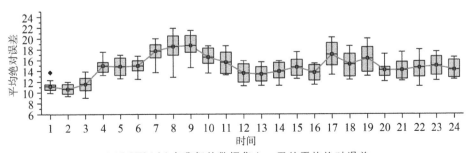

（a）LSTM-M 在我们的数据集上一天的平均绝对误差

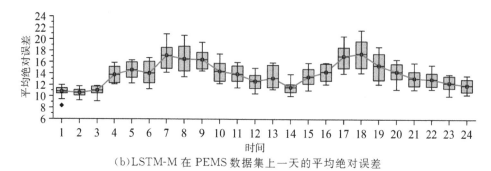

（b）LSTM-M 在 PEMS 数据集上一天的平均绝对误差

图 4-4　交通流数据集上的统计检验结果

　　两种模型在我们的交通流数据集上都表现出了很大的潜力。其中一个原因在于该数据集的低流量条件。当交通流量较低时，预测值与真实值之间的任何差异都会引起 MRE 的较大变化。所选取的道路大多处于非繁忙状态，处于繁忙状态的道路对全天数据的贡献较小。由表 4-2 可知，在我们的数据集中，LSTM 模型的平均绝对误差为 16.86，而 LSTM-M 模型的平均绝对误差为 14.57。LSTM 模型的 MRE 为 6.97%，而 LSTM-M 模型的 MRE 为 5.12%。此外，LSTM 模型的 RMSE 为 26.24，而 LSTM-M 模型的 RMSE 为 21.98。与 LSTM 模型相比，我们的 LSTM-M 方法能够实现更低的错误率，关键在于我们针对缺失数据的特定模式，明确地对预测残差进行了建模处理。

　　我们的方法也在 PEMS 数据集上进行了评估。为了进行性能比较，我们选取了不同时间间隔的交通流序列数据作为训练和测试样本。在此基础上，采用本章所述的方法进行数据预处理，数据预处理方法的评估结果如表 4-3 所示。

表 4-3　PEMS 数据集上各种预测方法的定量比较

模型	15 分钟的时间间隔			60 分钟的时间间隔		
	MAE	MRE/%	RMSE	MAE	MRE/%	RMSE
序列均值	34.87	6.89	50.12	122.09	6.18	182.74
近邻时间缺失预测	34.21	6.62	50.03	121.20	6.03	181.60
我们提出的多尺度缺失值预测方法	33.50	5.94	48.76	117.42	5.98	164.70

续表

模型	15 分钟的时间间隔			60 分钟的时间间隔		
	MAE	MRE/%	RMSE	MAE	MRE/%	RMSE
BPNN	60.80	10.90	94.10	202.80	9.80	321.50
SVR	38.70	8.00	62.30	372.90	22.10	607.50
ARIMA	38.50	7.60	60.40	353.60	21.80	619.80
RBFNN	38.30	7.40	55.90	443.40	26.40	652.60
SAE	34.10	6.75	50.00	122.80	6.21	183.90
LSTM	34.40	6.68	49.87	120.40	6.12	178.90
LSTM-M	32.20	5.24	47.04	114.60	5.47	154.80

图 4-5 中的(a)和(b)分别给出了 SR99-N 和 US101-N 高速公路的交通流预测结果。因为 PEMS 数据集中很少有缺失值,所以我们的 LSTM-M 模型在图 4-5(a)和图 4-5(b)中的性能表现不如在图 4-3(a)和图 4-3(b)中的突出。与 LSTM 模型相比,我们的 LSTM-M 模型预测值的偏差更小,并且鲁棒性和稳定性更强。LSTM-M 能够捕获多模态和非线性数据模式,能够学习初始预测和真实值之间的残差,具有稳健的推断能力。

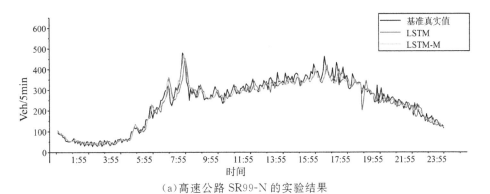

(a)高速公路 SR99-N 的实验结果

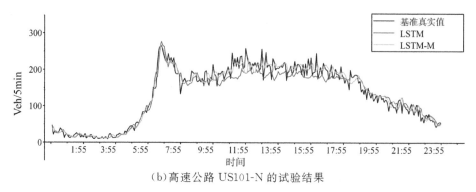

（b）高速公路 US101-N 的试验结果

图 4-5　PEMS 数据集上的实验结果

注：Veh/5min 为车流量数据，表示每隔 5 分钟所采集或预测到的数值。

LSTM 和 LSTM-M 在 PEMS 数据集上的定量比较结果如表 4-2 所示。LSTM 模型的平均准确率（1－MRE）为 93.2%—93.5%，而 LSTM-M 模型的平均准确率（1－MRE）几乎达到 95.0%。我们的 LSTM-M 模型在平均准确率上比 LSTM 模型高了不止 1.5%。此外，对于繁忙的交通流（PEMS 数据集），其 MAE 较大，这是因为道路上存在较多的车辆可能会引发交通事故，从而导致波动。因此，该场景下的任务会变得更加复杂，并且在流量较大时会获得较大的 MAE。

此外，在精度方面，我们将 LSTM-M 模型与各种先进的方法进行了比较：ARIMA 是时间序列方法中的经典算法，SVR 是一种非参数回归方法，BPNN 和 RBFNN 是浅层神经网络，SAE 和 LSTM 是深层神经网络。实验设置与我们的 LSTM-M 方法相同，在 15 分钟和 60 分钟交通流序列的高速公路测试数据基础上得出的平均预测误差（MAE、MRE 和 RMSE）情况如表 4-3 所示。

深度神经网络（如 SAE、LSTM 以及我们的 LSTM-M）优于浅层神经网络（如 RBFNN 和 BPNN），因为深层架构可以学习比浅层网络更复杂的模式，并且它们可以从多层中提取语义表示。

利用反向传播，BPNN 方法可以自适应地学习网络的权重和偏置。对于 15 分钟时间间隔的交通流，其 MRE 为 10.90%；对于 60 分钟时间间隔的交通流，其 MRE 为 9.80%。ARIMA 是一种经典的时间序列分析算法，它通过一次或多次的初始差分来消除时间序列的非平稳性。对于 15 分钟时间间隔的交通流,其 MRE 为 7.60％;对于 60 分钟时间间隔的交通流,其 MRE 为 21.80％。RBFNN 将高斯函数作为基函数来逼近非线性解析模型。由表 4-3 可知,对于 15 分钟时间间隔的交通流,RBFNN 的 MRE 为 7.40％;对于 60 分钟时间间隔的交通流,RBFNN 的 MRE 为 26.40％。与 RBFNN 相比,SVR 利用径向基函数将交通流量预测问题转化为 Hilbert (希尔伯特)空间中的线性回归问题,SVR 对 15 分钟时间间隔数据的 MRE 为 8.00％,对 60 分钟时间间隔数据的 MRE 为 22.10％。SVR 和 RBFNN 的预测误差会随着时间间隔的增加而减少,这是因为这些方法不具有记忆单元,无法捕捉数据序列中的长期时间依赖关系。

SAE 和 LSTM 方法的 MRE 均小于 6.8％,因此可以认为两者性能相当。SAE 模型使用堆叠自编码器提取高层特征,并利用逻辑回归层进行预测。通过利用深层结构拓扑,SAE 模型可以在噪声数据中探索隐含的多模态模式,因此在交通流量预测中表现良好。此外,SAE 还隐式地学习了空间关系并对其进行建模,可以同时利用空间和时间信息来推断未来的交通流量。RNN 也能够学习时间序列,因为其具有存储和处理先前信息的内部记忆单元。LSTM 特别适合捕获交通流中的模式,这是因为它包含了记忆单元,可以让网络学会忘记以前的隐藏状态,并在给定新的信息时更新隐藏状态。对于交通流量预测问题,SAE 和 LSTM 具有相似的精度,然而,SAE 不能显式地建模时序关系,LSTM 不能识别缺失模式和处理数据序列中的缺失值。

在交通流量的短期和长期预测方面,我们的 LSTM-M 取得了令人满意的结果。表 4-3 显示,与 LSTM 方法相比,LSTM-M 的 MAE 在 15 分钟的时间间隔序列中降低了 2.20,在 60 分钟的时间间隔序列中降低了 5.80; LSTM-M 的 MRE 在 15 分钟的时间间隔序列中降低了 1.44％,在 60 分钟的时间间隔序列中降低了 0.65％。此外,LSTM-M 在 15 分钟的时间间隔序列中的 RMSE 改善达到 2.83,在 60 分钟的时间间隔序列中的 RMSE 改善达到 24.10。将 LSTM-M 用于交通流量预测是一种很有前途的方法,因为它具有模拟输入变量中缺失数据的长期和短期机制,并且可以显式地学习由缺失数据中的复杂模式引起的初始预测值与真实值之间的残差。在实验过程中,我们观察到时间序列数据中存在一个子集,无论是长期还是短期的,在推断阶段都起着重要的作用,而剩余的数据与预测值之间是弱相关的。未来,我们计划将注意力机制融入交通流预测任务中,对时间和空间中的重要数据进行定位,并利用这些数据进行准确的推断。

第五节　本章小结

我们提出了一种新的复杂场景数据流预测方法,名为 LSTM-M。这种方法不仅可以有效地处理复杂场景数据流,还能够在数据缺失的情况下进行推断,为解决实际问题提供了有力的工具。在这项研究中,我们充分利用了长短期记忆网络的优势,结合了多尺度信息,以增强模型对时间序列数据的建模能力。我们采用了一种创新的线性模型,通过整合不同尺度的时间信息来预测缺失的观测值。这种线性模型的设计考虑了数据流中的动态特征,能够更好地捕捉数据变化趋势,从而提高预测的准确性。

与传统方法相比,我们的方法在以下几个方面具有显著的优势。第一,我们利用 LSTM 结构来处理序列数据,能够有效地捕捉数据中的长期依赖关系,提高了模型的泛化能力和鲁棒性。第二,我们通过引入多尺度信息,使模型能够更全面地捕捉时间序列数据的内在特征,进而增强了预测的准确性和稳定性。第三,我们还对预测残差进行了学习,通过对残差建模来进一步优化预测结果,提高了模型的预测性能。

为了验证我们提出的方法的有效性,我们在两个不同的数据集(PEMS数据集和我们构建的数据集)上进行了广泛的实验评估。实验结果表明,我们的方法在准确率方面明显优于几个最先进的方法,验证了其在实际应用中的有效性和优越性。此外,我们还进行了深入的分析,探讨了模型参数对预测性能的影响,以及模型在不同场景下的适用性。

综上所述,我们提出的 LSTM-M 方法为复杂场景数据流缺失值预测提供了一种全新的思路和方法,具有广阔的应用前景。未来,我们将进一步完善该方法,探索其在更多领域的应用,为解决实际问题提供更加可靠和有效的方案。

第五章 复杂商务场景下的长时间序列预测

时间序列预测(TSF)涉及从过去的信息中提取潜在模式,以预测未来某一段特定时期的序列。延长时间序列的预测长度并提高预测准确性始终是具有挑战性的任务。基于马尔可夫链的自回归预测方法往往会随着时间的推移产生误差。尽管基于 Transformer 的方法采用了各种自注意力机制,但它们需要更高的内存和计算资源。在这项工作中,我们提出了一种基于多层感知器(MLP)的 TSF 框架,它使用 Token MLP 和 Channel MLP 分别对序列与通道依赖性进行建模。此外,我们采用仿射变换来替代层归一化或批归一化,从而在准确性和推断速度方面实现了实质性的增强。与现有的 TSF 模型相比,TCM(Token-Channel MLP)模型在包括电力、天气和疾病领域的七个真实基准数据集上,长期序列预测的相对改善率达到了6.0%。TCM 模型的 $O(L)$ 时间和内在复杂性也使其适用于对实时性要求较高的场景。

第一节 问题提出

时间序列预测在各个领域都有广泛的应用,如能源消耗、股票价格、疾病传播分析以及交通流量估计等(Williams & Hoel,2003)。对大量历史数据进行建模,以预测更长期的未来时间序列,是一个重要的现实需求,可用于提前预警和长期规划。例如,在量化投资中,长期时间序列预测使投资者能够实现更理想的投资策略。然而,长期时间序列预测仍然面临诸多挑战。时间序列预测方法已经从传统的机器学习方法发展到当前的深度学习解决方案。

统计方法长期以来一直在学术界和业界主导着时间序列预测领域,并且能够提供相对准确、计算效率高以及可解释的预测结果。然而,传统的统计方法无法有效处理具有非线性、非平稳和多变量特征的复杂时间序列数据。由于计算资源的增加和机器学习的快速发展,基于深度学习的时间序列预测方法已成为一个突出的研究趋势。特别是随着预测序列长度的增加,深度学习方法展现出了其优越性。几种代表性方法包括 RNN 和 Transformer 等。RNN 基于马尔可夫链,是专门设计用于序列建模的。过去的隐藏层信息的递归保存使其容易引起梯度消失或爆炸等问题。LSTM 和 GRU 利用门结构来控制信息流。这些循环神经网络架构包含单向隐藏层,被证明在解决梯度消失和爆炸问题方面是非常有用的。然而,LSTM 和 GRU 模型需要更多的参数和计算量,这也导致计算复杂性和内存需求增加。因此,在资源有限的环境中它们的适用性受限。

自注意力机制和 Transformer 的影响已扩展到其他领域,如计算机视觉和语言建模。自注意力机制具有并行计算和有效捕获短期依赖关系等优势,这些使其在时间序列预测领域具有极高的潜力。此外,各种基于 Transformer 的时间序列预测模型也在不断涌现(Zhou et al.,2021;Zhou et al.,2022)。

自注意力机制的二次计算导致每层的时间和内存复杂度 $O(2)$ 在处理长序列输出时预测速度急剧下降。Zeng 等(2023)对基于 Transformer 的时间序列预测解决方案的有效性提出了疑问,实验结果表明,仅使用单个线性层就可以在多个基准数据集上获得最先进的结果。因此自注意力方案和其他复杂模块是不必要的。此外,时间卷积网络是一种基于 CNN 的模型,可以利用扩张卷积和残差模块来捕获时间依赖性。然而,CNN 可能会难以有效捕获长距离依赖关系,因为它们通常在局部操作并且具有有限的感知域。

长期序列预测(LTSF)任务面临以下挑战。

　　第一,长期依赖性建模。LTSF 任务通常需要对许多过去的时间步进行建模,以准确预测未来的值。然而随着时间跨度的增加,想要捕获长期依赖关系变得困难。由于随着时间的推移误差会累积,自回归预测解决方案(如 RNN)在其长期预测能力方面会受到影响。

　　第二,模型复杂度和计算效率。像 Transformer 这样的深度学习模型在时间序列预测中取得了显著的成果。自注意力机制导致每层的时间和内存复杂度为 $O(L^2)$,这限制了预测长序列输出的速度。这种二次计算引入了性能瓶颈,因此需要寻找更高效的解决方案。

　　这些问题表明,在 LTSF 领域需要进一步的研究和改进,以提高模型在处理长序列、复杂时间序列和长期依赖性方面的性能与效果。随着轻量级 MLP-based 模型的出现,如 MixerMLP、ResMLP、Metaformer 和 DLinear 等模型已在计算机视觉任务和时间序列预测任务中取得了出色的结果。因此,我们的目标是将轻量级架构应用于时间序列预测,并对其进行深入研究。

第二节　相关理论与文献分析

一、传统的时间序列预测方法

　　传统的统计方法包括移动平均(MA)、自回归(AR)、ARMA、ARIMA (Box & Pierce,1970)、季节性自回归积分移动平均(SARIMA)和指数平滑。这些方法通常假设时间序列是线性的或近似线性的,并且具有一定程度的平稳性。

　　指数平滑是指对未来的预测值进行加权平滑,数据点距离预测日期越远,权重越小。指数平滑的基本思想是对原始数据进行预处理,消除时间序列中的偶然变化,提高在预测中收集到的最近数据的重要性,处理后的数据称为平滑值。然后根据平滑值通过计算构建预测模型,并借助该模型预测未来的目标值。ETS 模型在处理具有复杂季节性模式的时间序列时非常有效。移动平均模型用历史数据的平均值来预测未来值。自回归模型用历史数据的自身值来预测未来值。ARMA 模型要求时间序列是平稳的,否则需要进行差分。ARIMA 模型遵循马尔可夫过程。模型的核心过程是使用差分方法将非平稳原始序列数据转换为平稳时间序列数据,然后将平稳时间序列数据输入 ARMA 模型。最后需要进行转换以获得预测结果。ARIMA 模型仅使用历史目标序列来预测未来的目标序列。其优点是模型简单,只需要内生变量,而不依赖其他外生变量。它适用于具有非常显著的特征且变化很少的平稳序列。其缺点是它不适用于拟合具有较弱自相关性的序列,并且受随机噪声的影响很大,此外,本质上,它只能捕捉线性关系,无法捕捉非线性关系。

SARIMA 模型是一种时间序列预测模型,它扩展了 ARMA 模型,适用于具有季节性分量的单变量时间序列数据。SARIMA 模型添加了三个新的超参数,用于指定序列的季节性分量的 AR、AR(I) 和 MA,以及一个额外的参数(用于反映季节性周期)。这些方法的优点是简单易用、计算量小,并且适用于短期预测。传统统计方法的缺点是无法处理复杂的时间序列、对异常值和噪声敏感,并且容易过拟合或欠拟合。

二、深度学习模型在时间序列预测中的应用

近年来,深度学习网络在序列处理任务中取得了巨大进展,越来越多的人开始使用深度学习进行时间序列预测任务。与传统的时间序列预测算法相比,这些方法通常不需要对时间序列进行严格的假设和归纳偏差,能够处理复杂的时间序列,并且具有强大的非线性特征提取和表示能力。常见的深度学习时间序列预测方法包括 RNN、LSTM、TCN 和注意力机制。

(一)基于 RNN 的方法

基于双阶段注意力的循环神经网络使用时间注意力来捕捉长期依赖关系。Lai 等(2018)使用 CNN 来提取数据之间的短期依赖关系,使用 RNN 来探究数据中的长期模式和趋势,其研究充分利用了 CNN 和 RNN 的优

势。Salinas 等(2020)结合二项式进行概率预测,有效地学习了相关时间序列的全局信息和复杂模式。

(二)基于 CNN 的方法

有学者利用不同大小的一维卷积核来捕获不同范围内的时间依赖关系。Liu 等(2022)通过执行样本卷积和交互来进行时间建模与预测,从而显著提高了预测准确性。Wu 等(2021)通过将对时间变化的分析扩展到二维空间,解决了一维时间序列表示能力的局限性问题。

(三)基于 Transformer 的方法

基于 Transformer 的方法已经展现出在时间序列建模方面的强大能力。Temporal Fusion Transformer(一种专为时序数据建模而设计的深度学习模型,简称 TFT)利用循环层进行局部处理,并利用可解释的自注意力层来学习长期依赖关系。为了克服序列长度计算的二次增长,Zhou 等(2021)在自注意力矩阵中利用低秩特性,提出了一种稀疏化的自注意力机制(ProbSparse)和自注意力"蒸馏"操作,将复杂度降低到 $O(LlogL)$,并为 TSF 任务设计了一种生成式解码器。Li 等(2019)使用 Logsparse 掩码将计算复杂度降低到 $O(LlogL)$。Liu 等(2021)设计了金字塔注意力模型,用来捕捉不同层次的时间依赖关系。Wu 等(2021)将分解块集成到规范结构中,并设计了一系列自相关机制来替代原始的自注意力层。Zhou 等(2022)设计了能够随机选择的傅立叶增强块和小波增强块,以实现 $O(L)$ 的复杂度。Liu 等(2022)从平稳性的角度研究时间序列预测,提高了数据的可预测性。

Zeng 等(2023)评估了基于 Transformer 的 TSF 解决方案的有效性。该研究提出了一个简单的线性模型,结合序列分解模块作为 TSF 的基准线,在各种基准数据集上验证了其拥有超过现有的基于 Transformer 的解决方案的性能。这些深度学习方法的优点在于它们可以提高预测的准确性和稳健性,并适用于长期预测。然而,它们的缺点是需要大量的数据和计算资源以及多个超参数的调整,这使得解释预测结果变得困难。

第三节　方法构建

在本节中,我们将介绍一种基于 MLP 的时间序列预测模型,该模型在时间和通道两个维度上进行模式识别。此外,TCM 模型还集成了额外的架构组件,包括仿射变换(Affine)、实例归一化以及投影组件。TCM 的整体框架如图 5-1 所示,其中上半部分是 TCM 模型的总体架构,包括实例归一化层、TCM 层(N×)、全连接层和实例反归一化层,下半部分是 TCM 层和 MLP 的细节,多变量时间序列在 TCM 层中用不同的线表示。

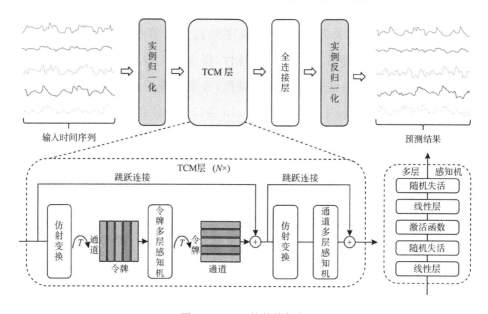

图 5-1　TCM 的整体框架

一、模型输入

在时间序列预测中,不仅给定了一个固定的回顾窗口大小,其中包含一个或多个历史序列数据 $X = \{x_1^{(i)}, x_2^{(i)}, x_3^{(i)}, \cdots, x_{L_{x-1}}^{(i)}, x_{L_x}^{(i)}\}_{i=1}^N$,还给定了一个固定的预测长度 L_y,对应于数据 $Y = \{y_1^{(i)}, y_2^{(i)}, y_3^{(i)}, \cdots, y_{L_{y-1}}^{(i)}, y_{L_y}^{(i)}\}_{i=1}^N$。

变量 X 和 Y 的维度 N 通常不唯一。模型的输入序列 $X \in \mathbf{R}^{B \times L \times C}$，其中，$B$ 表示批量大小，L 表示序列的输入长度，C 表示变量的数量。在 Transformer 模型中，位置嵌入表示序列中每个位置的相对位置。这是通过添加特定模式的位置编码向量来实现的。然而，在 TCM 中并不依赖于显式的位置编码向量。Token MLP 集成了来自不同空间位置的信息，并自动学习位置信息。

二、实例归一化

时间序列数据中的分布漂移问题是指其统计特性（如均值和方差）随时间推移而发生的变化。简单地消除非平稳信息可能导致信息丢失，从而影响模型的有效性。我们使用每个实例特定的均值和标准差对输入数据进行归一化。均值和标准差是在空间维度的每个实例中计算的，两者的计算公式如下所示。

$$\mathbb{E}_t\left[x_{c.t}^{(i)}\right] = \frac{1}{L_x} \sum_{j=1}^{L_x} x_{c.j}^{(i)} \tag{5-1}$$

$$\mathrm{var}\left[x_{c.t}^{(i)}\right] = \frac{1}{L_x} \sum_{j=1}^{L_x} \left\{x_{c.j}^{(i)} - \mathbb{E}_t\left[x_{c.t}^{(i)}\right]\right\}^2 \tag{5-2}$$

利用实例特定的均值和标准差，我们按照式(5-3)对输入数据 x_i 进行归一化处理。

$$\widehat{x_{c.t}^{(i)}} = \gamma c \left\{\frac{x_{c.t}^{(i)} - \mathbb{E}_{c.t}\left[x_t^{(i)}\right]}{\sqrt{\mathrm{var}\left[x_{c.t}^{(i)}\right] + \varepsilon}}\right\} + \delta c \tag{5-3}$$

其中，γ 和 δ 是可学习的参数。在将数据输入模型之前，对其进行归一化处理，使其分布更稳定。与将整个批次归一化不同，我们在这项工作中使用了可逆实例归一化（RevIN）方法。我们在投影层反转归一化过程，明确地重新引入从输入数据中去除的非平稳特性。我们通过对模型输出 $\hat{y}(i)$ 应用反归一化步骤来实现这一点，将其转换回原始的时间序列值。反归一化方法如式(5-4)所示。

$$\widehat{y_{c.t}^{(i)}} = \sqrt{\mathrm{var}\left[x_{c.t}^{(i)}\right] +} \cdot \left[\frac{\widehat{y_{c.t}^{(i)}} - \delta_c}{\gamma}c\right] + \mathbb{E}_t\left[x_{c.t}^{(i)}\right] \tag{5-4}$$

三、TCM 层

TCM 层由多层组成，每层都包含各种模块。TCM 层主要由两个子层组成：Token MLP 和 Channel MLP。Token MLP 用于进行令牌内的信息交互，捕获时间依赖关系。在两个子层之间添加跳跃连接有助于保留信息和梯度，特别是对于更深的网络而言。Channel MLP 专注于通道间的交互，捕获不同通道之间的依赖关系。这两个 MLP 均由具有非线性激活函数的双线性层组成。

（一）Affine 变换

Affine 变换在计算机视觉任务中被广泛使用。一个仿射变换可以被定义为两个函数的组合：一个平移和一个线性映射。在普通的向量代数中，线性映射通常用矩阵乘法表示，而平移则通常用向量加法表示。向量先是经历了一个线性变换，然后进行平移。仿射独立地应用于矩阵的每一列。在这项工作中，我们使用仿射替代了层归一化用于长期时间序列预测。仿射可以表示为式（5-5）。

$$\text{Affine}_{\alpha,\beta}(x) = \text{diag}(\alpha) \cdot x + \beta \tag{5-5}$$

其中，α 和 β 是可学习的权重向量。我们在 Token MLP 的开始和结束处应用了 Affine 运算符。Affine 类似于 LayerScale（一种用于优化深度学习模型的技术），但 LayerScale 没有偏置项。我们进行初始化，令 $\alpha = 1$ 和 $\beta = 0$。

（二）Token MLP

Token MLP 层能够捕获序列内的时间依赖关系。它在输入多维时间序列的令牌维度上操作，允许不同空间位置之间的交互。TCM 不利用其输入的额外位置嵌入。相反，Token MLP 集成了来自不同空间位置的信息，使其能够自动学习上下文关联。这种跨位置操作使得来自不同空间位置的信息能够融合在一起。TCM 的计算复杂度与序列长度呈线性关系。每层都保持一致的输入和输出维度，类似于 Transformer。Token MLP($\cdot$) 可被规范化为：

$$U = X + \text{Token MLP} \left[W_1 \times \text{Affine}(X^{\mathrm{T}}) \right]^{\mathrm{T}} \tag{5-6}$$

(三)Channel MLP

Channel MLP 利用通道维度的相互作用来捕获通道之间的依赖关系，所有行参数都是共享的。与 Transformer 的主要区别在于用线性交互替代了自注意力机制。Channel MLP(·)可被规范化为：

$$Y = U + \text{Channel MLP}[W_2 \times \text{Affine}(U)] \qquad (5\text{-}7)$$

第四节　实验与分析

一、数据集

我们在九个真实世界的数据集上进行了广泛的实验，包括电力变压器温度(ETT)、交通、电力、天气、疾病(ILI)和汇率。这些多变量时间序列数据集的详细信息请参考表 5-1。

表 5-1　九个基准数据集的统计数据

数据集	变量个数	粒度	时间周期	领域
ETTh1,ETTh2	7	17420	1 小时	电力
ETTm1,ETTm2	7	69680	5 分钟	电力
Electricity	321	26304	1 小时	电力
Exchange	8	7588	1 天	汇率
Traffic	862	17544	1 小时	交通
Weather	21	52696	10 分钟	天气
ILI	7	966	1 周	医疗

ETT1 数据集包含变压器温度的记录，每个数据点包括记录日期、功率负载的六个特征和油温等信息。ETTm1 每 5 分钟收集一次数据。ETTh1 每小时收集一次数据。

Electricity 数据集包含 2012 年至 2014 年间 321 个客户的每小时用电

量（单位为千瓦）。

Weather 数据集包括 2020 年美国近 1600 个地点的气候数据。每个数据点包括记录日期、20 个气候特征和"湿球温度"的目标值等信息。数据每 10 分钟收集一次。

Exchange 数据集汇聚了 1990 年至 2016 年间 8 个国家的汇率面板数据。数据每天记录一次。

Traffic 数据集包含 2015 年 1 月至 2016 年 12 月间旧金山湾区高速公路上 862 个传感器的每小时道路占用率测量数据。

ILI 数据集包括 2002 年至 2021 年间由美国疾病控制与预防中心收集的流感样疾病患者的每周比例数据和计数。

二、实验细节

表 5-2 总结了实验设置。我们的方法使用 Adam 优化器，批量大小默认为 32。我们采用 L2 损失，并将学习率设置为 1e-4（即 1×10^{-4}）。我们将 MAE 和 MSE 作为损失函数来评估模型的性能。这些核心指标还可用于对模型的有效性进行比较评估。所有实验均在 PyTorch（一个开源的 Python 机器学习库）中实现。为了避免过拟合，我们通过监控验证损失来实施早期停止。如果验证损失在 10 个训练周期内连续三次迭代后仍未收敛，则终止训练过程。通过硬件特定的优化可以进一步减少模型的训练和推断时间。

表 5-2　实验设置

超参数	取值范围
输入长度	[96,192,336,720]
输出长度	[96,192,336,720]
优化器	Adam 优化器
删除比例	[0,0.05,0.1,0.2,0.3,0.4,0.5,0.6]
批次大小	[16,32,64]

续表

超参数	取值范围
损失函数	[MAE.MSE]
层数	[1.2.3.4.5.6.7.8]
隐藏层比例大小	[1.2.4.8]

三、基线模型

我们选择了九个模型作为基线模型。在多变量时间序列预测实验的背景下,我们比较了六种时间序列预测模型:TimesNet、DLinear、FEDformer、Autoformer、Pyraformer 和 Informer。这些模型涵盖了各种方法,包括基于Transformer、基于 CNN 和基于 MLP 的多变量时间序列预测模型。

在单变量时间序列预测实验的设置中,由于 FEDformer 在所有六个基准数据集上相对于经典模型(如 ETS、ARIMA、RNN 和 CNN)具有更优越的性能,我们主要选择了五个基于 Transformer 的模型和一个基于 MLP 的模型作为基线。这些模型分别是 FEDformer、Autoformer、Informer、LogTrans、Reformer 和 DLinear。

四、主要结论

TSF 问题通常根据输入变量和目标变量的数量分为两种形式:多变量时间序列预测和单变量时间序列预测。

多变量时间序列预测为了确保 TSF 性能的公平比较,我们采用了与 Zeng 等(2023)的研究相同的实验设置。将输入长度 I 设置为 96,并将预测长度 O 设置为{96,192,336,720}。对于 ILI 数据集,设 $I = 36$,$O \in$ {24, 36,48,60} 。表 5-3 呈现了在九个数据集上进行多变量预测的结果,ILI 数据集的输入长度是 36,而其他数据集的是 96。所有多变量长期序列预测结果是从四个不同的预测长度中平均计算的,即对于 ILI 数据集为{24,36, 48,60},而对于其他数据集则为{96,192,336,720}。最佳表现结果如表 5-3 中的黑体所示。

表 5-3　多变量预测的结果

数据集	TCM 模型		TimesNet 模型		DLinear 模型		FEDformer 模型		Autoformer 模型		Pyraformer 模型		Informer 模型	
	MSE	MAE	MSE	MAE	MSE	MAE	MSE	MAE	MSE	MAE	MSE	MAE	MSE	MAE
ETTh1	**0.440**	**0.430**	0.458	0.450	0.456	0.452	**0.440**	0.460	0.496	0.487	1.077	0.703	1.040	0.795
ETTh2	**0.379**	**0.402**	0.414	0.427	0.559	0.515	0.434	0.447	0.453	0.462	0.826	0.703	4.431	0.734
ETTm1	**0.384**	**0.395**	0.400	0.406	0.403	0.407	0.448	0.452	0.588	0.517	0.691	0.607	0.961	0.397
ETTm2	**0.282**	**0.326**	0.291	0.333	0.350	0.401	0.305	0.349	0.327	0.371	1.498	0.869	1.410	0.998
Electricity	**0.181**	**0.279**	0.193	0.295	0.213	0.327	0.214	0.327	0.227	0.338	0.382	0.445	0.311	0.416
Exchange	0.382	**0.412**	0.416	0.427	**0.354**	0.414	0.519	0.500	0.613	0.539	1.485	1.159	1.550	0.548
Traffic	0.618	0.393	0.620	**0.336**	**0.610**	0.388	**0.610**	**0.376**	0.628	0.379	1.176	0.469	0.764	0.795
Weather	**0.241**	**0.273**	0.259	0.287	0.265	0.317	0.309	0.360	0.338	0.382	0.815	0.717	0.634	0.734
ILI	**1.921**	**0.843**	2.139	0.931	2.616	1.090	2.847	1.144	3.006	1.161	6.007	2.050	5.137	0.397

在多变量设置下，TCM 在 ETTh1、ETTm1、ETTh2、ETTm2、Electricity、Weather 和 ILI 等基准数据集中表现出了始终领先的状态，进一步证实了其在不同领域预测的出色性能。特别是，在 ETTh2 数据集中，TCM 实现了平均 MSE 降低 8.2%（0.414→0.380）和平均 MAE 降低 5.6%（0.427→0.403）。在 Weather 数据集中，它实现了平均 MSE 降低 6.9%（0.259→0.241）和平均 MAE 降低 4.9%（0.287→0.273）。在 ILI 数据集中，它实现了平均 MSE 降低 10.2%（2.139→1.921）和平均 MAE 降低 9.5%（0.931→0.843）。详情如表 5-4 所示，其中输入长度 $I=96$，预测长度 $O \in \{96,192,336,720\}$（对于 ILI 数据集，我们使用输入长度 $I=36$ 和预测长度 $O \in \{24,36,48,60\}$）。最佳表现结果以黑体标示。

此外，我们还评估了模型在单变量时间序列预测中的性能，实验设置输入序列长度 $I=96$，预测长度 $O \in \{96,192,336,720\}$。特别是，在 Weather 数据集中，TCM 的平均 MSE 降低了 63.2%，详情如表 5-5 所示，其中输入长度 $I=96$，预测长度 $O \in \{96,192,336,720\}$。FEDformer-f 和 FEDformer-w 表示带有傅立叶和小波增强块的 FEDformer 模型。最佳结果以黑体显示。

我们还进行了实验，设置输入序列长度 $I=336$ 和预测长度 $O \in \{96, 192,336,720\}$。与基于 Transformer 的模型 FEDformer 和基于 MLP 的模型 DLinear 相比，TCM 在 ETTh1 中的平均 MSE 降低了 2.3%（0.086→0.084），在 ETTh2 中的平均 MSE 降低了 9.1%（0.198→0.180），在 ETTm1 中的平均 MAE 降低了 3.4%（0.350→0.338），验证了 TCM 在单变量时间序列预测中的有效性。有关 ETT 数据集中更详细的基准测试结果请参阅表 5-6，其中输入长度 $I=336$，预测长度 $O \in \{96,192,336,720\}$。最佳结果以黑体显示。

表 5-4　在九个数据集上进行多变量长期序列预测

数据集及预测长度		TCM 模型		TimesNet 模型		DLinear 模型		FEDformer 模型		Autoformer 模型		Pyraformer 模型		Informer 模型	
		MSE	MAE	MSE	MAE	MSE	MAE	MSE	MAE	MSE	MAE	MSE	MAE	MSE	MAE
ETTh1	96	**0.374**	**0.395**	0.384	0.402	0.386	0.400	0.376	0.419	0.449	0.459	0.664	0.612	0.865	0.713
	192	**0.436**	**0.421**	0.436	0.429	0.437	0.432	0.420	0.448	0.500	0.482	0.790	0.681	1.008	0.792
	336	**0.475**	**0.442**	0.491	0.469	0.481	0.459	0.459	0.465	0.521	0.496	1.891	0.738	1.107	0.809
	720	**0.476**	**0.463**	0.521	0.500	0.519	0.516	0.506	0.507	0.514	0.512	0.963	0.782	1.181	0.865
ETTh2	96	**0.294**	**0.346**	0.340	0.374	0.333	0.387	0.346	0.388	0.358	0.397	0.645	0.597	3.755	1.525
	192	**0.383**	**0.399**	0.402	0.414	0.477	0.476	0.429	0.439	0.456	0.452	0.788	0.683	5.602	1.931
	336	**0.413**	**0.424**	0.452	0.452	0.594	0.541	0.496	0.487	0.482	0.486	0.907	0.747	4.721	1.835
	720	**0.427**	**0.440**	0.462	0.468	0.831	0.657	0.463	0.474	0.515	0.511	0.963	0.783	3.647	1.625
ETTm1	96	**0.311**	**0.352**	0.338	0.375	0.345	0.372	0.379	0.419	0.505	0.475	0.543	0.510	0.672	0.571
	192	**0.368**	**0.384**	0.374	0.387	0.380	0.389	0.426	0.441	0.553	0.496	0.557	0.537	0.795	0.669
	336	**0.395**	**0.402**	0.410	0.411	0.413	0.413	0.445	0.459	0.621	0.537	0.754	0.655	1.212	0.871
	720	**0.462**	**0.440**	0.478	0.450	0.474	0.453	0.543	0.490	0.671	0.561	0.908	0.724	1.166	0.823
ETTm2	96	**0.173**	**0.258**	0.187	0.267	0.193	0.292	0.203	0.287	0.255	0.339	0.435	0.507	0.365	0.453
	192	**0.246**	**0.306**	0.249	0.309	0.284	0.362	0.269	0.328	0.281	0.340	0.730	0.673	0.533	0.563
	336	**0.302**	**0.341**	0.321	0.351	0.369	0.427	0.325	0.366	0.339	0.372	1.201	0.845	1.363	0.887
	720	**0.406**	**0.400**	0.408	0.403	0.554	0.522	0.421	0.415	0.433	0.432	3.625	1.451	3.379	1.338

续表

数据集及预测长度		TCM 模型		TimesNet 模型		DLinear 模型		FEDformer 模型		Autoformer 模型		Pyraformer 模型		Informer 模型	
		MSE	MAE	MSE	MAE	MSE	MAE	MSE	MAE	MSE	MAE	MSE	MAE	MSE	MAE
Electricity	96	**0.153**	**0.253**	0.168	0.272	0.199	0.284	0.193	0.308	0.201	0.317	0.386	0.449	0.274	0.368
	192	**0.171**	**0.269**	0.184	0.289	0.198	0.387	0.201	0.315	0.222	0.334	0.386	0.443	0.296	0.386
	336	**0.183**	**0.283**	0.198	0.300	0.210	0.302	0.211	0.329	0.231	0.338	0.378	0.443	0.300	0.394
	720	**0.217**	**0.311**	0.220	0.320	0.245	0.335	0.246	0.355	0.254	0.361	0.376	0.445	0.373	0.439
Exchange	96	**0.084**	**0.203**	0.107	0.204	0.088	0.218	0.148	0.278	0.197	0.323	0.376	1.105	0.847	0.752
	192	0.180	0.304	0.226	**0.303**	**0.176**	0.315	0.271	0.380	0.300	0.369	1.748	1.151	1.204	0.895
	336	0.330	**0.416**	0.367	0.428	**0.313**	0.427	0.460	0.500	0.509	0.524	1.874	1.172	1.672	1.036
	720	0.932	0.726	0.964	0.774	**0.839**	**0.695**	1.195	0.840	1.447	0.941	1.943	1.206	2.478	1.310
Traffic	96	**0.508**	0.342	0.593	**0.321**	0.587	0.396	0.587	0.366	0.613	0.388	2.085	0.468	0.719	0.391
	192	0.609	0.387	0.617	**0.336**	0.604	0.378	**0.604**	0.373	0.616	0.382	0.867	0.467	0.696	0.379
	336	0.610	0.402	0.629	**0.336**	0.621	0.382	**0.621**	0.383	0.622	0.337	0.869	0.469	0.777	0.420
	720	0.715	0.442	0.640	**0.350**	0.626	0.394	0.626	0.382	0.660	0.408	0.881	0.473	0.864	0.472
Weather	96	**0.153**	**0.202**	0.172	0.220	0.196	0.255	0.217	0.296	0.266	0.336	0.896	0.556	0.300	0.384
	192	**0.203**	**0.249**	0.219	0.261	0.237	0.296	0.276	0.336	0.307	0.367	0.622	0.624	0.598	0.544
	336	**0.263**	**0.294**	0.280	0.306	0.283	0.335	0.339	0.380	0.359	0.395	0.739	0.753	0.578	0.523
	720	**0.344**	**0.345**	0.365	0.359	0.315	0.381	0.403	0.428	0.419	0.428	1.004	0.934	1.059	0.740

续表

数据集及预测长度		TCM 模型		TimesNet 模型		DLinear 模型		FEDformer 模型		Autoformer 模型		Pyraformer 模型		Informer 模型	
		MSE	MAE	MSE	MAE	MSE	MAE	MSE	MAE	MSE	MAE	MSE	MAE	MSE	MAE
ILI	96	**1.764**	**0.829**	2.317	0.934	2.398	1.040	3.228	1.260	3.483	1.287	1.420	2.012	5.764	1.677
	192	**1.839**	**0.802**	1.972	0.920	2.646	1.088	2.679	1.080	3.103	1.148	7.394	2.031	4.755	1.467
	336	**2.024**	**0.856**	2.238	0.940	2.614	1.086	2.622	1.078	2.669	1.085	7.551	2.057	4.763	1.469
	720	2.057	**0.886**	**2.027**	0.928	2.804	1.146	2.857	1.157	2.770	1.125	7.662	2.100	5.264	1.564

表 5-5　单变量长期序列预测结果

数据集及预测长度		TCM 模型		DLinear 模型		FEDformer-f 模型		FEDformer-w 模型		Autoformer 模型		Informer 模型		LogTrans 模型		Reformer 模型	
		MSE	MAE	MSE	MAE	MSE	MAE	MSE	MAE	MSE	MAE	MSE	MAE	MSE	MAE	MSE	MAE
ETTm2	96	0.066	**0.185**	0.070	0.191	0.072	0.206	**0.063**	0.189	0.065	0.189	0.080	0.217	0.075	0.208	0.077	0.214
	192	**0.101**	**0.236**	0.104	0.238	0.102	0.215	0.110	0.256	0.118	0.256	0.112	0.259	0.129	0.275	0.138	0.290
	336	0.132	**0.277**	0.135	0.278	**0.130**	0.279	0.147	0.305	0.154	0.305	0.166	0.314	0.154	0.302	0.160	0.313
	720	0.185	0.334	0.188	0.332	**0.178**	**0.325**	0.219	0.368	0.182	0.335	0.228	0.380	0.160	0.322	0.168	0.334
Electri city	96	0.286	0.375	0.374	0.439	**0.253**	0.370	0.262	0.378	0.341	0.438	0.258	0.367	0.288	0.393	0.275	0.379
	192	0.308	0.386	0.352	0.423	0.282	0.386	0.316	0.410	0.345	0.428	0.285	0.388	0.432	0.483	0.304	0.402
	336	0.372	**0.425**	0.380	0.442	**0.346**	0.431	0.361	0.448	0.406	0.470	0.336	0.423	0.430	0.483	0.370	0.448
	720	0.444	0.484	**0.418**	**0.479**	0.422	0.484	0.448	0.501	0.565	0.581	0.607	0.599	0.491	0.530	0.460	0.511
Excha nge	96	0.104	0.237	**0.092**	**0.230**	0.154	0.304	0.131	0.284	0.241	0.387	1.327	0.944	0.237	0.377	0.298	0.444
	192	0.209	0.345	**0.187**	**0.344**	0.286	0.420	0.277	0.420	0.300	0.369	1.258	0.924	0.738	0.619	0.777	0.719
	336	0.421	**0.488**	**0.387**	**0.488**	0.511	0.555	0.426	0.511	0.509	0.524	2.179	1.129	2.018	1.070	1.733	1.128
	720	1.106	**0.799**	**0.879**	**0.734**	1.301	0.879	1.162	0.832	1.260	0.867	1.280	0.953	2.405	1.175	1.203	0.956
Weather	96	**0.001**	**0.028**	0.006	0.062	0.006	0.062	0.004	0.046	0.011	0.081	0.004	0.044	0.115	0.052	0.012	0.087
	192	**0.002**	**0.030**	0.006	0.066	0.006	0.062	0.005	0.059	0.008	0.067	0.002	0.040	0.006	0.060	0.010	0.044
	336	**0.002**	**0.031**	0.006	0.067	0.004	0.050	0.008	0.072	0.006	0.062	0.004	0.049	0.006	0.054	0.012	0.100
	720	**0.002**	**0.036**	0.007	0.069	0.006	0.059	0.015	0.091	0.009	0.070	0.003	0.042	0.007	0.059	0.011	0.083

表5-6 在ETT数据集上的单变量长期序列预测结果

数据集及预测长度		TCM 模型 MSE	MAE	DLinear 模型 MSE	MAE	FEDformer-f 模型 MSE	MAE	FEDformer-w 模型 MSE	MAE	Autoformer 模型 MSE	MAE	Informer 模型 MSE	MAE	LogTrans 模型 MSE	MAE	Reformer 模型 MSE	MAE
ETTh1	96	0.058	0.181	0.056	0.180	0.079	0.215	0.080	0.214	0.071	0.206	0.193	0.377	0.283	0.468	0.532	0.569
	192	0.084	0.223	0.071	0.204	0.104	0.245	0.105	0.256	0.114	0.262	0.217	0.395	0.234	0.409	0.568	0.575
	336	0.099	0.252	0.098	0.244	0.119	0.270	0.120	0.269	0.107	0.258	0.202	0.381	0.386	0.546	0.635	0.589
	720	0.093	0.242	0.119	0.274	0.142	0.299	0.127	0.280	0.126	0.283	0.183	0.355	0.475	0.628	0.762	0.666
ETTh2	96	0.129	0.280	0.131	0.279	0.128	0.271	0.156	0.306	0.153	0.306	0.213	0.373	0.217	0.379	1.411	0.838
	192	0.169	0.331	0.176	0.329	0.185	0.330	0.238	0.380	0.204	0.351	0.227	0.387	0.281	0.429	5.658	1.671
	336	0.190	0.354	0.209	0.367	0.231	0.378	0.271	0.412	0.246	0.389	0.242	0.401	0.293	0.437	4.777	1.582
	720	0.233	0.388	0.276	0.426	0.278	0.420	0.288	0.438	0.268	0.409	0.291	0.439	0.218	0.387	2.042	1.039
ETTm1	96	0.027	0.125	0.028	0.123	0.033	0.140	0.036	0.149	0.056	0.183	0.109	0.277	0.049	0.171	0.296	0.355
	192	0.040	0.153	0.045	0.156	0.058	0.186	0.069	0.206	0.081	0.216	0.151	0.310	0.157	0.317	0.429	0.474
	336	0.053	0.177	0.061	0.182	0.084	0.231	0.071	0.209	0.076	0.218	0.427	0.591	0.289	0.459	0.585	0.583
	720	0.072	0.206	0.080	0.210	0.102	0.250	0.105	0.248	0.110	0.267	0.438	0.586	0.430	0.579	0.782	0.730
ETTm2	96	0.073	0.198	0.063	0.183	0.067	0.198	0.063	0.189	0.065	0.189	0.088	0.225	0.075	0.208	0.076	0.214
	192	0.099	0.239	0.092	0.227	0.102	0.245	0.110	0.252	0.118	0.256	0.132	0.283	0.129	0.275	0.132	0.290
	336	0.128	0.275	0.119	0.261	0.130	0.279	0.147	0.301	0.154	0.305	0.180	0.336	0.154	0.302	0.160	0.312
	720	0.179	0.332	0.175	0.320	0.178	0.325	0.219	0.368	0.182	0.335	0.300	0.435	0.160	0.321	0.168	0.335

　　为了评估不同模型的预测效果,我们绘制了来自 ETTh2 数据测试集的部分预测结果的图形,以进行定性比较。这些可视化结果展示为我们提供了对模型预测能力和性能差异的直观理解。我们的模型预测在各种实验设置下均表现出了最佳性能。详情请参考图 5-2 和图 5-3,两图中的每个子图表明了不同模型的预测性能。

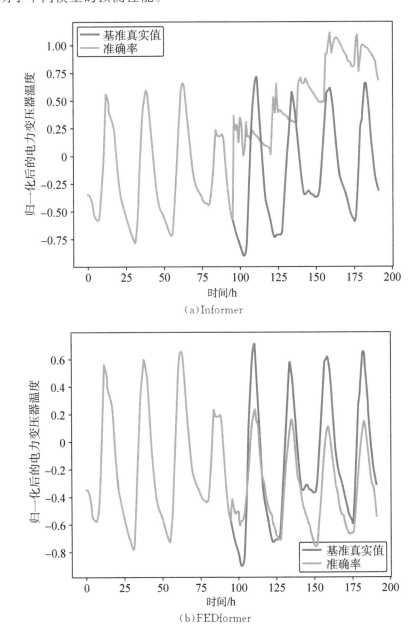

（a）Informer

（b）FEDformer

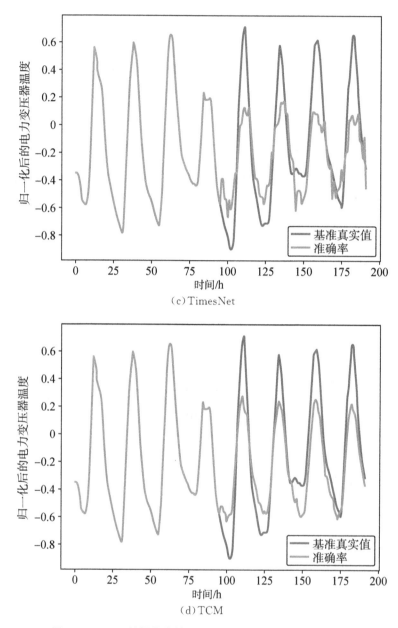

（c）TimesNet

（d）TCM

图 5-2　ETTh2 数据集在输入-96-预测-96 设置下的预测案例

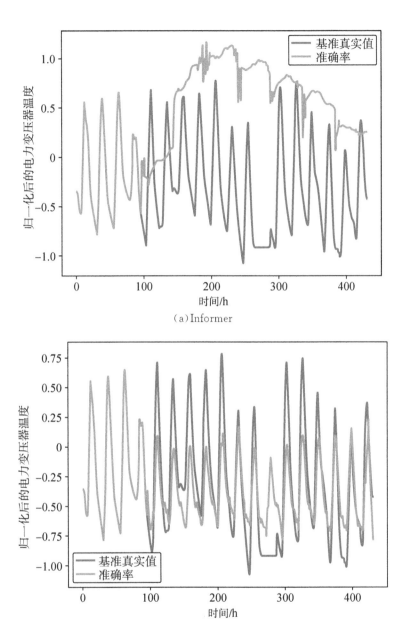

（a）Informer

（b）FEDformer

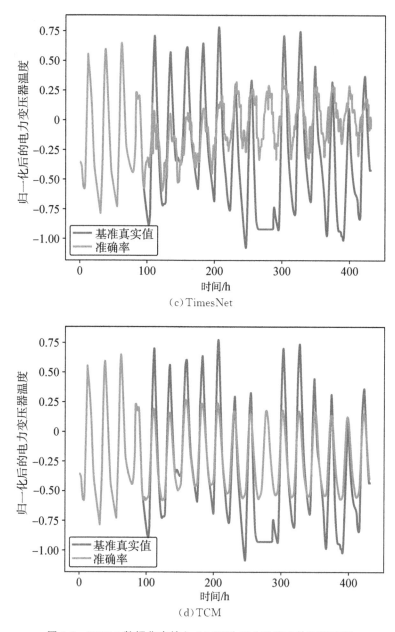

图 5-3　ETTh2 数据集在输入-96-预测-336 设置下的预测案例

五、消融研究

在下文中我们将讨论消融研究。我们调查了不同归一化策略对 TCM 的影响。我们探索了无归一化、层归一化、批归一化和仿射层的影响。通过实验,我们发现除了交通数据集外,带有仿射层的 TCM 在所有数据集上的表现都优于其他配置。具体来说,在 ETTh1 数据集中,我们观察到 MSE 减少了 2.1%,MAE 减少了 1.0%。在 ETTm1 数据集中,MSE 减少了 1.9%,MAE 减少了1.4%。在 ETTm2 数据集中,我们观察到 MSE 减少了 4.4%,MAE 减少了 4.4%。在天气数据集中,MSE 减少了 3.2%,MAE 减少了 1.0%。详细信息如表 5-7 所示,其中计数列表示最佳结果的数量。

六、模型分析

(一)回顾窗口大小的影响

回顾窗口大小会显著影响预测准确性,因为它决定了我们能从历史数据中学到多少。通常来说,具有强大时间关系提取能力的模型应该在具有更大回顾窗口时取得更好的结果。为了调查历史序列长度的影响,我们进行了实验,使用 $I \in \{48, 96, 144, 192, 336\}$ 来预测未来 96 步和 336 步的时间序列。图 5-4 显示了多变量长期序列预测结果,输入长度 $I \in \{48, 96, 144, 192, 336\}$,预测长度 $O \in \{96, 336\}$。对于以小时为粒度的数据集(ETTh1、ETTh2、Electricity 和 Exchange),我们将回顾窗口大小设定为 $\{48, 96, 144, 192, 336\}$,对应着 $\{2, 4, 6, 8, 14\}$ 天。预测步数分别为 96 和 336,即 4 天和 14 天。对于以 5 分钟为粒度的数据集(ETTm1、ETTm2),我们将回顾窗口大小设定为 $\{48, 96, 144, 192, 336\}$,对应着 $\{4, 8, 12, 16, 28\}$ 小时。预测步数分别为 96 和 336,即 8 小时和 28 小时。对于以 10 分钟为粒度的数据集(Weather),我们将回顾窗口大小设定为 $\{48, 96, 144, 192, 336\}$,对应着 $\{8, 16, 24, 32, 56\}$ 小时。预测步数分别为 96 和 336,即 16 小时和 56 小时。

表 5-7　归一化消融研究

数据集	ETTh1		ETTh2		ETTm1		ETTm2		Electricity		Exchange		Traffic		Weather		数量
指标	MSE	MAE	MSE	MAE	MSE	MAE	MSE	MAE	MSE	MAE	MSE	MAE	MSE	MAE	MSE	MAE	
无归一化	0.387	0.402	0.306	0.356	0.320	0.359	0.181	0.270	0.155	0.258	0.090	0.210	0.506	0.339	0.158	0.207	0
仿射层	0.380	0.401	0.294	0.346	0.318	0.355	0.174	0.257	0.153	0.256	0.084	0.204	0.508	0.342	0.155	0.203	11
层归一化	0.394	0.407	0.306	0.356	0.320	0.359	0.181	0.270	0.155	0.258	0.090	0.210	0.506	0.339	0.158	0.207	2
批归一化	0.382	0.399	0.297	0.347	0.317	0.357	0.184	0.267	0.151	0.254	0.085	0.205	0.722	0.447	0.156	0.205	3

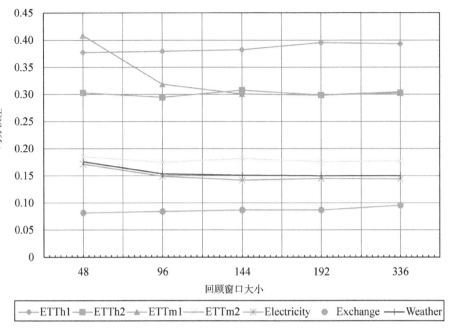

（a）预测长度 $O=96$

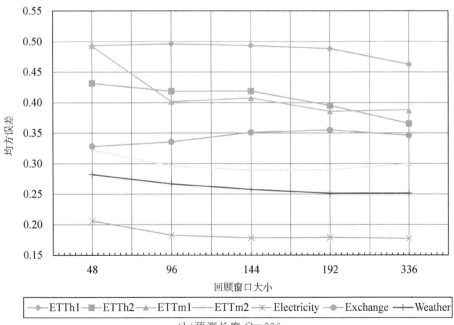

（b）预测长度 $O=336$

图 5-4 回顾窗口大小的影响

(二)效率分析

表 5-8 总结了训练和测试过程中的时间复杂度与内存使用情况的比较结果。与基于 Transformer 的模型相比,TCM 在时间序列建模方面表现出了更高的效率。

表 5-8　方法效率比较

模型	训练集		测试集
	时间复杂度	内存	步数
TCM	$O(L)$	$O(L)$	1
LSTM	$O(L)$	$O(L)$	L
Reformer	$O(L\log L)$	$O(L\log L)$	L
LogTrans	$O(L\log L)$	$O(L^2)$	1
Informer	$O(L\log L)$	$O(L\log L)$	1
Autoformer	$O(L)$	$O(L)$	1
Pyraformer	$O(L)$	$O(L)$	1
FEDformer	$O(L)$	$O(L)$	1
DLinear	$O(L)$	$O(L)$	1

(三)不同激活函数的影响

我们用 ReLU 或 tanh 替换了 MLP 中的激活函数。当将 ReLU 作为激活函数时,我们观察到了 3.0 的显著性能下降。对于 Softmax(归一化指数函数),观察到了 1.2% 的性能下降。因此,我们仍然采用 GELU(高斯误差线性单元)作为默认的激活函数。

七、超参数

(一)TCM 层数

我们进行了一个对照变量分析,以检查不同层数对模型性能的影响,实验结果如图 5-5 所示。我们发现,单层的 TCM 取得了良好的结果,增加层数会导致模型性能的波动。实验还说明了不同规模数据集的最佳层数会有所不同。一般来说,在具有更大时间步长或更多变量的数据集中,最佳的实验设置往往涉及更多的层数。

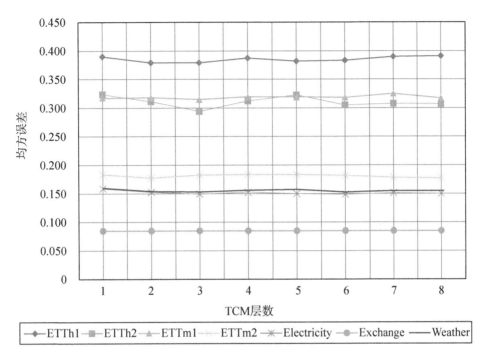

图 5-5　TCM 层数量的影响

（二）dropout 率

我们分析了不同的 dropout（随机失活）率对模型正则化的影响。我们系统地评估了 MLP 模型在 ETTh1、ETTm1、ETTm2 和 Traffic 数据集上不同 dropout 率（0、0.05、0.1、0.2、0.3、0.4、0.5、0.6）的影响，以模型的 MSE 和 MAE 指标为基准。其中，在 Electricity、Exchange 和 Weather 数据集上的实验结果在不同的 dropout 率设置下保持一致。

如表 5-9 所示，采用不同的 dropout 率对模型的预测准确性产生了不同的影响。在 ETTh1 数据集中，均方误差减少了 2.8%。对于 ETTm1 和 ETTm2 数据集，这种减少更加显著，分别达到了 5.5% 和 4.3%。对于 Traffic 数据集，均方误差降低了 2.3%。在 TSF 任务的背景下，适当调整 dropout 率有助于提高模型的表示能力和网络的泛化能力。

表 5-9　不同 dropout 率对模型的影响

dropout 率	ETTh1		ETTm1		ETTm2		Traffic	
	MSE		MAE		MSE		MAE	
0	0.385	0.405	0.329	0.366	0.184	0.266	0.520	0.358
0.05	0.384	0.406	0.314	0.356	0.181	0.262	0.531	0.358
0.1	0.384	0.403	0.312	0.353	0.182	0.265	0.508	0.342
0.2	0.380	0.401	0.311	0.352	0.181	0.265	0.556	0.363
0.3	0.374	0.395	0.313	0.354	0.176	0.258	0.552	0.364
0.4	0.375	0.392	0.315	0.356	0.179	0.261	0.570	0.371
0.5	0.375	0.393	0.319	0.358	0.181	0.264	0.573	0.370
0.6	0.377	0.391	0.321	0.361	0.178	0.262	0.587	0.369

第五节　本章小结

在这项工作中,我们提出了一种创新的基于 MLP 的时序序列预测框架,并将其命名为 TCM。这一框架的关键在于它巧妙地利用了 Token MLP 和 Channel MLP 来分别捕捉序列与通道之间的依赖关系。通过这种方式,我们能够更加精准地对数据中的复杂特征进行建模,从而提高预测模型的准确性和推断速度。

除了 Token MLP 和 Channel MLP 的运用外,研究还引入了 Affine 机制,用以增强对时间和通道的建模。与传统的层归一化或批归一化相比,我们采用仿射变换的方法在训练过程中对数据进行处理。这一举措不仅进一步提升了模型的预测准确性,还在一定程度上缩短了训练时间,极大地增强了模型的实用性。

研究结果表明,我们所提出的 TCM 框架在预测性能和时间、内存复杂度等方面均表现出色。与六种最先进的模型相比,我们的方法有效地降低了训练和推断成本,为时序序列预测领域带来了新的解决方案。

此外,我们还着手开发了一个端到端可训练的模型,专门用于时序预测任务。我们对九个真实世界的基准数据集进行了广泛的测试,结果显示,所提出的模型在不同数据集上都表现一致且显著。特别值得注意的是,相较于传统的层归一化方法和批归一化方法,我们所采用的 Affine 机制在性能上有着明显的改进,为我们的方法的有效性提供了充分的支持和验证。

我们相信 TCM 框架具有广泛的应用潜力。除了在时序序列预测领域的应用,我们还期待着将 TCM 框架应用于诸如时序分类和异常检测等下游任务中。通过不断地优化和改进,我们相信 TCM 框架将为这些领域带来更加准确和高效的解决方案,推动相关研究和应用的进一步发展。

第六章　融合社区结构分析的图生成算法

关于社交网络、生物网络等复杂系统的研究已经成为信息科学、社会学、生物学等领域的重要课题。这些网络由节点和边组成，代表了不同实体之间的关系，如社交网络中的用户和他们之间的关注关系，或者生物网络中的蛋白质和它们之间的相互作用。为了更好地理解和分析这些网络的结构、演化和功能，图生成技术被广泛应用。这些技术不仅有助于模拟和研究网络的特性，还可以用于预测未来的网络演化趋势，发现潜在的网络模式和规律。

然而，现有的图生成器无法很好地捕捉作为图最独特、最突出特征之一的社区结构。此外，现有的基于深度学习的高级图生成器效率不高、可扩展性差，只能处理小型图。为了解决这个问题，本章提出了一种由图卷积层和池化层组成的新型社区保护生成对抗网络（CPGAN），用于高效（可扩展）地进行图模拟。通过在编码器中使用图卷积网络，在生成过程中共享参数，以传输有关社区结构的信息，并在 CPGAN 中保留置换不变性。与其他基于学习的图生成模型相比，它不仅能保留现实网络中的社群结构，还能保留现实图的其他重要属性，同时还能缩短图模拟时间，提高可扩展性。同时针对现有研究中图生成效率低、质量差的问题，我们在一个统一的 GAN 框架中重新设计了生成器和判别器，其中生成器是一个分层图变分自编码器，可以学习输入图的排列的不变表示，从而更好地捕捉图的结构和特征，并能根据节点表示（嵌入）生成新图。判别器通过判断嵌入是来自真实图还是模拟图，帮助生成器生成更真实、更高质量的图。最后通过引入一种可变梯形网络，以实现不同群落结构层次的图池和信息传输，从而达到计算效率和质量的平衡。在合成图和真实图上进行的大量实验的结果表明，与基线方法相比,本章提出的模型可以在图模拟质量和效率(可扩展性)之间实现良好的平衡。

第一节　问题提出

在社会科学、生物学和信息技术等学科的应用领域,图一直被用来模拟各种关系(Grover & Leskovec,2016)。在某些情况下,由于各种原因(如不完全可观测性、隐私问题、公司规定、政府政策等),现实生活中的图往往是不可用的。因此,人们开发了许多图技术来模拟各种任务中的真实图,如物理和社会互动建模以及构建知识图。例如,在金融欺诈检测中,可以采用生成图来生成合成金融网络,而不会泄露私人信息(Fich & Shivdasani,2007)。此外,图生成技术还能帮助我们更好地理解图结构的分布和其他基本任务的特征。例如,图生成器可用于生成分子和公式,这有助于理解图数据的深刻含义。

数据库、数据挖掘和机器学习等许多领域对图生成器的研究由来已久。在这些研究中,最重要的是通用图生成器,其目的是学习一种生成模型,在不受领域限制的前提下捕捉到图的结构分布。现有研究中的相关技术大致可分为两类:传统图生成模型和基于学习的图生成模型。一般来说,传统方法可以根据一些规则有效地生成大规模图形。然而,这些模型的模拟质量相对于现实生活中的图来说并不令人满意,因为它们是为模拟某些特定的图而手工设计的,缺乏直接从观察到的现实图中学习生成模型的能力。随着深度学习技术的发展,采用递归神经网络和生成对抗网络等多种深度学习技术来模拟现实生活中的图成了一种新的趋势。虽然它们利用复杂模型的优势大大提高了图模拟质量,但也存在两大局限。

一、社区保护

由于图的复杂性,无法通过计算两个图分布之间的相似度得分来直接评估图模拟的好坏,因此只能通过指标(如度分布)来定量地捕捉两个图(图分布)的可能性。大多数图生成器都忽略了社区结构,而社区结构是图最独特、最突出的特征之一。SBM(随机块模型)和 BTER(双编码器模型)都考虑了社区结构。但由于其生成模型的简单性,它们的模型中只有几个参数,无法正确捕捉现实图的社区结构。众所周知,社区结构保留了图的固有高阶结构属性,因此在链接预测和节点分类等许多下游数据分析任务中发挥着重要作用。例如,现实生活网络中的社区可能代表真实的社会群体,担保—贷款网络中的社区可能代表密集的贷款关系和金融机构群体。这些社区信息可以帮助我们更有效地理解和利用这些网络(Cheng et al.,2021)。除了现有的图模拟质量评估指标外,我们还应考虑图生成器是否能很好地保留观察到的现实图的社区结构。

二、效率

与传统模型相比,新兴的基于深度学习的高级通用图生成模型非常耗时,在实践中只能处理中小型图。例如,GraphRNN(图卷积神经网络)和 GRAN(生成式对抗网络)采用 RNN 生成整个邻接矩阵,NetGAN(Net 图神经网络)采用随机漫步组装整个图,其训练和推理过程的时间复杂度为 $O^{b \times n^2}$,其中,n 为图节点数,b 为轮数。

考虑到效率和仿真质量是实际应用中对图生成器的两个重要而又矛盾的要求,因此开发一种新的深度学习模型,在效率(可扩展性)和仿真质量之间实现良好的平衡,具有十分重要的意义。本章设计了一种新的图生成模型,它能更好地保留观察到的图的社区结构,在不牺牲仿真质量的前提下,使图生成模型在学习和优化过程中整合社区保存属性,提高生成社区保护图的效率。

第二节 相关理论与文献分析

一、问题定义

我们定义了一个图 $G = (V, E)$，其中，V 表示一个由 n 个节点（顶点）组成的集合，以及一个由 m 条边组成的集合 $E \subseteq V \times V$，元组 $e = (u, v) \in E$ 表示 V 中两个顶点 u 和 v 之间的一条边。与已有文献中的相同，我们假设 G 是一个无向图，图 G 也可以用邻接矩阵 $A \in \{1, 0\}^{n \times n}$ 表示，因此图的邻接矩阵是对称的。此外，我们将与图相关联的（可选的）节点特征矩阵表示为 $X \in R^{n \times d}$，其中，n 表示节点的数量，d 表示节点特征的尺寸。我们在表 6-1 中总结了这些符号的定义。

表 6-1 模型参数表

符号	定义
G	图
A	邻接矩阵
X	节点特征矩阵
Z_{rec}	由输入图重构的节点特征
$N(\mu, \text{diag}(\sigma^2))$	高斯分布
n	顶点总数
m	总边数
$\varepsilon, \mathbb{D}$	编码器和解码器
G, D	发生器和鉴别器
$z^{(k)}$	第 k 层社区结构的节点特征

给定观察到的 G 图生成模型旨在捕获图的结构分布，使得一组新图 $\{G'\}$ 可以生成具有相似结构分布的图。在理想情况下，一般的图生成模型应该能够生成与观察到的图具有完全相同分布的新图。然而，由于图结构

的复杂性,很难判断两个图是否来自相同的分布。在实验中,我们必须诉诸代表性的评估指标,所有指标设置的目的都是捕捉两个图之间的可能性(例如度分布)。下面介绍社区保护的评估指标。

在本节中,我们的目标是保持社区结构的训练图。也就是说,我们将训练图的社区结构视为基础事实,并且希望生成的图具有相同的社区结构,其中社区保持是否良好由两个流行的指标来评估:调整后的兰德指数(ARI)和归一化互信息(NMI)。下面介绍它们的详细定义。给定其节点为 n 和原始社区划分 $Y_c = \{y_1, \cdots, y_c\}$,社区保持图生成模型具有另一社区划分 $X_r = \{x_1, \cdots, x_r\}$。假设两个图的节点之间存在双射映射,我们可以使用兰德指数(RI)来公式化两个社区划分的相似度,具体如下所示。

$$\text{RI} = \frac{\text{TP} + \text{TN}}{\text{TP} + \text{FP} + \text{FN} + \text{TN}} \tag{6-1}$$

其中,TP 是真阳性的数量,即在 X_r 和 Y_c 的相同子集中的节点对的数量,TN 是真阴性的数量,即在 X_r 和 Y_c 的不同子集中的节点对的数量。基于相同的原理,FP 和 FN 分别代表假阳性和假阴性的数量。然而,兰德指数存在一个问题:对于随机数据,在社区数量低的情况下会比社区数量高的情况下的更高,因为两个节点更有可能被随机分配在一起。ARI 是针对机会校正的 RI 的一个版本。

如表 6-2 所示,列联表表示两个社区分区的公共节点,其中,$n_{i,j}$ 表示社区 x_i 和 y_i 的公共节点的数量,$a_i = \sum_{j=1}^{c} n_{i,j}$ 并且 $b_j = \sum_{i=1}^{r} n_{i,j}$。

表 6-2 社区分区列联表

社区	y_1	y_2	$\cdots$	y_c	总和
x_1	$n_{1,1}$	$n_{1,2}$	$\cdots$	$n_{1,c}$	a_1
x_2	$n_{2,1}$	$n_{2,2}$	$\cdots$	$n_{2,c}$	a_2
$\vdots$	$\vdots$	$\vdots$	$\ddots$	$\vdots$	$\vdots$
x_r	$n_{r,1}$	$n_{r,2}$	$\cdots$	$n_{r,c}$	a_r
总和	b_1	b_2	$\cdots$	b_c	

ARI 可以表述为：

$$ARI = \frac{\sum_{i,j} \frac{n_{i,j}}{2} - (\sum_i \frac{a_i}{2})(\sum_j \frac{b_j}{2})/(\frac{n}{2})}{\frac{1}{2}(\sum_i \frac{a_i}{2} + \sum_j \frac{b_j}{2}) - (\sum_i \frac{a_i}{2})(\sum_j \frac{b_j}{2})/(\frac{n}{2})} \qquad (6\text{-}2)$$

通过计算 ARI,我们可以定量地评估生成图和观察图的社区结构之间的相似性。我们还可以将互信息(MI)作为社区保护的评估指标。MI 的公式如下：

$$MI = \sum_{i=1}^{r} \sum_{j=1}^{c} \frac{n_{i,j}}{N} \log \frac{N n_{i,j}}{a_i b_j} \qquad (6\text{-}3)$$

其中,N 表示节点的数量。在实践中,我们将 NMI(即 MI 的标准化版本)作为我们的评估指标。

二、相关工作

本部分主要介绍两个主要领域的相关工作:传统图生成方法和深度图生成模型。由于我们的模型遵循基于 GAN 的图生成模型的路线,因此还介绍了这类算法的一些细节。

(一)传统图生成方法

关于图生成模型的研究有很长的历史,传统的方法,如 B-A 模型、Chung-Lu 模型、Kronecker(克罗尼彻)图、BTER、指数随机图和随机块模型等,都是精心手工设计的,以模拟特定的图形族。例如,ERGMs(指数随机图模型)依赖于一个表达概率模型,该模型学习节点特征的权重来建模边缘可能性,但在实践中,这种方法受到这样一个事实的限制,即它只能捕获一组图形的统计数据。Kronecker 图模型需要借助 Kronecker 矩阵乘积来有效地生成大型邻接矩阵。虽然这种方法是可扩展的,并且能够从数据中学习一些图形属性(例如度分布),但它在可以表示的图形结构方面仍然受到高度限制。

为解决这一问题,Kolda 等(2014)提出了 BTER 来校正每个社区中的平均聚类系数,并通过两级边缘抽样过程来校正度分布。BTER 通过将图显式建模为两级 E-R 图来考虑社区结构。SBM 也考虑了社区结构,但它们受到随机模型简单性的限制，导致在现实生活图的社区结构保持方面表现不佳。具体来说，他们仅使用一个参数来捕获每个社区（即该社区内的边缘），并且用一个参数来表示两个社区的连通性概率（即这两个社区之间的边界）。关于使用 SBM 生成具有三个社区的新图的一个简单示例是：

$$
\boldsymbol{B} = \begin{pmatrix} p_1 & 0 & 0 \\ 0 & p_2 & 0 \\ 0 & 0 & p_3 \end{pmatrix} \tag{6-4}
$$

在该分块矩阵 $\boldsymbol{B}$ 中，所有边将在社区内生成，并且没有跨社区的边。第 i 个社区等价于一个边概率为 p_i 的 E-R 图。

（二）深度图生成方法

近年来，一些基于深度神经网络的技术应运而生。例如，VGAE（变分图自编码器）、DeepGMG（深度生成模型）、GRNN（图卷积神经网络）等被提出并用来解决图生成问题。与传统方法相比，它们显著提高了图生成的质量。例如 VGAE 使用 VAE 技术，其中图神经网络用于推理（编码）和生成（解码）。因为 VGAE 假设了一组固定的顶点，所以它们只能从单个图中学习，此外，由于生成的图的大小是固定的，因此该方法是不可扩展的。在 DeepGMG 中，图神经网络用于表达图的节点和边之间的概率依赖关系，它可以正确地学习任何图上的分布。然而，它需要 $O(mn^2D(G))$ 操作来生成具有 m 条边、n 个顶点和图直径为 $D(G)$ 的图，这也会受到可伸缩性问题的影响。

GRNN 通过递归神经网络顺序生成图，但它不是置换不变的，因为计算似然性需要边缘化邻接矩阵的节点排序的可能置换。GRAN 通过在自回归方法的每一步生成一个节点块和相关边来提高 GraphRNN 的可扩展性，这仍然不是置换不变的。CondGen（一种图生成模型）通过将 GCN（图卷积网络）作为编码器处理嵌入空间中的图生成问题来克服这种置换不变性挑战。Graph U-Nets（图节点网络）通过选择特定的节点来实现上采样图和下采样图，以获得图形表示。然而，其没有考虑社区结构的观察图的学习过程。SBMGNN 是 SBM 的一个变体，配备了深度学习技术，但其图神经网络用于推断重叠随机块模型的参数,这与社区保持属性不直接相关。因此,与其他基于深度学习的图生成模型相比,其在社区保护方面没有性能改进。

(三)基于 GAN 的图形生成器

生成对抗网络不仅已经在各种任务中表现出显著的成果(如图像生成、图像翻译、超分辨率成像和多媒体合成),也被用于网络科学任务(如网络嵌入、半监督学习和图生成)。对于图生成任务而言,由样本数据集指定的先验结构知识是至关重要的,特别是在保持社区结构时。对于图的社区结构,一些使用池化策略的模型可以训练出每次都能表示群落(簇)的模型,但要表示和生成这些群落(簇)仍然具有挑战性。例如,NetGAN 通过随机游走生成图,这对于保持社区结构来说是非常重要的。至于图生成的时间复杂度,用 NetGAN 生成图需要三个步骤,第一步和第二步需要 $O(kw)$ 的时间复杂度,其中,k 表示遍历的次数,w 表示每次遍历的长度。在实践中,为了很好地模拟现实生活中的图,由于随机游走存在不可逆偏差,第一步和第二步可能需要比 $O(n^2)$ 更多的时间。

第三节　方法构建

CPGAN 的核心思想是,我们可以通过提供一个社区保持模型来提取和重建一组图的社区结构,而不用去管每个节点的输入置换如何。本节概述了主要挑战,展示了我们模型的框架和实现细节,并介绍了如何设计训练过程以重建和生成新的图。

一、主要挑战

在这项工作中,我们希望使用训练集中的邻接矩阵 **A** 来学习图的社区结构,并重建具有类似结构的新图,以及使用训练的解码器和来自先验分布

N 的样本生成新图。下面将论述社区结构保留图生成中的四个内在挑战。

(一)社区结构保持图生成

社区结构是图最独特和最突出的特征之一,但易被大多数图生成器忽略。受层次聚类的启发,具有相似特征的节点可以以自下而上的方式聚类到同一个类别中。在节点的表示学习中,聚类结果可以作为关于节点社区结构的重要表示信息。因此,在实际应用中,本模型引入分层编码器来提取不同层次的社团结构作为 CPGAN 编码器的聚类器的输入,需要利用聚类结果来提高图的区分度。对于生成器的解码过程,每个节点都需要利用其社区结构来提高生成性能。一个直观的解决方案是合并来自不同层次的社区结构的节点表示并以此作为解码器的输入。

(二)置换不变性

在我们的任务中,每个有 n 个节点的图都有 $n!$ 个节点不同的排列,这将导致大量的邻接矩阵表示的是相同的图。给定置换矩阵 $\forall P \in \{0, 1\}^{n \times n}$,我们需要编码器和解码器满足以下等式的要求以保持置换不变性:

$$
\begin{aligned}
\text{编码器:} \quad & \varepsilon(PAP^{\mathrm{T}}) = \varepsilon(A) \\
\text{解码器:} \quad & D(G(PZ)) = D(G(Z))
\end{aligned}
\tag{6-5}
$$

其中,Z 表示来自先验分布的样本。如果模型不具有置换不变性,则不同置换的邻接矩阵可能导致不同的图表示。此外,所有的置换矩阵都需要经过训练,以学习图的底层表示。为了解决这个问题,我们通过全置换不变架构来实现基于学习的模型。

(三)可扩展性和效率

基于学习的图生成模型可以获得更好的图形仿真质量。但目前的图生成方法存在效率低、可扩展性差等问题,无法生成真实的图形。因此需要开发一种新的深度学习模型。在实践中,我们可以在训练过程中对节点进行采样而无须替换来组装子图,以实现效率(可扩展性)和质量之间的良好平衡。

(四)可区分的社区信息传输

在提取图的社区结构时,Diff(可微)池化可以逐层粗化图,这类似于层次聚类。Diff 池化的图分类模型结构与我们的图分类模型结构是一致的。因此,我们的模型通过一组图中的分层聚类来对图的表示进行编码,并将此信息传输给解码器以生成具有相似社区结构的图。此外,我们的池层是可微的,从而可以保持观察到的图的社区结构。

二、模型介绍

(一)模型架构

CPGAN 的架构包括编码器(E)、生成器(G)和解码器(D)。图的判断部分给出了图是否来自真实的数据集的判断,生成器部分解码了图的社区结构并重建了一个新的图。对于图生成任务,来自先验分布的样本将被直接解码以生成新的图形。对于图形重建任务,编码器和生成器会共享它们的参数。重建和生成的图将再次输入这个模型中,以"欺骗"机器人。L_{origin}、L_{rec} 和 $L_{generate}$ 分别表示原始图、重构图和生成图的丢失率。

对于图 G,给定其邻接矩阵 A 和特征矩阵 X,可以通过梯形编码器获得图的结构信息。关于社区信息,我们假设观察到的图具有真实社区标签 Y_c,其可以应用于现有的社区检测算法。分配矩阵的输出可以视为预测的节点社区分配 X_r。分配矩阵将受到这些基础真值标签的约束。社区信息和图表示将被反馈到网络分析器中,以确定输入图是不是假的。同时,粗化后的每一层图通过可微的分层消息传递过程将其社团结构特征分发给原始节点。然后对每个节点的社团信息序列进行解码,以增强图结构的重构。从先验分布中采样的节点表示也可以用于生成新的图。

(二)梯形报文传输编码器

通过引入一个梯形编码器,可以使模型自适应地调整池化策略,并提取社区结构信息的节点。我们将节点特征 X 和邻接矩阵 $A \in \{0,1\}^{n \times n}$ 作为编码器的输入。对于每个图 G,使用单位矩阵作为它的默认节点特征 X。给定每个节点具有 d 维的节点特征 $X \in \mathbf{R}^{n \times d}$ 和邻接矩阵 A,输入图 G 将使用堆叠卷积和池化层进行粗化。

1.图卷积

经典的消息传输模型用 GCN 表示。发送后的消息 $Z \in \mathbf{R}^{n \times d'}$ 的计算公式如下：

$$Z = \sigma(\mathrm{GCN}(X,A)) = \sigma(\widetilde{D}^{-\frac{1}{2}} \widetilde{A} \widetilde{D}^{-\frac{1}{2}} XW) \qquad (6\text{-}6)$$

其中，$\widetilde{D} \in \mathbf{R}^{n \times n}$ 表示 $\widetilde{A}$ 的度矩阵，$\widetilde{D}_{i,i} = \sum\limits_{j=0}^{n} \widetilde{A}_{i,j}$，表示包含自环的邻接矩阵；$\widetilde{A} = A + I_n$，$W \in \mathbf{R}^{d \times d'}$ 是图卷积层中的可训练参数，其核大小为 d'；σ 表示激活函数（默认为整流线性单位）；X 表示从邻接矩阵 A 的谱嵌入导出的节点特征，$X = X(A)$。如果我们使用 $\widetilde{A}$ 的一些变体（例如 $\widetilde{A} = A + A^2$）来改善图的连通性，那么信息可以更快地在节点之间流动。图卷积的时间复杂度为 $O(m+n)$，其中 m 表示边的数量。

2. 图形合并

由于简单地通过 GCN 传输信息会导致非常深的网络捕捉不到结构信息，特别是在遇到连接性较低的大型稀疏图时，因此需要一种有效的方法来获得图的层次表示。受 Diff 池化的启发，可以通过对图进行分层粗化，并利用一系列赋值矩阵 $S = \{S^{(l)} \in \mathbf{R}^{n_l \times n_{l-1}}, 1 \leqslant l < k\}$ 来学习粗化一组图的策略，其中 n_l、n_{l-1} 和 k 分别表示输入节点、输出节点和层的数量。分配矩阵的计算公式如下：

$$Z^{(l)} = \sigma(\mathrm{GCN}_{l,\mathrm{embed}}(X^{(l)}, A^{(l)}))$$
$$S^{(l)} = \mathrm{Softmax}(\mathrm{GCN}_{l,\mathrm{pool}}(Z^{(l)}, A^{(l)})) \qquad (6\text{-}7)$$

其中，σ 是整流线性单元激活函数，$X^{(l)} \in \mathbf{R}^{n_l \times d_{l-1}}$ 和 $A^{(l)} \in \mathbf{R}^{n_l \times n_l}$ 分别表示 n_l 个簇节点的特征矩阵和邻接矩阵，$Z^{(l)} \in \mathbf{R}^{n_l \times d_l}$ 表示具有第 l 层结构信息的特征矩阵，利用两个 GCN 分别收集结构信息和推断层 l 的池化策略。由于需要对一个图进行卷积和池化等多重操作，可以在每个 GCN 中使用 PairNorm（一种归一化方法），使模型在不过度平滑的情况下堆叠深度 GCN。赋值矩阵可以看作是预测的节点社区赋值。赋值矩阵将受到地面实况标签的限制。给定赋值矩阵 $S^{(l)}$，粗化邻接矩阵 $A^{(l-1)}$ 和新嵌入矩阵 $X^{(l+1)}$ 可以按如下方式生成：

$$A^{(l+1)} = (S^{(l)})^{\mathrm{T}} A^{(l)} S^{(l)}$$
$$X^{(l+1)} = (S^{(l)})^{\mathrm{T}} Z^{(l)} \qquad (6\text{-}8)$$

堆叠图卷积和池化层可以获得不同级别的一系列节点表示。特别地，如果层 k 在池化之后仅具有一个节点，则对应的赋值矩阵将是 $\{1\}^{n_i}$，使得图池化等效于图读出 sum（总和）。时间复杂度是 $O(m+n)$。

3. 图形读出

每个图形的节点表示通过图形读出被折叠成图形表示。因此，第 i 级粗化图的输出特征 s_i 的读出计算公式如下：

$$s_i = \frac{1}{n_i} \sum_{j=1}^{n_i} x_{i,j} \tag{6-9}$$

$$s = s_1 \oplus \cdots \oplus s_k$$

其中，k 是每个图的层数，$x_{i,j}$ 是第 i 层图的第 j 个节点的表示，$\oplus \cdots \oplus$ 表示在新维度中的所有组合。算法的时间复杂度为 $O(n)$。最终的图表示 $s \in \mathbf{R}^{k \times d}$ 是图的输入。

4. 图转置池

为了重建节点表示，需要对图形进行适当的去池化。不同于粗化图的上采样，我们引入了一种可微的方法来将粗化图中的信息分配到详细图中。所提出的分配方法使用转置版本的相似分配矩阵。转置的分配矩阵 $S_{\text{depool}}^{(l)} \in \mathbf{R}^{n_{i-1} \cdot n_i}$ 的计算公式如下：

$$S_{\text{depool}}^{(l)} = \text{Softmax}(\text{GCN}_{l,\text{depool}}(\mathbf{Z}^{(l)}, \mathbf{A}^{(l)})^{\mathsf{T}}) \tag{6-10}$$

因此，重建的节点表示 $\mathbf{Z}_{\text{rec}} \in \mathbf{R}^{n \times k \times d}$ 的计算公式如下：

$$\mathbf{Z}_{\text{rec}}^{(l)} = \begin{cases} \mathbf{Z}^{(l)}, & l=1 \\ \prod\limits_{i=1}^{l-1} (\mathbf{S}_{\text{depool}}^{(i)})^{\mathsf{T}} \times \mathbf{Z}^{(l)}, & l>1 \\ \mathbf{Z}_{\text{rec}} = \mathbf{Z}_{\text{rec}}^{(1)} \oplus \cdots \oplus \mathbf{Z}_{\text{rec}}^{(k)}, & l<1 \end{cases} \tag{6-11}$$

在这里，我们添加了一个变分推理模块来共轭节点潜在分布，以控制编码器的输出。$\oplus \cdots \oplus$ 表示将所有节点表示合并到新维度中，之后将 $\mathbf{Z}_{\text{rec}}$ 作为解码器 D 的输入。该方法的时间复杂度是 $O(m+n)$。

三、变分推理

通过利用变分推理解码节点功能生成新的图形来观察分层社区的结构

分布。我们使用 $q_\varphi(\mathbf{Z}_{\mathrm{vae}} \mid \mathbf{Z}_{\mathrm{rec}}) = \prod\limits_{i=1}^{n} q_\varphi(z_i \mid \mathbf{Z}_{\mathrm{rec}})$，其中 $z_i \in \mathbf{Z}_{\mathrm{vae}}$，实现重构特征到先验分布 $N(\mu, \mathrm{diag}(\sigma^2))$ 的映射，并将一个 MLP 作为推理模型。推理过程如下所示。

$$g(\mathbf{Z}_{\mathrm{rec}}, \varphi) = \sigma(\mathbf{Z}_{\mathrm{rec}}, \varphi_0) \varphi_1$$

$$\overline{\mu} = \frac{1}{n} \sum_{i=1}^{n} g_\mu(\mathbf{Z}_{\mathrm{rec}})_i$$

$$\overline{\sigma^2} = \frac{1}{n^2} \sum_{i=1}^{n} g_\sigma(\mathbf{Z}_{\mathrm{rec}})_i^2 \tag{6-12}$$

$$q_\varphi(z_i \mid \mathbf{Z}_{\mathrm{rec}}) \sim N(\overline{z} \mid \overline{\mu}, \mathrm{diag}(\overline{\sigma^2}))$$

$$q_\varphi(\mathbf{Z}_{\mathrm{vae}} \mid \mathbf{Z}_{\mathrm{rec}}) = \sum_{i=1}^{n} q_\varphi(z_i \mid \mathbf{Z}_{\mathrm{rec}})$$

其中，φ 表示 MLP 中的参数，$g(\bullet)_i$ 表示 $g(\bullet)$ 的第 i 行，并且 $\mathbf{Z}_{\mathrm{vae}} \in \mathbf{R}^{n \times k \times d'}$ 是变分推理模块的输出。推理模块的时间复杂度为 $O(kn)$。由已有研究可知，概率变分推理可以使节点表示远离零中心，从而使节点表示更加稀疏，保持节点社区结构。在变分推理模块之后，从先验分布中选择新的节点特征来生成新的图。但是完全连接的网络无法单独处理生成具有复杂和分层社区结构的图的任务。因此，我们提出了一个新的图解码器来解决这个问题。

四、图解码器

图解码器包括两个步骤：一是解码层次图表示序列，二是预测节点链接。嵌入分层社区结构与 GRU，并获得节点功能 h_k，其中 k 表示社区结构的数量。通过以下公式获得解码特征：

$$h_{l+1} = \mathrm{GRU}(h_l, \mathbf{Z}_{\mathrm{vae}}^{(l+1)}), 0 \leqslant l < k \tag{6-13}$$

其中，h_l 表示粗化图的隐藏状态，h_0 是零矩阵，$\mathbf{Z}_{\mathrm{vae}}^{(l)} \in \mathbf{R}^{n \times d'}$ 表示第 l 个粗化图的节点特征，h_k 表示具有层次社区信息的解码节点特征。在获得节点表示之后，得到的链路预测公式如下：

$$g_\theta(h_k) = \sigma(h_k \theta_0) \theta_1$$

$$p_\theta(\boldsymbol{A}_{i,j} \mid h_{k,i}, h_{k,j}) = \sigma[g_\theta(h_{k,i})^\mathrm{T} g_\theta(h_{k,j})]$$

(6-14)

$$p_\theta(\boldsymbol{A}_{\mathrm{rec}} \mid \boldsymbol{Z}_{\mathrm{vae}}) = \prod_{i=1}^n \prod_{j=1}^n p_\theta(\boldsymbol{A}_{i,j} \mid h_{k,i}, h_{k,j})$$

其中, $g_\theta(h_{k,i})$ 是一个两层 MLP, 用于提取社区信息以帮助生成边, $h_{k,i}$ 表示第 i 个节点的特征, $\boldsymbol{A}_{\mathrm{rec}} \in \mathbf{R}^{n \times n}$ 表示链路预测的概率矩阵。当在大型图上训练解码器时, 为了加速这个过程, 对 $n_s (n_s \ll n)$ 个节点进行采样以获得 $\boldsymbol{A}_{\mathrm{rec}} \in \mathbf{R}^{n_s \times n_s}$。具体来说, 通过对没有替换的节点进行采样, 以根据节点度的策略组装子图, 可得 $P_i = \dfrac{\deg_i}{\sum\limits_{i=1}^n \deg_i}$, 其中, P_i 是选择节点 i 的概率, $\deg_i$ 表示节点 i 的度。此外, 图解码器的时间复杂度为 $O(kn + n_s^2)$。

五、鉴别器和优化

(一) 图鉴别器

鉴别任务需要由编码器获得图形特征, 即图形读出层的输出矩阵 $s \in \mathbf{R}^{k \times d}$, 其中 $s = \varepsilon(\boldsymbol{A})$。我们利用一个两层 MLP 分类器作为鉴别器 D, 其定义为:

$$D_\varphi(\boldsymbol{A}) = \sigma(\mathrm{MLP}(s, \varphi))$$

(6-15)

其中, φ 表示 MLP 的参数, σ 表示 sigmoid 激活函数。

(二) 判别器优化

G 和 D 与价值函数 $V(G, D)$ 进行极大极小博弈的形式如下所示。

$$\begin{aligned}
\min_{\varphi_G} \max_{\varphi_D} V(G, D) = {} & \frac{1}{n} \sum_{i=1}^n \log(D(\boldsymbol{A}_i)) \\
& + \mathbb{E}_{p(\boldsymbol{Z}_{\mathrm{vae}}) \sim q(\cdot \mid \boldsymbol{Z}_{\mathrm{vae}})} \log(1 - D(G(\boldsymbol{Z}_{\mathrm{vae}}))) \\
& + \mathbb{E}_{p(\boldsymbol{Z}_s) \sim N(\cdot \mid 0, I)} \log(1 - D(G(\boldsymbol{Z}_s)))
\end{aligned}$$

(6-16)

其中, $\boldsymbol{Z}_{\mathrm{vae}}$ 和 $\boldsymbol{Z}_s$ 分别从近似分布和高斯先验分布中采样。此外, 为了利用聚类结果来提高聚类一致性水平, 我们引入了聚类一致性 $L_{\mathrm{clus}} = -\sum\limits_{l=1}^k l$, 以及

对数损失 $s(\boldsymbol{S}^l, \boldsymbol{Y}_c^l)$，其中 $\boldsymbol{S}^l$ 表示分配矩阵，$\boldsymbol{Y}_c^l$ 表示观察图的真值社区划分。默认情况下，可以利用 Louvain 算法获得分层社区检测结果，以此作为地面实况社区分区。在训练过程中，需要通过以下方式进行上升梯度更新：

$$\nabla_{\varphi_D} V(G, D) = \begin{cases} \nabla_{\varphi_D}\big[\log(D(A)) + L_{\mathrm{clus}}\big] \\ \nabla_{\varphi_D}\log(1 - D(G(Z))) \end{cases} \tag{6-17}$$

当利用真实的数据集判断图形时，使用式（6-17）的上半部分来更新参数。请注意，为了确保社区结构保持和其他优化目标得到充分考虑，训练过程仅在 L_{clus} 和 $\log(D(\boldsymbol{A}))$ 收敛时停止。当需要判断生成的图形时，使用式（6-17）的下半部分更新参数。

(三)生成器优化

生成器的目标是最小化对数概率，并将该对数概率正确地分配给 G 重构的图。此外，为了在提高解码器 D 性能的同时保证置换不变性，在循环 GAN 中引入映射一致性 L_{rec}，其中 $L_{\mathrm{rec}} = \dfrac{1}{n}\sum_{i=1}^{n}\|\varepsilon(\boldsymbol{A}_i) - \varepsilon(\boldsymbol{A}_i')\|^2$，$\boldsymbol{A}_i'$ 表示从 $\boldsymbol{A}_i$ 重构的伪邻接矩阵。实际上，编码器 ε 的崩溃可以通过映射一致性来控制。我们通过下降梯度来计算解码器相对于 φ_D 的梯度：

$$\begin{aligned} &\nabla_{\varphi_D}\big[V(G, D) - L_{\mathrm{rec}}(\boldsymbol{A}', \boldsymbol{A})\big] \\ &= \nabla_{\varphi_D}\big[\mathbb{E}_{p(\boldsymbol{Z}_{\mathrm{vae}}) \sim q(\cdot | \boldsymbol{z}_{\mathrm{inc}})}\log(1 - D(G(\boldsymbol{Z}_{\mathrm{vae}}))) \\ &\quad + \mathbb{E}_{p(\boldsymbol{Z}_s) \sim N(\cdot | 0, I)}\log(1 - D(G(\boldsymbol{Z}_s))) \\ &\quad - \frac{1}{n}\sum_{i=1}^{n}\|\varepsilon(\boldsymbol{A}_i) - \varepsilon(\boldsymbol{A}_i')\|^2\big] \end{aligned} \tag{6-18}$$

其中 $\boldsymbol{A}'$ 表示重构的邻接矩阵。在更新解码器之后，通过下降梯度来计算编码器相对于 φ_ε 的梯度：

$$\begin{aligned} &-\nabla_{\varphi_\varepsilon}\big[L_{\mathrm{prior}}(q \| p) + L_{\mathrm{rec}}(\boldsymbol{A}', \boldsymbol{A})\big] \\ &= -\nabla_{\varphi_\varepsilon}\big[\boldsymbol{D}_{\mathrm{KL}}(q(\boldsymbol{Z}_{\mathrm{vae}} | \boldsymbol{Z}_{\mathrm{rec}}) \| p(\boldsymbol{Z})) \\ &\quad + \frac{1}{n}\sum_{i=1}^{n}\|\varepsilon(\boldsymbol{A}_i) - \varepsilon(\boldsymbol{A}_i')\|^2\big] \end{aligned} \tag{6-19}$$

其中，高斯先验 $p(\mathbf{Z})$ 被设置为 $p(\mathbf{Z}) = \prod_{i=1}^{n} p(z_i) = N(\bar{z} \mid 0, I)^n$，$L_{\text{prior}}(\cdot \|\cdot)$ 表示计算两个分布之间的 Kullback-Leibler(KL) 散度。借助这种改进的编码器和解码器，生成过程可以生成任意大小和相似社区结构的新图。

六、生成新图

在训练之后，对 $n_s(n_s \ll n)$ 个节点进行采样，以获得输出矩阵 $\mathbf{A}_{\text{sub}} \in \mathbf{R}^{n_s \times n_s}$，并将从生成器获得的输出矩阵 $\mathbf{A}_{\text{out}} \in \mathbf{R}^{n \times n}$ 组装成邻接矩阵。具体地说，首先初始化一个空的 $\mathbf{A}_{\text{out}}$，并填充在每个子图的邻接矩阵 $\mathbf{A}_{\text{sub}}$ 生成的边中，直到生成的边的数量满足要求。选择阈值确定每条边的二值化策略和通过 $\mathbf{A}_{\text{out}}$ 参数化的伯努利分布的采样策略可能分别导致遗漏低度节点与高方差输出。为了解决这些问题，我们使用以下策略：第一，通过从 $\mathbf{A}_{\text{out}}$ 的第 i 行参数化的类别分布中采样来为节点 i 生成一条边；第二，选择 $\mathbf{A}_{\text{out}}$ 的前 k 个条目，直到边的数量达到预定义的数量。生成新图的总时间复杂度为 $O(n^2)$。

七、模型评估

(一)可扩展性

虽然本章提出的方法比其他基于学习的方法更有效且可扩展性更高，但它无法与传统方法（如 BTER 和 E-R）在效率和可扩展性方面的优势相比，因为基于深度学习的方法的效率依赖于 GPU（图形处理单元），而与 CPU 相比，GPU 的内存大小有限。在图训练方面，CPGAN 可以处理大规模图，但 CPGAN 在图形模拟过程中假设整个图形都可以容纳在 GPU 内存中，而这限制了 CPGAN 的可扩展性。

(二)差异性

与其他基于学习的图生成器一样，本章的方法也使用了一些经典的模型，如 VAE 和 CycleGAN。我们利用 VAE 来单独推断层次结构信息，这有助于社区保持稳定。此外，CycleGAN 和 VAE 的映射一致性用于生成置换不变图，这对于采样策略的可扩展实现是必不可少的。

第四节　实验与分析

一、实验设置

(一) 数据集

本章对文献中的六个代表性数据集进行了实验,其中包括 Citeseer(引用者)和 Pubmed(出版者)、PPI(蛋白质—蛋白质相互作用)、3D Point Cloud(3D 点云)、Facebook(脸书)和 Google(谷歌)。这些数据集跨越多个领域,具有不同的社区结构。这些数据集的详细情况如表 6-3 所示。

表 6-3　收录数据集的详细情况

数据集	节点	边	社区的数量	d_{mean}	CPL	GINI	PWE
Citeseer	3327	4732	473	2.8446	5.9389	0.6769	2.8757
Pubmed	9717	44338	2488	4.4974	6.3369	0.8844	1.4743
PPI	2361	6646	371	5.8196	4.3762	0.7432	1.9029
3D Point Cloud	5037	10886	1577	4.3224	32.4000	0.8278	1.9276
Facebook	50515	819090	8010	32.4300	14.4100	0.7164	1.5033
Google	875713	4322051	9863	9.8710	6.3780	0.6729	1.8251

注:CPL 表示两个图之间的特征路径长度之差;GINI 表示两个图之间 GINI 指数的差异,其中 GINI 是度分布中不平等的常见度量;PWE 表示两个图的幂律指数之差。

引文网络:Citeseer 和 Pubmed 是两种典型的引文网络,节点表示出版物,边表示出版物之间的引用关系。Citeseer 和 Pubmed 数据集分别包含 3327 和 9717 篇出版物,以及 4732 和 44338 篇引文。

PPI:包含 2361 个节点和 6646 条边,每个节点代表一个酵母蛋白,如果两个蛋白质之间存在相互作用,则会生成边。

3D Point Cloud:具有 5037 个节点和 10886 条边的家用对象的点的图,其中节点表示对象,并且为 KNN 生成边,KNN 是在 3D 空间中根据点的欧几里得距离测量的。

　　Facebook：一个真实的社交网络，有 50515 个节点和 819090 条边，每个节点代表一个页面，如果它们之间存在相互关系，则生成边。

　　Google：一个有 875713 个节点和 4322051 条边的网络图，其中，节点表示网页，边表示网页之间的超链接。

（二）比较方法

　　本章将所采用的方法与传统模型和深度图生成模型进行了比较。所有基线模型都被设计为学习一组图上的特征并生成新的模拟图。传统的基线包括 E-R、B-A、Chung-Lu、SBM、DCSBM 等。基于学习的生成基线是 Graphite、GRNN、NetGAN、CondGen-R 等。我们选择 GraphRNN 和 CondGen 的可扩展变体作为基线。为了验证 CPGAN 的子模块的有效性，我们利用了本章方法的一些变体，在实验中分别表示为 CPGAN-C（C 表示用级联替换节点解码操作）、CPGAN-noV（noV 表示不使用变分推理）和 CPGAN-noH（noH 表示不使用分层池）。CPGAN 是本章提出的图生成器。

（三）参数设置和评估

　　在实验中，我们使用 Python-3.6（一种编程语言）、PyTorch-1.8.1（一种深度学习框架）、CUDA-11.1（一种并行计算平台和编程模型）和 GCC-4.8.5（一种编译器套件）实现并编译了所包含的算法和评估脚本。每个算法使用一个 CPU 核心和一个 GPU。在实验中，在梯形消息传输编码器中将图卷积核大小设置为 128。学习率设置为 0.001，图池大小设置为 256。对于各种基线，采用比较模型的原始超参数设置。为了评估所有方法的性能，在实验中使用了以下基准指标：Deg 表示度分布的最大平均离散度（MMD），用于度量两个图的度分布之间的差异；Clus. 表示 MMD 度量两个图的聚类系数分布之间的差异；NMI 和 ARI 表示通过比较观察到的图和生成的图之间的社区结构相似性来评估社区保持属性。评估方法主要基于 Louvain 算法。Louvain 算法的复杂度为 $O(m+n)$，其能够快速地分层检测图的社团结构，并基于最大化模块度 Q 无监督地获得节点的社团成员关系。图的社区成员的模块度定义如下：

$$Q = \frac{1}{2m} \sum_{i,j} \left[\mathbf{A}_{i,j} - \frac{d_i d_j}{2m} \right] \delta(c_i, c_j) \qquad (6\text{-}20)$$

其中，m 表示边的数量；d_i 表示节点 i 的度；当 $u = v$ 时，$\delta(u, v)$ 为 0，否则为 1；c_i 表示节点 i 被分配到的社区成员资格。我们假设具有相同社区结构的图应该具有相同的社区检测结果，因此我们使用 NMI 和 ARI 来定量评估生成的图的社区结构。

二、图生成

图生成主要包括几个方面的实验：保持社区结构、生成分布距离和参数敏感性。我们进行了有代表性的实验，证明了本模型在图形生成任务中的优越性，并排除了一些具有类似观察结果的实验。

(一) 社区结构保护

在该实验中，首先通过比较基于 Louvain 算法的社区结构来评估生成的图。我们比较了观察图和生成图检测结果之间的相似性。表6-4显示了每种方法在保护社区结构方面的表现，这是本章研究的主要任务之一。由于节点排列不稳定，因此排除了几个基线方法。此外，内存的限制使得有些算法无法对某些图进行图模拟，这些结果在表中标记为 OOM。

前 8 行反映的是基线方法的结果。正如预期的那样，CPGAN 在所有评估的图形生成器中表现出了最好的性能，特别是对于 ARI 的评估。研究结果表明，与其他传统的基线相比，BTER 实现了最好的性能。然而，与基于学习的模型相比，大多数基于学习的模型没有明确考虑社区保护属性，其性能也不具有竞争力。由于 SBMGNN 没有利用深度神经网络来进行社区保护，因此与其他基于深度学习的模型相比，在性能评估方面没有表现出优势。

表 6-4　社区结构保存任务的比较模型性能评价

图模型	Citeseer		Pubmed		PPI		3D Point Cloud		Facebook		Google	
	NMI(e-2)	ARI(e-2)	NMI(e-2)	ARI(e-2)	NMI(e-2)	ARI(e-2)	NMI(e-2)	ARI(e-2)	NMI(e-2)	ARI(e-2)	NMI(e-2)	ARI(e-2)
SBM	19.7±0.9	1.9±0.1	4.4±0.2	0.3±0.1	11.3±0.7	1.2±0.1	37.0±1.3	11.4±0.7	14.5±2.0	2.1±0.3	24.4±0.9	1.3±0.4
DCSBM	27.1±0.8	1.7±0.1	18.9±0.2	0.3±0.1	18.6±0.8	1.8±0.3	37.3±1.4	11.5±0.8	17.5±1.5	1.9±0.3	29.4±0.6	5.7±0.5
BTER	27.3±0.7	1.8±0.1	19.1±0.2	0.3±0.1	19.0±0.7	1.7±0.1	38.1±1.2	12.1±0.8	17.9±1.2	2.1±0.2	30.3±0.7	5.8±0.5
MMSB	26.7±0.9	4.4±1.0	OOM	OOM	15.4±0.6	0.8±0.4	7.1±0.4	1.3±0.3	OOM	OOM	OOM	OOM
VGAE	63.0±0.4	29.0±1.5	42.0±0.3	15.0±0.4	50.4±0.6	40.0±1.2	57.0±0.8	8.2±1.1	OOM	OOM	OOM	OOM
Graphite	62.8±0.7	28.2±2.1	43.0±0.5	15.1±0.4	52.3±0.8	33.4±1.9	58.8±0.4	13.2±0.3	OOM	OOM	OOM	OOM
SBMGNN	62.6±0.5	21.5±1.0	39.3±0.5	14.1±0.5	56.9±0.4	31.0±1.6	59.2±0.9	15.9±1.1	OOM	OOM	OOM	OOM
NetGAN	57.9±0.5	20.1±0.3	OOM	OOM	55.2±0.5	30.2±0.3	67.4±0.9	37.8±2.6	OOM	OOM	OOM	OOM
CPGAN	72.5±0.4	44.3±1.5	45.8±0.9	34.1±1.1	57.0±0.7	44.2±1.3	70.6±0.6	39.9±1.4	54.7±1.0	28.4±1.6	38.7±0.5	30.8±0.5

注：e-2 表示 10^{-2}。

(二)生成分布距离

表 6-5 显示了不同方法在图形生成中的性能。每个评估度量都表示真实的图和生成的图之间的差异。前 12 行是基线方法的结果。前 6 行的结果表明,BTER 是具有最好的性能的传统图形生成器。基于深度学习的生成模型(第 7—12 行)可以显著提高性能。研究结果表明,除了在社区保护方面的最佳表现外,CPGAN 还在大图的其他质量指标上表现出与基线相比更大的竞争力。在两个具有较大图形的数据集中,与基线相比,我们的方法进行了相当大的改进。CPGAN 在 Citeseer 数据集中获得了五分之一的最佳结果,在 3D Point Cloud 数据集中获得了五分之三的最佳结果,在 Google 数据集中获得了全部最佳结果。实验结果表明,CPGAN 在 Pubmed 和 Facebook 数据集上取得了最好的结果,这与在 Google 数据集上的结论相似。CPGAN 在 3D Point Cloud 数据集上显示出最佳性能。此外,CPGAN 在 PPI 数据集上获得的结论,与 3D Point Cloud 数据集上的相似。在 Pubmed、Facebook、Google 数据集上,基于学习的基线算法都会因其高空间复杂度而导致内存溢出。CPGAN 总是优于 CPGAN-C 的结论证明了我们新的图解码模块的有效性。

表 6-5　在每个数据集上对图形生成任务的比较模型进行性能评估

图模型	Citeseer					Facebook					3D Point Cloud				
	Deg.	Clus.	CPL	GINI	PWE	Deg.	Clus.	CPL	GINI	PWE	Deg.	Clus.	CPL	GINI	PWE
E·R	1.27×10^{-2}	1.71×10^{-2}	17.5	8.86×10^{-2}	0.12	0.349	2.00	25.6	0.237	13.6	6.21×10^{-2}	1.36	13.2	3.99×10^{-2}	0.221
B·A	1.40×10^{-2}	1.25×10^{-2}	19.4	0.16	1.43	0.546	2.00	27.7	0.331	12.2	1.91×10^{-2}	1.36	11.1	6.16×10^{-2}	0.540
Chung Lu	1.47×10^{-2}	1.73×10^{-2}	18.5	9.83×10^{-2}	0.15	0.353	2.00	25.7	0.222	13.7	6.48×10^{-2}	1.29	13.3	7.31×10^{-2}	0.621
SBM	1.36×10^{-2}	4.94×10^{-3}	12.4	7.87×10^{-2}	5.13×10^{-2}	0.317	1.99	23.4	0.209	13.8	0.11	0.89	6.9	0.11	0.892
DCSBM	2.40×10^{-2}	3.44×10^{-3}	13.3	0.14	8.14×10^{-2}	0.309	1.98	23.4	0.218	13.6	8.48×10^{-2}	0.87	11.8	9.17×10^{-2}	0.595
BTER	1.21×10^{-2}	2.71×10^{-3}	13.1	7.73×10^{-2}	3.03×10^{-2}	0.301	2.00	22.6	0.207	13.6	1.85×10^{-2}	0.83	6.7	3.93×10^{-2}	0.210
Kronecker	2.58×10^{-2}	1.91×10^{-2}	18.5	0.13	3.12×10^{-2}	0.370	2.00	26.8	0.240	13.8	0.10	1.28	15.1	5.19×10^{-2}	1.200
MMSB	2.98×10^{-2}	1.84×10^{-2}	17.9	0.17	0.19	0.339	2.00	25.9	0.234	13.7	OOM				
VGAE	0.12	3.78×10^{-2}	18.2	0.48	0.13	0.731	1.96	30.0	0.864	13.8	OOM				
GraphRNN·S	1.34×10^{-2}	1.48×10^{-2}	17.3	7.32×10^{-2}	0.18	OOM	OOM								
CondGen·R	8.42×10^{-2}	0.14	20.8	0.36	0.30		0.60	1.7	30.400	0.7	14.10	OOM			
NetGAN	1.07×10^{-2}	1.51×10^{-3}	16.5	0.14	0.15	0.415	1.72	26.3	0.542	14.6	OOM				
CPGAN	1.25×10^{-3}	2.26×10^{-3}	15.3	7.23×10^{-3}	9.32×10^{-3}	0.410	1.49	18.1	0.355	10.8	1.47×10^{-2}	0.67	6.5	3.43×10^{-2}	0.118

(三)参数灵敏度

图 6-1 展示了参数灵敏度实验的结果。我们根据谱嵌入维数,即图 6-1 (a)和图 6-1(c)的横坐标,以及池化层次数,即图 6-1(b)和图 6-1(d)的横坐标的变化报告了生成图与真实的图之间的统计差异,其中层数表示梯形编码器中节点聚类结果的数量。从图中可以看出,两级左右的分层达到了最佳性能,这证明了在学习过程中保留群落信息的本质。此外,维度的变化对模型的性能没有明显的影响。在灵敏度实验的基础上,我们选择了最佳参数(输入维度为 4,层次结构级别为 2)进行实验。

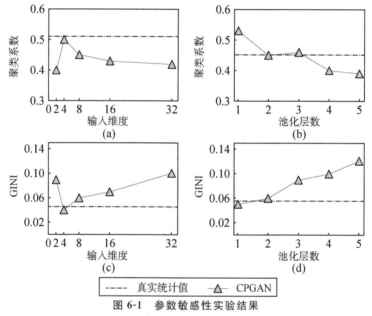

图 6-1　参数敏感性实验结果

图 6-2(a)展示了模型鲁棒性和我们所提出的方法的训练难度。我们选择具有相似架构和超参数的模型进行比较。当超参数在区间内遍历时,我们提出的方法明显比其他方法更鲁棒。其他关于模型鲁棒性的实验结果也得出了同样的结论。在模型鲁棒性比较实验的基础上,我们选择了其他基线方法的最佳参数设置(输入维度和隐藏维度)。图 6-2(b)说明了超参数的调优难度。我们提出的方法是稳定的,在不同超参数的情况下几乎没有崩溃或不稳定。基于模型调整难度实验,我们选择了最佳的训练策略,即学习率为 0.001,每 400 个 epoch(训练轮次)衰减 0.3。

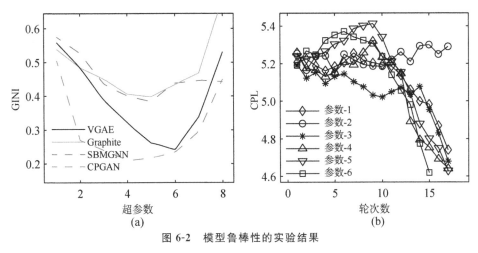

图 6-2 模型鲁棒性的实验结果

三、图重构

在本实验中,我们使用了 PPI 和 Citeseer 的完整数据集。首先随机选取数据集中 80 的边缘作为训练集,然后利用模型重建整个图,包括其余的测试集边缘。计算判别器给出的得分的负对数似然(NLL),并报告训练集和测试集数据的平均值。同时排除了 E-R、B-A 和其他不能用于重构图的方法,在其他数据集上的实验支持了我们的方法能在其他基线中提高性能的结论。

表 6-6 展示了实验结果,从中可以看出,我们的方法在 PPI 数据集上取得了最具竞争力的结果,并且在 Citeseer 数据集上表现最佳,与 VGAE、Graphite、SBMGNN 和 CondGen 相比有显著提高。这些结果与图生成实验相吻合,证明了我们的方法在现实图生成中的有效性。对于 CPL 值较低的图,即包括 CPGAN 在内的基于 GAN 的模型,在 CPL 值的度量上均表现不佳(如表 6-3 所示,PPI 数据集的 CPL 值为 4.3762,是六个数据集中最小的)。原因是 CPL 值低的图的边缘往往比 CPL 值高的图的边缘更密集,密集的边缘可能会导致判别器更加复杂。因此,GAN 的生成器部分会作出更复杂的决定,以避免来自 GAN 的判别器部分的突出反馈。基于 GAN 的图生成模型生成的密集图结构在对抗训练过程中容易产生波动现象,从而导致基于 GAN 的模型(如 CondGen 和 CPGAN)在 CPL 值较小的图上的表现不如其他基线模型。

表 6-6 每个数据集中图重构任务的性能比较

图模型	PPI									Citeseer								
	Deg.	Clus.	CPL	GINI	PWE	训练 NLL	测试 NLL			Deg.	Clus.	CPL	GINI	PWE	训练 NLL	测试 NLL		
VGAE	0.257	1.69	6.11	0.342	0.633	1.96	3.61			9.01×10^{-2}	1.60	1.45	0.263	0.149	2.26	3.78		
Graphite	0.315	0.82	10.90	0.362	0.760	2.09	4.38			0.306	1.53	2.14	0.311	1.170	2.41	4.15		
SBMGNN	0.356	1.61	10.90	0.397	0.777	2.20	4.00			0.217	1.32	2.14	0.358	0.517	2.31	4.26		
CondGen	0.139	1.16	12.80	0.231	1.090	2.07	3.82			0.166	1.13	3.57	0.196	1.540	2.47	3.97		
CPGAN	6.21×10^{-2}	0.24	11.31	7.43×10^{-2}	0.437	1.84	3.52			8.49×10^{-2}	0.50	1.35	1.38×10^{-2}	3.16×10^{-2}	1.78	3.68		

四、消融实验

本部分将评估我们提出的方法中每个子模块的有效性。在表 6-7 中，前 3 行显示了模型变体的性能指标，可以看出，我们提出的方法优于所有变体。表 6-7 中的第 2 行显示，变体 CPGAN-noV 的性能比 CPGAN 差，这说明了变体推理的有效性。同时我们还发现，在这些变体中，CPGAN-noH 的性能最差，这证明了模型组件的有效性，特别是对于分层池化的梯形编码器而言。

表 6-7 子模型性能评价

图模型	Pubmed				PPI				Facebook			
	NMI (e-2)	ARI (e-2)	Deg. (e-3)	Clus. (e-3)	NMI (e-2)	ARI (e-2)	Deg. (e-3)	Clus. (e-2)	NMI (e-2)	ARI (e-2)	Deg. (e-3)	Clus. (e-2)
CPGAN-C	32.1	14.5	2.38	2.23	51.2	39.3	2.47	1.35	53.3	26.1	1.20	1.43
CPGAN-noV	31.3	14.3	3.03	5.14	50.5	39.0	2.77	1.76	52.9	25.3	1.24	1.56
CPGAN-noH	28.8	13.2	3.96	6.52	49.7	38.4	3.49	2.30	50.1	23.2	1.96	1.79
CPGAN	45.8	34.1	2.08	1.81	57.0	44.2	2.35	1.12	54.7	28.4	1.18	1.35

注：表中的 e-2 表示 10^{-2}；e-3 表示 10^{-3}。

五、总结

传统的图生成器（如 BTER 和 E-R）在效率和可扩展性方面明显优于基于学习的图生成器，特别是在大型图形上。由于基于学习的方法的限制，所有基于学习的方法（包括 CPGAN）在当前的实验设置下不能处理具有百万级节点的较大数据集。这表明 BTER 是模拟大规模图形时的最佳选择，因为它在所有的传统图生成器中具有最好的图形模拟质量，并且在效率和可扩展性方面具有竞争力。一方面，传统的图生成器并不是很好的选择，在一些应用程序中，对现实生活中的图形有着高仿真质量的要求。另一方面，现有的基于学习的方法可以实现良好的仿真质量，但在效率和可扩展性方面的性能较差。考虑到在社区保护和其他模拟质量评估指标上的竞争性能方面的最佳表现，与其他方法相比，CPGAN 在图模拟质量和效率（可扩展性）之间实现了非常好的平衡。

第五节　本章小结

在本章中，我们提出了一种名为 CPGAN 的深度生成模型，用于模拟现实生活中的图形。该模型旨在保持图中的社群结构和其他重要属性。与现有的通用图生成模型相比，我们的方法在模拟质量和效率（可扩展性）两个方面实现了良好的平衡，特别是在处理大型真实世界网络时。

通过将图卷积网络作为编码器，并在生成过程中共享参数，该模型能够传输关于社群结构的信息，并保持生成图的社群特性。在多个现实生活图数据集上的实验结果表明，CPGAN 生成的图与真实图之间具有高度的相似性。此外，该模型在处理大型图时表现出良好的可扩展性，能够处理包含数十万甚至数百万节点和边的图。我们的研究为基于学习的社区保护图生成提供了一种高效的解决方案。CPGAN 的应用潜力广泛，可以用于社交网络分析、生物网络建模、金融欺诈检测等领域。通过保持社群结构和其他重要属性，我们的模型能够更好地理解和利用现实生活中的复杂网络。

但 CPGAN 仍然存在一些局限性。例如，对于极度大型和高度稀疏的图，模型的性能可能会受到限制。我们的模型在处理动态图和时序数据方面还有很多的改进空间。未来的研究可以探索进一步改进 CPGAN 的方法，以提高其在各种应用场景中的性能和适用性。此外，结合其他技术（如图嵌入和图神经网络）可以进一步提高图生成的质量和效果。

总之，本书所提出的 CPGAN 模型为基于学习的社区保护图生成提供了一种创新的方法，填补了现有图生成技术的一些空白，也为研究人员提供了一个强大的研究工具，可以更好地理解和模拟各种复杂网络结构，从而推动图生成技术和相关领域的发展。

第七章 基于神经网络的超图包含相似性搜索算法

在复杂场景中,多模态数据的处理和分析是一个高度复杂且具有多维度的任务。这些数据通常包括文本、图像、视频等多种类型的信息,它们之间存在着复杂的相互关系和依赖性。为了有效地从这些数据中提取有用的信息并进行深入分析,超图搜索提供了一种有效的解决方案。超图搜索是一个基本的图查询问题,旨在基于子图同构原理找到给定查询图中包含的所有数据图。但研究证明超图搜索是一个 NP 完全问题,处理难度大,并且现有算法大多通过索引进行查询,查询处理成本高。此外,构造索引还会产生巨大的计算量,且扩展性差,甚至有些算法还需要验证查询得到的数据图,从而产生冗余计算。本章针对现有算法计算成本大和扩展性差的问题,提出了一种基于神经网络的超图包含相似性搜索算法(NSS),该算法主要由训练和查询两部分构成。研究结果表明:第一,NSS 利用图循环神经网络对查询图和数据图的向量表示进行建模,并针对给定的查询,NSS 在向量表示空间中进行超图包含相似性搜索,该算法的时间复杂度与数据集中图的数量呈线性关系,因此在训练阶段,NSS 比 IDAR 算法快三个数量级,而在查询任务中,NSS 比 IDAR 算法快六个数量级。第二,在训练阶段使用交叉熵损失函数对匹配结果进行优化可能导致过拟合问题,因此在 NSS 中添加了 Wasserstein(沃瑟斯坦)判别器(WD)。Wasserstein 判别器通过最小化数据图与查询图之间的 Wasserstein 距离,隐式地对齐两个图的顶点,帮助 NSS 获得查询图和数据图之间的相互关系,从而提高 NSS 的近似精度。第三,NSS 在训练阶段使用平均池化操作会导致详细的结构信息和标签信息丢失,因此 NSS 设计了重构网络(reconst)模块。重构网络根据图的结构信息和顶点的标签属性,利用图神经网络生成与初始特征尽可能相似的向量,帮助 NSS 在表示学习中更好地保留结构信息和标签信息,从而提高 NSS 的准确性。

第一节　问题提出

随着图结构化数据挖掘的兴起,图在社交网络分析、图像处理、生物反应解析等领域受到广泛关注,通过解析图中的拓扑结构与节点属性等信息,能够有效解决实际应用场景中所遇到的问题,例如兴趣推荐、社群划分等。图包含是根据子图同构原理来确定用户给定的查询图是数据图的子图还是超图的。为了解决这个问题,提出了大量的子图搜索算法和超图搜索算法。

超图搜索的目标是查询数据图中的子图或超图,它与给定的查询超图同构,即具有相同的结构和关系。超图搜索以及超图包含在许多应用中发挥着关键作用,如计算机视觉中的子结构挖掘、PPI 网络分析和恶意软件检测。尽管超图搜索在这些现实应用中很受欢迎且很重要,但事实已经证明超图搜索是 NP 完全的。由于超图搜索的处理较为困难,现有算法大多通过索引的方式进行超图搜索来得到解。例如,CIndex(C 索引)先利用索引过滤掉无关的数据图,再通过同构测试验证图之间的包含关系;而 IDAR 算法使用集成有向无环图的方法构造索引,并通过减少枚举候选图的数量来降低查询处理时间。然而,这些算法有两个明显的局限:第一,构建索引需要进行频繁的子图挖掘或子图测试,不仅计算成本高,而且可扩展性差;第二,构建索引需要额外的存储空间。

现有方法的查询处理成本也很高。例如,Cheng 等(2011)采用过滤和验证框架进行查询处理,过滤掉没有希望的数据图,然后通过同构测试验证剩余的数据图。设计基于机器学习的超图包含相似性搜索算法的主要挑战是在保留数据图和查询图之间的关系时保持高效的查询。在超图搜索中,图的性质(如顶点的标签和度)扮演着关键角色,目前的算法通常利用这些属性来建立候选集，以缩小搜索范围。此外，查询图和数据图顶点之间的匹配关系也至关重要。然而，当前基于学习的子图相关方法要么简单地应用图神经网络来保持图的属性，要么耗费大量时间学习顶点对应关系并且缺乏扩展性，要么忽略部分信息以获得更高的效率。因此，我们的目标是提出一种能够在超图包含相似性搜索任务中高效地捕捉图内和图间的关键属性与关系的模型。这个问题的关键挑战在于超图的复杂性，以及如何在保持高效性的同时有效地处理超图之间的同构关系。超图搜索通常涉及设计算法或模型，以及在大规模数据集中快速定位与查询超图同构的子图或超图。解决超图搜索问题的方法包括传统的基于图论的算法，以及近年来涌现的基于机器学习的方法。机器学习方法尤其关注如何利用学习模型来提高搜索效率，同时也要保留超图内部和超图之间的关键信息。这个问题在知识图谱、化学分子结构、生物信息学等领域都有实际应用，因为这些领域的数据通常以超图的形式表示，并且需要进行有效的相似性搜索和匹配。查询图和数据图之间的 Wasserstein 距离隐式地导致了两个图的垂直对齐。因此，本书提出的算法能够利用查询图和数据图顶点之间的相互关系提高近似精度。

第二节　相关理论与文献分析

一、预备知识

在本章中，我们主要关注如何利用神经网络设计一种方法来解决超图搜索问题。具体来说，我们着眼于无向图、连通图和标记图，并且我们的方法可以轻松适应有向图或非连通图中顶点或边具有多个标签的情况，通过将有向邻接矩阵输入图神经网络（GNN）中，我们可以支持有向图的处理。此外，还可以支持处理非连通图，即将它们视为多个连接的图。我们用 $g = (V(g), E(g))$ 来表示数据图，其中 $V(g)$ 是数据图中的顶点集，$E(g)$ 是边集,数据图集表示为 D。每个顶点通过标签映射函数 L 映射到标签。查询图用 Q 表示,它是数据图 g 的潜在超图。表 7-1 总结了常用的符号。

表 7-1 符号说明

符号	定义
G,Q,g	图、查询图和数据图
V,E	顶点集和边集
A_Q	查询图 Q 的答案集
L,f_{iso}	标签映射函数和子图同构函数
$e(u,v),N(v)$	顶点 u 和 v 之间的边与顶点 v 的相邻集合
$d(u)$	节点 u 的度
f_θ	图包含预测函数
f_ω,f_π	Wasserstein 鉴别器和重构网络
σ	非线性激活函数
τ	确定子图关系的阈值

(一)子图同构

给定查询图 $Q = (V,E)$ 和数据图 $g = (V',E')$,子图同构是单射函数 f_{iso} 从 V 到 V' 的映射,并且满足对于 $\forall v \in V$,有 $L(v) = L(f_{iso}(v))$,以及 $\forall e_{(u,v)} \in E, e(f_{iso}(u), f_{iso}(v)) \in E'$。

如果数据图 g 是查询图 Q 的子图,则可以表示为 $g \subseteq Q$。

(二)图神经网络

图神经网络已广泛应用于多个领域,其常用的聚合和组合方法如下所示。

$$h_u^{(k)} = \mathrm{COM}^{(k)}(h_u^{(k-1)}, \mathrm{AGG}^{(k)}\{h_{u'}^{(k)}; u' \in N(u)\}) \qquad (7-1)$$

其中,$h_u^{(k)}$ 是图神经网络第 k 层顶点 u 的表示,AGG 是迭代更新顶点表示的聚合操作,COM 是更新表示的组合操作,包括聚合顶点 u 的邻居表示和前一层中该顶点自身的表示 $h_u^{(k-1)}$。

二、问题陈述

超图搜索问题根据子图同构原理,在一组数据图 D 中找到所有包含查询

图 Q 的子图。也就是说,超图搜索就是计算答案集 $A_Q = \{g_i \in D \mid g_i \sqsubseteq Q\}$。

如图 7-1 中的查询图 Q 和数据图集 D 所示,超图搜索的目的是从 D 中找到所有属于 Q 的子图。不难看出 g_1 是一个子图 Q 的映射为 $\{(u_1, v_1),$ $(u_2, v_2), (u_3, v_3), (u_5, v_4)\}$。同时,$Q$ 和 g_n 之间不存在同构映射,因为 g_n 中带有标签的 v_6 和 v_7 无法在 Q 中找到相应的顶点。

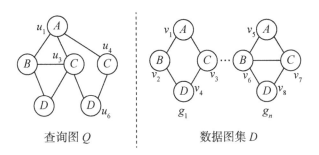

查询图 Q　　　　　　　数据图集 D

图 7-1　超图示例

因为子图同构是 NP 完全的,所以超图搜索问题也是 NP 完全的。在本章中,我们的目标是设计一种基于学习的方法,对超图包含进行相似性搜索,即利用基于学习的模型计算出查询图和数据图之间的相似性,并在线性时间内通过竞争逼近来提高超图搜索的准确性。

三、相关研究

超图搜索问题已经得到广泛研究,其中基于索引的方法被认为是最有效的解决方案。这些方法首先会为数据图集 D 建立索引,然后通过该索引来计算给定查询图 Q 的答案集合 A_Q。一些算法采用过滤技术来提高效率。鉴于超图搜索问题是 NP 困难的,验证框架通常会在构建索引之前对数据图进行筛选,以排除那些没有希望的图。然而,在最坏的情况下,验证的时间成本会非常高。

IGQuery(索引图查询)通过两步来减少查询处理时间,首先利用索引找到部分相关答案数据图,然后根据超子图关系将不相关的数据图过滤掉,以得到答案集 A_Q。IGQuery 通过缩减测试图的数量来减少查询处理时间,首先基于深度优先搜索算法将一组数据图合并为集成图(IG),然后根据 IG 中的频繁边搜索查询图与 IG 之间的公共子图，以此减少测试图的数量。DGTree 是一种超图搜索算法，通过同时执行过滤和搜索来提高查询效率，其主要是通过构造一棵名为 DGTree 的树来实现这个过程的。在通常情况下，DGTree 能比 IGQuery 更快地获取超图搜索结果（Lyu et al.，2016）。然而，在最糟糕的情况下，DGTree 的构建将会耗费指数级的时间。IDAR 算法基于有向无环图（DAG）集成构建索引，该集成为每个数据图构建数据 DAG，并将数据 DAG 合并为集成的 DAG。此外，IDAR 算法还通过动态规划构建了一个辅助数据结构，称为集成候选空间（ICS），然后通过索引和 ICS 并基于回溯搜索原理获得答案集。虽然 IDAR 算法的搜索空间显著减少，但搜索过程中仍然存在冗余计算，会产生额外的时间成本。

最近一些研究工作开始关注如何在给定的数据图集中寻找与查询图相似的数据图，即相似性超图搜索问题。此外，还有许多工作专注于在不确定的数据图上寻找超图包含的概率，这被称为概率超图搜索。概率超图搜索旨在分析具有不确定性的图结构，以确定图之间的包含关系的概率。这些工作的目标是解决涉及不确定性的图匹配问题，并提供更准确的匹配结果。

图神经网络在各种与图相关的应用中获得了巨大的成功。在通常情况下，GNN 通过迭代聚合每个节点的邻域信息来学习节点表示。

近年来，数据库领域已经开始应用机器学习技术来解决搜索问题。一些基于学习的方法已被提出用来解决各种组合优化问题。其中，强化学习和图神经网络技术被广泛应用于各种领域。目前针对子图搜索任务已经提出了多种基于学习的算法，例如，Liu 等（2020）提出了被开发用于计算数据图中查询图的子图同构或同态的数量的算法。另外，Li 等（2019）提出了一些能够生成近似匹配结果的学习方法，用于判断查询图是否为数据图的子图。然而，这些方法在超图搜索问题上的应用有限，并且在精度和效率方面无法实现令人满意的性能。本章第四节将对这些局限性进行验证。

第三节　方法构建

一、概述

我们提出的超图搜索模型 NSS 的框架如图 7-2 所示,左侧展示了 NSS 在训练过程中的前向传播。NSS 首先使用三个精心设计的目标函数来训练图神经网络模型,然后利用该模型计算查询图和数据图的图表示,最终根据这些表示之间的距离来预测超图的关系。

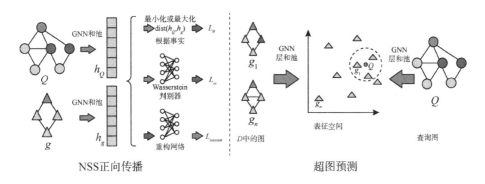

图 7-2　NSS 的框架

具体来说,NSS 包含两个主要组件:一是嵌入网络,用于对图向量的表达进行计算;二是建立可训练对象模块,保留图内部以及图之间的结构和属性信息,从而提高 NSS 的精度。NSS 的主要目标是根据实际标签最大化或最小化图表示之间的距离。此外,NSS 采用 Wasserstein 判别器保持图内部和图之间的关系,并借助重构网络保留标签信息。

二、预测网络

本节介绍了用于预测图包含关系的 NSS 预测网络的整体框架。该模型通常由两个图神经网络组成,分别是查询图和数据图,以初始特征作为输入来生成图的表示。然后根据查询图和数据图的表示进行相似性预测,如果它们的表示之间的距离小于某个阈值,则认为查询图是数据图的超图。算法 7-1 展示了总体框架。

算法 7-1:总体概述

输入:查询图 $Q = (V(Q), E(Q))$;数据图 $g = (V(g), E(g))$

输出: Q 与 g 的包含关系

//嵌入阶段

1. $H_Q^{(0)}$ 查询图 Q 的顶点的初始特征

2. $H_g^{(0)}$ 查询图 g 的顶点的初始特征

3. $h_Q = \text{GNN}_Q(H_Q^{(0)})$

4. $h_g = \text{GNN}_g(H_g^{(0)})$

//预测阶段

5. 如果 $\text{dist}(h_Q, h_g) < \tau$,那么

6. 返回 true

7. 否则

8. 返回 false

(一)嵌入阶段

利用图神经网络对查询图和数据图的向量表示进行建模。该框架以 GNN 为基础,并且非常灵活。具体而言,GCN 被当作默认的 GNN,它用邻接关系来聚集各节点的相邻特征,并通过加权矩阵的合成运算实现对该表达式的更新。在该阶段,NSS 使用了 L 层的图卷积网络,其中第 l 层的 GCN 公式为:

$$H^{(l+1)} = \sigma(\widetilde{D}^{-\frac{1}{2}} \widetilde{A} \widetilde{D}^{-\frac{1}{2}} H^{(l)} W^{(l)}) \tag{7-2}$$

其中，$\boldsymbol{W}^{(l)}$ 和 $\boldsymbol{H}^{(l)}$ 分别表示第 l 层的权重与输入特征矩阵，而 $\boldsymbol{H}^{(0)}$ 则表示初始特征。$\widetilde{\boldsymbol{A}} = \boldsymbol{A} + \boldsymbol{I}$ 表示带有自环的邻接矩阵，$\widetilde{\boldsymbol{D}}$ 是对角矩阵。σ 是非线性激活函数。一个 GCN 层的输出为 $\boldsymbol{H}^{(l)} \in \mathbf{R}^{V \times d_{out}}$，其中，$|V|$ 表示图中的顶点数，d_{out} 表示输出的维度，这个输出表示被用于下游的预测任务。

(二)预测阶段

不同于神经子图匹配，本研究采用一种简单而高效的预测方法来进行图包含关系的预测，如图 7-2 右侧的图所示。在一般情况下，NSS 将数据图集 D 嵌入向量空间中，以此来获得每个数据图的表示。给定查询图 Q，对其与空间中的数据图表示之间的距离进行预测。换句话说，如果 D 中的某个数据图与嵌入空间中的 Q 的距离小于阈值，则该数据图被选为子图；反之则不能选为子图。

分别将查询图和数据图的表示矩阵记作 $\boldsymbol{H}_Q \in \mathbf{R}^{V(Q) \times d_{out}}$ 和 $\boldsymbol{H}_g \in \mathbf{R}^{V(g) \times d_{out}}$。然后利用池化方法生成图的向量表示，即 $h_Q = \mathrm{pool}(\boldsymbol{H}_Q)$。在本模型中，我们尝试了各种池化方法，其中平均池化是最有效的，因此选择它作为池化方法。两个图的表示之间的相似度计算公式如下：

$$\mathrm{dist}(h_Q, h_g) = \sigma(h_Q, h_g^T) \tag{7-3}$$

其中 σ 是 sigmoid 函数，功能是保证相似度在 0 到 1 之间。NSS 通过数据图和查询图之间的相似性表示对图的包含关系进行预测，即通过比较相似度与阈值 τ 来作出决策。神经网络以 θ 为参数的超图预测函数 f_θ 的定义为：

$$f_\theta(Q, g) = \begin{cases} 1, & \text{如果 } \mathrm{dist}(h, h_g) < \tau \\ 0, & \text{其他} \end{cases} \tag{7-4}$$

相对于基于神经网络的子图匹配算法，该算法既能减少查询图与数据图节点相邻区域的同构测试代价，又能显著缩短检索时间。

(三)学习目标

本模型的主要研究目标是最大化预测准确性。因此，根据预测结果和真实标签，将交叉熵损失函数当作模型的训练目标。损失函数的公式如下：

$$L_\theta = - y \cdot \log(\mathrm{dist}(h_Q, h_g)) - (1 - y) \cdot \log(1 - \mathrm{dist}(h_Q, h_g))$$

$$\tag{7-5}$$

在本方法中,考虑了子图同构测试的真值标签 y,即如果数据图 g 是查询图 Q 的子图,则 $y=1$,否则 $y=0$。构造该损失函数的目的是强制查询图中包含的数据图在嵌入空间中接近。

然而,这种方法存在一些不足。第一,平均池化运算忽略了查询图和数据图顶点之间的详细信息;第二,损失函数忽略了查询图和数据图的结构与属性的影响,可能导致过拟合问题。为了解决这些问题,引入了 Wasserstein 判别器,并为 NSS 设计了一个重构网络。通过这种方式,可以更好地捕捉查询图和数据图的结构信息,同时遏制过拟合问题,从而提高模型的泛化能力和性能。

三、Wasserstein 判别器

查询图和数据图中各点间的联系是决定图包含关系的一个关键问题。例如,图 7-1 中的顶点 u_1 属于查询图 Q,而顶点 v_1 属于数据图 g_1,因为它们有同样的标签,所以它们之间有很高的相关性,并且可以利用该特性,在图同构映射中将顶点 u_1 映射到顶点 v_1。

假设将查询图 Q 和数据图 g 中的顶点分别嵌入向量空间中,表示形式为 H_Q 和 H_g。本模型采用 Wasserstein 判别器,通过使查询图与数据图的顶点表达式的 Wasserstein 距离达到最小,从而实现查询图与数据图中点的对应,并且可以避免在查询处理期间产生额外的时间成本,以及提高生成的表示质量。

Wasserstein 距离是一种用以衡量两种概率分布差异的方法。给定分别服从概率分布 $\mathbb{P}_Q$ 和 $\mathbb{P}_g$ 的随机变量 μ 与 v,分布 $\mathbb{P}_Q$ 和 $\mathbb{P}_g$ 之间的 Wasserstein-1 距离 W_1 可定义为:

$$W_1(\mathbb{P}_Q, \mathbb{P}_g) = \inf_{\gamma \in \pi(\mathbb{P}_Q, \mathbb{P}_g)} E_{(\mu, v) - \gamma}(\|\mu - v\|) \tag{7-6}$$

其中,$\pi(\mathbb{P}_Q, \mathbb{P}_g)$ 表示所有联合分布 $\gamma(\mu, v)$ 的集合,其边际分别为 $\mathbb{P}_Q$ 和 $\mathbb{P}_g$。

出于最优传输的目的,γ 表示必须将成本从 μ 传输到 v,以便将分布 $\mathbb{P}_Q$ 转换为分布 $\mathbb{P}_g$。因此,Wasserstein-1 距离被定义为最优传输方案的“成本”。Wasserstein 距离被广泛地运用到了图计算中,如图对齐等。在基于图的应用中,最优传输计划中的元素 $\gamma_{i,j}$ 代表两个不同图中顶点 v_i 和 v_j 的

匹配概率。最优传输计划 γ 被当作对齐结果,因为它包含了跨图的顶点映射关系。然而,精确计算最优传输计划在计算成本上是昂贵的,并且在本模型中并不是必需的。因此,受到已有研究的启发,在 NSS 中,我们设计了一个判别器,使查询图 Q 和数据图 g 之间的 W_1 距离最小,并生成表示,以允许利用顶点对应信息。这样的设计可以在降低计算成本的同时提供一种有效的方法来利用顶点之间的匹配关系。

根据 Kantorovich-Rubinstein(坎托罗维奇-鲁宾斯坦)对偶性,将 Wasserstein-1 距离设置如下:

$$W_1(\mathbb{P}_Q, \mathbb{P}_g) = \sup_{\|f_\omega\|_L \leqslant 1} \mathbb{E}_{\mu \sim \mathbb{P}_Q}[f_\omega(\mu)] - \mathbb{E}_{\upsilon \sim \mathbb{P}_g}[f_\omega(\upsilon)] \qquad (7\text{-}7)$$

其中,f_ω 是 1-Lipschitz 函数,μ、υ 分别为 Q 和 g 概率空间中的变量。具体来说,按照以往 Wasserstein 的设置,我们将函数 f_ω 建模为一个具有限制参数 ω 的神经网络,将变量 μ、υ 建模为表示 h_u 和 h_υ 的查询图与数据图中的顶点。

f_ω 的目标可以描述为:

$$L_\omega(Q, g) = \sum_{u \in V'(Q)} f_\omega(h_u) - \sum_{v \in V'(g)} f_\omega(h_\upsilon) \qquad (7\text{-}8)$$

其中 $V'(Q)$ 和 $V'(g)$ 是近似最优传输计划中 Q 和 g 的对应顶点集。当优化式(7-8)实现最大化 $L_\omega(Q, g)$ 或最小化 $-L_\omega(Q, g)$ 时,查询图 Q 和数据图 g 之间的 Wasserstein 距离可以等于 $L_\omega(Q, g)$。为了训练神经网络 $f_\omega(\cdot)$,可以通过最小化损失函数 $L'_\omega(g) = -\sum_{v \in V'(g)} f_\omega(h_\upsilon)$ 来最小化 Q 和 g 之间的 Wasserstein 距离。

为了计算式(7-8)中的损失函数,我们需要具有对应关系的顶点集 V'_Q 和 V'_g。所以本模型使用了一种简单的近似技术,对于所有的 $u \in V(Q)$ 和 $v \in V(g)$,利用图神经网络生成的 H_Q 和 H_g 计算出 $f_\omega(h_u)$ 和 $f_\omega(h_y)$。然后选择 $V(Q)$ 中使 $f_\omega(h_u)$ 最小化的顶点,并选择 $V(g)$ 中使 $f_\omega(h_y)$ 最大化的顶点,作为对应的顶点对。这种选择方法在图对齐任务(Gao et al.,2021)中已被证明是有效的。

最后我们得到对应顶点集 V'_Q 和 V'_g,通过优化式(7-8)中的 $-L_\omega$ 可以得到这些集之间的 Wasserstein-1 距离。

四、重构网络

在超图搜索中,顶点的属性(例如标签)起着关键作用,所以我们可以利用这些属性来构建初始特征,并希望在学习表示时尽可能保留这些属性,以提高预测的准确性。此外,池化操作可能会导致丢失详细的结构信息,而仅基于匹配结果的损失函数可能导致过拟合问题。出于对这些问题的考虑,我们设计了 NSS 的重构模块,旨在保留图的信息,同时提高超图匹配预测的准确性。

一旦获得图的表示,由 π 参数化的多层感知器 f_π 就会被用作重构网络,其输入是图神经网络产生的表示 $\boldsymbol{H}$。重构网络 f_π 的目标是生成一个向量,这个向量与顶点的初始特征非常接近。具体来说,图 G 的表达式是通过图神经网络得到的 $\boldsymbol{H}_G$,特征的重建公式为:

$$\boldsymbol{H}'^{(0)}_G = f_\Pi(\boldsymbol{H}_G) \tag{7-9}$$

其中,$\boldsymbol{H}'^{(0)}_G$ 表示图 G 内各顶点重构的特征矩阵,再与原始特征值相比较,得到重构损失函数。其表达式如下:

$$L_{\text{reconst}}(G) = \left\| \boldsymbol{H}'^{(0)}_G - \boldsymbol{H}^{(0)}_G \right\|^2 \tag{7-10}$$

其中,$\boldsymbol{H}^{(0)}_G$ 是图 G 的初始特征。式(7-10)中的损失函数旨在最小化重建特征与初始特征之间的差异,从而提高模型保留结构和属性图表信息的能力。

五、目标函数和训练程序

这一部分描述了 NSS 的目标函数及其学习方法。为了使模型的预测准确率达到最大,本书在式(7-5)中引入交叉熵损失 L_θ,借助重构模块和 Wasserstein 判别器,整体损失函数中还使用了损失函数 L_ω 和 L_{reconst}。因此,总体损失函数可定义为:

$$L = \beta_1 L_\theta + \beta_2 L'_\omega + \beta_3 L_{\text{reconst}} \tag{7-11}$$

其中,β_1、β_2 和 β_3 是在训练阶段调整每个损失函数重要性的系数,约束条件为 $\sum_{i=1}^{3} \beta_i = 1$。

利用损失函数对该模型的参数进行更新。因为 L_θ 是训练的重点,所以

β_2 和 β_3 会相对较小。很明显,如果 Wasserstein 判别器和重构网络的参数只由式(7-11)中的损失函数决定,就有可能得不到适当的训练。因此,在学习过程中,对 Wasserstein 判别器和重构网络进行了单独的更新。

六、复杂性分析

本节将分析 NSS 的复杂性和基线 IDAR 算法。其中 Wasserstein 判别器和重构网络仅在 NSS 的训练阶段使用。

图的表示是通过图神经网络计算的,这是 NSS 中使用的一种方法。对于查询图和数据图,图神经网络的时间复杂度和空间复杂度分别为 $O(|E|)$ 和 $O(L_c|V|d+L_c d^2)$,其中,$|E|$ 表示图中的边的数量,L_c 表示图神经网络的层数,而 d 则代表向量的维度。在 NSS 中应用图神经网络来处理查询图 Q 和数据图 g,因此表示生成过程的时间复杂度和空间复杂度分别为 $O(|E(Q)|+\sum_{g\in D}|E(g)|)$ 和 $O(L_c|V(Q)|d+L_c d^2)+\sum_{g\in D}(L_c|V(g)|d+L_c d^2)$,其中 D 是数据图的集合。可以看出,时间复杂度不仅与数据图的数量呈线性关系,还与查询图和数据图中的边有关。此外,IDAR 算法生成索引的时间复杂度和空间复杂度分别为 $O\{\sum_{g\in D}[|E(g)||E(I)|+|V(g)||V(I)|\log(|V(g)||V(I)|)]\}$ 和 $O\{\sum_{g\in D}[|V(g)||V(I)|]\}$,其中 I 表示积分 DAG。

当获得了查询图和数据图的向量表示后,NSS 通过其内积对包含关系进行预测。因此,NSS 的查询处理时间复杂度为 $O(|Q||D|d^2)$,空间复杂度为 $O(|Q|d+|D|d)$,其中 d 是向量表示的维度。从中可以看出,NSS 的查询处理时间复杂度与图的大小无关,只与图的数量和表示的维度有关。这是 NSS 相对于 IDAR 算法的一个重要优势,因为 IDAR 算法的查询处理时间取决于图的大小。具体而言,IDAR 算法的查询处理时间和空间复杂度分别为 $O(\sum_{\forall I}|E(I)||E(Q)||S(I)|/\omega+\exp(searcgh))$ 和 $O(\sum_{g\in D}|E(I)||E(Q)|+|V(I)||V(Q)||S(I)|/\omega)$,其中,$S(I)$ 是积分到 I 的一组数据图,exp 是指数。

第四节　实验与分析

一、实验设计

本部分描述了在实验中所采用的比较方法、评估指标以及其他的设置。在对比方面,针对尚未使用机器学习的超图搜索算法,本项目拟对两种基于朴素学习的基准进行对比,并与 IDAR 算法进行对比。

NN-Baseline 是指对原始的特征表示进行叠加,进而得到一个两层全连接神经网络的向量。图包含搜索是基于表示空间中图的相似性来执行的。

GNN-Baseline 表示在此基线中,图的顶点特征向量是通过将两层 GCN 的顶点特征进行叠加而获得的,这也是神经子图匹配方法的简单改变,同时该基线被认为是 NSS 的一个变种,它不具备 Wasserstein 判别器和重构网络。

IDAR 算法是一种基于有向无环图的超图检索算法,通过动态规划、主动优先搜索等技术实现对超图的准确检索。

NSSw/oWD 表示没有使用 Wasserstein 判别器的 NSS,其损失函数的系数设置为 $\beta_1 = 0.95, \beta_2 = 0, \beta_3 = 0.05$。

NSSw/oreconst 表示没有使用重构模块的 NSS。其中,WD β_2 的损耗函数系数设置为 1×10^{-3},并且 $\beta_3 = 0$。

NSS 的损失函数的系数设置为 $\beta_2 = 5 \times 10^{-4}, \beta_3 = 0.05$。

准确性评估使用的四个常见指标分别是准确性(Acc)、F1-Score(F1)、精度(Pre)和召回率(Recall)。这四个评价指标的定义分别为:

$$Acc = (TP + TN)/(TP + TN + FP + FN)$$

$$Pre = TP/(TP + FP)$$

$$Recall = TP/(TP + FN)$$

$$F1 = 2 \times Pre \times Recall/(Pre + Recall)$$

在效率评估方面,我们将 NSS 与 IDAR 算法相比较。我们根据 IDAR

算法的索引构建时间和查询处理时间来评估 NSS 的表示生成时间和查询处理时间，以此证明本模型的效率。

二、实验数据集

(一)通用数据集

本章使用了三个包含化学物质结构的真实数据集，即 NCI、PubChem 和 FDA。其中，NCI 中有 265242 个 $2 \leqslant |V| \leqslant 342$ 的结构，PubChem 中有 442955 个 $1 \leqslant |V| \leqslant 801$ 的结构，FDA 中有 61178 个 $1 \leqslant |V| \leqslant 785$ 的结构，详细统计信息如表 7-2 所示。

表 7-2　通用数据集统计

数量类型	NCI	PubChem	FDA
图的数量	265242	442955	61178
最大顶点数量	342	801	785
最小顶点数量	2	1	1
查询图数量	3481	11591	2844

(二)有向图和大图数据集

为了测试模型在有向图上的有效性和大图上的可扩展性，使用有向图 Wiki-Vote 和大图 LiveJournal 进行实验。Wiki-Vote 有 7115 个顶点和 103689 条边，LiveJournal 有 4847571 个顶点和 68993773 条边。

(三)查询图和数据图

根据 IDAR 算法所采用的方法，基于查询图和数据图，选取每一组顶点个数大于 100 的连通图作为基本查询图。然后随机选取 100 个基本查询图，并将其应用于实验。在此基础上，利用一个查询图随机游走产生 1000 个数据图，其中至少会有一个查询图是每个数据图的超图。获得的实验数据集的相关统计数据如表 7-3 所示。

表7-3　实验数据集统计

数量类型	NCI			PubChem			FDA			Wiki-Vote		LiveJournal	
	原始图	查询图	数据图	原始图	查询图	数据图	原始图	查询图	数据图	查询图	数据图	查询图	数据图
最大顶点数	342	291	68	801	224	80	785	304	99	143	56	4239287	4768
最小顶点数	101	101	19	101	101	14	101	101	11	101	17	4238467	4531
平均顶点数	113.68	132.50	38.45	131.28	125.83	37.68	146.14	142.46	40.02	110.42	27.63	4238.88	4635.50
最大边数	349	294	73	838	227	80	831	312	101	142	55	35117076	4967
最小边数	100	100	18	100	101	13	100	100	10	100	16	35104504	4908
平均边数	138.08	136.87	38.77	134.64	128.98	37.71	148.63	145.07	39.86	110.09	26.68	35110790	4925.25

(四)训练集和测试集

由于我们使用了有监督学习的方式,因此可以计算出查询图与数据图之间的实际包含关系。我们直接在查询图和数据图上应用 IDAR 算法获取基本事实,即数据图是否包含在查询图中。

三、准确性评估

为了确保实验的公正性,将对比方法的超参数值设定为一致。特别是,设定学习率为 $lr_\theta = 0.0005, lr_\pi = 0.001, lr_\omega = 0.01$ 。针对不同的数据集调整训练周期和阈值 τ 。NSS 的训练周期在 $[600, 1500]$ 的范围内选择,阈值 τ 在 $[0.6, 0.8]$ 的范围内选择。

从表 7-4 中可以看出,本模型总体上比其他基准模型具有更高的精度。此外,通过消融实验,证明了重构网络与 Wasserstein 判别器是该模型的重要组成部分。尽管相对简单的架构使得 NN-Baseline 模型在负标签数据图的预测方面具有较高的准确度,但它无法有效区分正标签数据图。相比之下,GNN-Baseline 模型在整体精度上更胜一筹,除了在 NCI 数据集上稍逊于 NN-Baseline。这表明,使用 GNN 可以显著提高模型对正类的区分能力,并在一定程度上增强对负类的区分能力。

表 7-4 准确性试验结果

模型	NCI				PubChem				FDA				Wike-Vote			
	Acc	F1	Pre	Recall	Acc	F1	Pre	Recall	Acc	F1	Pre	Recall	Acc	F1	Pre	Recall
NN-Baseline	77.70	64.70	91.80	49.95	72.63	61.93	85.80	48.45	78.30	66.41	77.76	57.95	79.48	57.14	74.34	46.41
GNN-Baseline	84.56	78.98	89.15	70.90	83.63	80.79	87.67	74.91	84.11	76.37	84.98	69.35	82.43	65.72	77.35	57.13
NSS w/o WD	86.51	81.76	91.48	73.91	84.42	81.73	88.62	75.83	86.88	81.44	85.47	77.78	85.21	78.61	68.50	92.23
NSS w/o reconst	86.39	81.63	91.15	73.91	84.89	82.12	90.03	75.49	86.84	81.48	85.09	78.16	85.14	77.78	69.55	88.22
NSS	90.71	87.83	94.73	81.86	87.68	85.78	91.33	80.87	88.51	84.23	85.64	82.85	91.35	86.28	81.06	92.23

为进一步探究 NSS 模型的性能，分别对 NSS w/o WD 和 NSS w/o reconst 进行实验。结果显示，无论是只包含 Wasserstein 判别器还是只包含重构网络的 NSS 变体，都获得了更好的性能，即优于基准模型 NSS。值得注意的是，在 NCI 和 FDA 数据集上，NSS w/o WD 在准确性指标上略优于 NSS w/o reconst；而在 PubChem 和 FDA 数据集上，NSS w/o reconst 在 F1-Score 指标上的表现更好。需要注意的是，GNN-Baseline 模型是 NSS 变体，是既没有使用 WD 也没有使用 reconst 的方法的。通过分析 NSS 与 GNN-Baseline 的性能差异，揭示了 Wasserstein 判别器和重构网络在 NSS 系统中的重要作用。

我们还在有向图 Wiki-Vote 上进行了测试，结果表明，该方法的性能与无向图的性能相当。在处理有向图时，NSS 仍然是最优秀的模型，并且表现出一致的有效性。此外，结合重构网络和 Wasserstein 判别器的 NSS 在整体性能上表现最佳。综合实验结果表明，NSS 在所有评估指标中的表现最为突出。

进一步的误差分析显示，NSS 模型的各项评价指标均优于未使用 WD 或 reconst 的版本。这是因为 NSS 通过 WD 和 reconst 方法进行细粒度的逐点比较，以匹配超图，实现了查询图和数据图之间的严格匹配，从而显著提升了准确性。同时，这两个模块也有助于提高 NSS 模型的召回率，增强了对粗粒度信息的利用能力。

此外，我们对 NSS 模型的泛化能力进行了验证。实验结果（见表 7-5）表明，在使用通用数据集进行训练和测试的情况下，去除了具有最小或最大顶点数的查询图并不会明显影响 NSS 的准确性。此外，我们还测试了数据图大小对 NSS 模型准确性的影响，表 7-6 所呈现的结果显示，NSS 的准确性并不受数据图大小的影响。

表 7-5 使用不同查询训练的 NSS 的准确性

单位:%

数据集	组	Acc	F1	Pre	Recall
NCI	大查询图	90.17	87.83	94.73	81.86
	小查询图	90.00	87.37	90.10	84.80
	所有查询图	88.80	86.21	89.74	82.94
PubChem	大查询图	87.68	85.78	91.33	80.87
	小查询图	81.84	82.26	91.95	74.42
	所有查询图	87.89	87.15	92.31	82.54
FDA	大查询图	88.51	84.23	85.64	82.85
	小查询图	88.39	87.33	89.96	84.85
	所有查询图	90.18	88.22	89.57	86.92

表 7-6 精度受数据图大小的影响

单位:%

数据集	数据规模	Acc	F1	Pre	Recall
NCI	0—100	90.71	87.83	94.73	81.86
	<20	90.00	87.37	90.10	84.80
	20—39	88.80	86.21	89.74	82.94
	40—59	89.80	87.28	99.43	77.78
	60—80	90.00	86.77	98.20	77.73
	>80	94.81	92.08	97.52	87.22
PubChem	0—100	87.68	85.78	91.33	80.87
	<20	81.84	82.26	91.95	74.42
	20—39	87.89	87.15	92.31	82.54
	40—59	90.79	89.68	93.25	86.36
	60—80	90.79	88.89	92.11	85.89
	>80	87.11	80.00	85.22	75.38

续表

数据集	数据规模	Acc	F1	Pre	Recall
	0—100	88.51	84.23	85.64	82.85
	<20	88.39	87.33	89.96	84.85
FDA	20—39	90.18	88.22	89.57	86.92
	40—59	87.14	82.69	83.50	81.90
	60—80	88.57	81.92	82.39	81.46
	>80	88.28	77.63	79.19	76.13

四、效率评估

在效率比较中,本实验对 IDAR 算法的索引时间与 NSS 的表示计算时间以及这两种方法的查询处理时间进行了比较。我们首先对三个通用数据集的数据进行了分析,并对两种算法进行了平均耗时分析。在此基础上,构建基于图中顶点数量的查询图和数据图,以比较两种算法在不同图尺寸上的效率。因为在不同的设定下,图的数量是不一致的,所以采用平均耗时来进行比较。实验重复 100 次,平均结果对比报告如图 7-3 所示。图中的 μs 指微秒,ns 指纳秒。

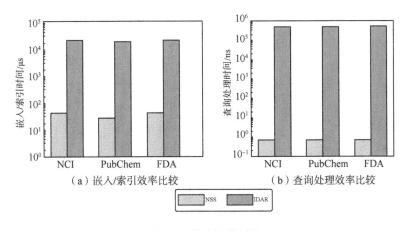

图 7-3　效率结果对比

图 7-3 显示了整体的效率对比,具体来看,图 7-3(a)显示了预处理时间的比较,而图 7-3(b)反映了查询处理时间的对比。从图中可以看出,在三个

通用数据集上所花费的总体时间是差不多的。与 IDAR 算法相比,NSS 的索引与嵌入速度提高了三个数量级,而查询速度则提高了六个数量级。

本章还对不同大小的查询图和数据图进行了深入比较,根据数据图和查询图的顶点数量,将它们分为不同的子集进行评估,从而得出针对每个子集的时间成本。同时我们评估 IDAR 算法为每个子集的数据图构建索引的平均时间,以及 NSS 计算图嵌入的时间,更进一步地,比较了查询处理时间。

从图 7-4(a)、图 7-4(b)和图 7-4(c)中可以看出,不同数据图顶点数量的 NSS 嵌入时间成本没有显著差异。当数据图尺寸变大时,IDAR 算法的索引时间成本显著增加。因此,在预处理时间方面,相比 IDAR 算法,NSS 在效率方面高出三个数量级,并且在大数据图上的改进更为显著。

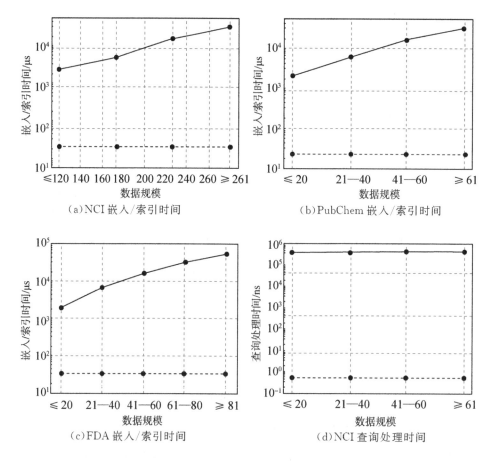

(a)NCI 嵌入/索引时间

(b)PubChem 嵌入/索引时间

(c)FDA 嵌入/索引时间

(d)NCI 查询处理时间

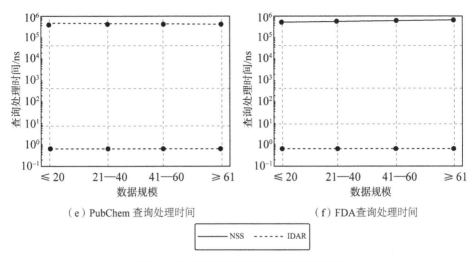

（e）PubChem 查询处理时间　　　　　　　（f）FDA查询处理时间

————— NSS　　‑ ‑ ‑ ‑ ‑ IDAR

图 7-4　不同数据图中顶点数量的效率比较

由图 7-4（d）、图 7-4（e）和图 7-4（f）可知，NSS 的查询效率只取决于嵌入的维数，而不依赖于图的尺寸。与 Kim 等（2020）的研究结果一致，IDAR 算法的时间复杂度近乎线性。但是，NSS 与 IDAR 算法在查询处理时间上存在着明显的差别，在三个通用数据集上，NSS 的效率高出 IDAR 算法 6—7个数量级。

由图 7-5（a）、图 7-5（b）和图 7-5（c）可知，NSS 的嵌入时间成本随着查询图大小的增长而增加，而 IDAR 算法的索引时间较为稳定。然而，NSS 的效率仍然比 IDAR 算法高出至少两个数量级。

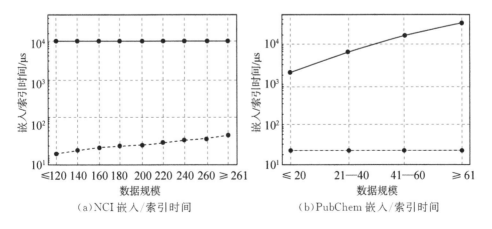

（a）NCI嵌入/索引时间　　　　　　　　（b）PubChem 嵌入/索引时间

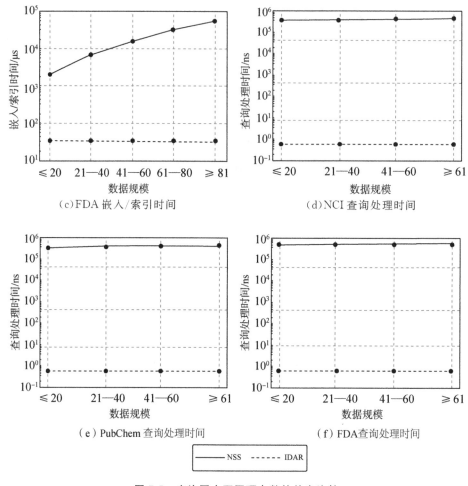

（c）FDA 嵌入/索引时间　　　　（d）NCI 查询处理时间

（e）PubChem 查询处理时间　　　（f）FDA查询处理时间

图 7-5　查询图中不同顶点数的效率比较

由图 7-5（d）、图 7-5（e）和图 7-5（f）可知,随着查询图中顶点数量的增加,IDAR 算法的效率逐渐下降,而本模型的处理时间保持不变。同时,本模型可以在 1 微秒内完成一次一对图的匹配,在 10 微秒内实现一个图的嵌入。本书提出的改进算法能够使得图的嵌入时间与图的边数呈线性关系,并与查询图的规模有较大的相关性。NSS 的查询处理时间成本仅由嵌入的维度决定。

此外,为了证明 NSS 的可扩展性,我们还在大图数据集 LiveJournal 上进行了测试。实验结果显示,平均嵌入时间为 32.88 秒,平均预测时间为 149.13 微秒。这表明 NSS 可以在百万级别的数据集上运行,并且仍然具有高效性能。

综上所述,根据实验结果分析,NSS 模型在图嵌入方面具有很高的效率,仅需 10 微秒即可获得图的嵌入,在查询处理方面的时间成本与图尺寸无关,仅由嵌入的维度决定。同时,NSS 在大规模数据集上也表现出良好的可扩展性和高效性能。

五、NSS 中不同图神经网络评估

为了测试不同图神经网络对本模型的准确性和效率的影响,在 NCI 数据集上进行了实验,即将 GCN 替换为 GAT(图注意力网络)、GraphSAGE、GIN(图同构网络)、TAG(拓扑自适应图卷积网络)和 k-GNN(k 跳图神经网络)等 GNN,并比较它们的准确性和效率。此外,我们还测试了具有独立参数的查询图和数据图的分离参数(Sep Param)NSS 变体的性能,确保所有超参数与原始模型一致。

表 7-7 的前五行和最后一行显示了在 NCI 数据集上使用不同 GNN 的 NSS 的准确性。从实验结果可以看出,将 GCN 替换为 GAT、GraphSAGE、GIN、TAG 和 k-GNN 后,准确性和 F1-Score 有所下降,这表明 GCN 更适合本模型。由图 7-6 可知,使用不同的 GNN 会对嵌入效率产生影响,但不会对查询效率产生影响。虽然相对而言 GAT 的嵌入效率最低,GIN 次之,GraphSAGE 最高,但是所有 GNN 的嵌入时间都低于 40 微秒,由此可知这些方法的效率普遍较高。而对于查询效率,所有的 GNN 均使用了相似的查询时间,因此,本模型将使用共享参数的 GCN 作为默认图神经网络。

表 7-7　NCI 数据集上不同神经网络结构模型的准确性

单位:%

模型	Acc	F1	Pre	Recall
GAN	88.17	85.03	88.22	82.06
GraphSAGE	89.76	86.94	90.90	83.32
GIN	87.90	84.80	87.19	82.54
TAG	86.51	83.02	85.58	80.60
k-GNN	90.08	87.15	92.68	82.25

续表

模型	Acc	F1	Pre	Recall
Sep Param	90.24	87.66	90.76	84.77
GCN	90.71	87.83	94.73	81.86

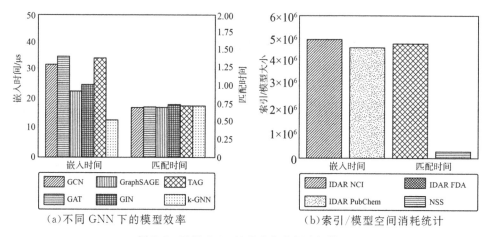

（a）不同 GNN 下的模型效率　　　　（b）索引/模型空间消耗统计

图 7-6　不同 GNN 的效率和空间消耗情况

六、与其他相关算法的比较

图核方法（如 1-WL、2-WL、δ-LWL 等）已被证明在保持图结构特征生成方面非常有效，其中，δ-k-LWL 是 WL 的局部版本，而 δ-k-LWL$^+$ 则对其进行了较小的改进，提高了分类精度。与以往类似的工作一样，分类算法（如 SVM、LR 等）被应用于这些基于 WL 和 LWL 算法生成的模型中，用于进行超图相似性匹配预测。NeurSC 是近似子图计数方法，如果输入图对的近似同构计数大于等于 1，则 NeurSC 会将它们视作是匹配的。上述方法的准确性和效率已经在 NCI 数据集上进行了测试。

从表 7-8 中可以清晰地看出，LWL 算法的性能优于 WL，但仍然无法与 NSS 相竞争。具体来说，在基于 LWL 算法的基线中，δ-2-LWL-LR 取得了最佳结果。相比之下，NSS 的准确性指标提高了 2.93%，F1-Score 指标提高了 4.57%。NeurSC 虽然是一种专门用于预测子图计数的方法，但并未专门设计用于处理负实例（即计数为 0 的情况）。因此，即使采用重新加权技术，NeurSC 的准确性也较差。除了 NeurSC，还有其他领先的子图计数或匹配算法,但是它们的损失函数设置与 NeurSC 类似,并不适合进行超图搜索,因此它们没有表现出高精度。

表 7-8　WL、LWL 和 NeurSC 的准确性

单位:%

模型	Acc	F1	Pre	Recall
1-WL-SVM	57.70	49.48	48.38	50.63
1-WL-LR	68.02	66.02	58.39	75.95
2-WL-SVM	31.98	19.76	19.10	20.47
2-WL-LR	76.35	74.31	66.87	83.61
3-WL-SVM	71.07	57.34	72.27	47.53
3-WL-LR	70.95	69.53	60.90	80.99
δ-2-LWL-SVM	87.98	83.16	97.40	72.55
δ-2-LWL-LR	88.13	83.99	93.78	76.04
δ-2-LWL$^+$-SVM	87.98	83.16	97.40	72.55
δ-2-LWL$^+$-LR	87.70	82.93	95.92	73.04
δ-3-LWL-SVM	87.10	82.15	94.68	72.55
δ-3-LWL-LR	87.46	82.81	94.30	73.81
δ-3-LWL$^+$-SVM	87.10	82.15	94.68	72.55
δ-3-LWL$^+$-LR	87.38	82.72	94.07	73.81
NeurSC	16.07	27.69	100.00	16.07
NSS	90.71	87.83	94.73	81.86

图 7-7 反映了效率评估结果。NeurSC 的时间成本比其他方法高 6—7 个数量级,因此未显示在图中。从图 7-7 中可以观察到,1-WL 是嵌入效果最好的基线方法,其次是 2-WL 和 3-WL。然而,与最佳的 WL 基线方法(2-WL-LR)相比,NSS 在准确性指标上可以提高 18.81%,在 F1-Score 指标上可以提高 18.19%。此外,与 NSS 相比,WL 的查询效率降低了三个数量级,LWL 基准算法的嵌入时间成本增加了 10^2—10^4 倍,在查询效率方面,它们比 NSS 慢一个数量级。

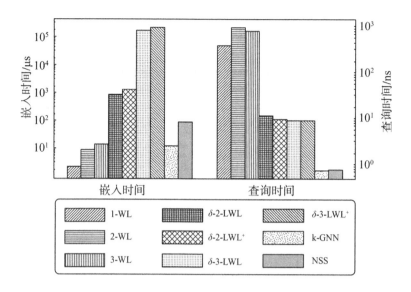

图 7-7　WL 和 LWL 相关方法的效率

七、超参数分析

我们在 NCI 数据集上验证了主要超参数对模型精度的影响,用于测试的参数有模型的学习率 lr、重构网络 lr_{II}、Wasserstein 判别器 lr_{ω}、向量输出维度和阈值 τ,实验结果如图 7-8 所示。

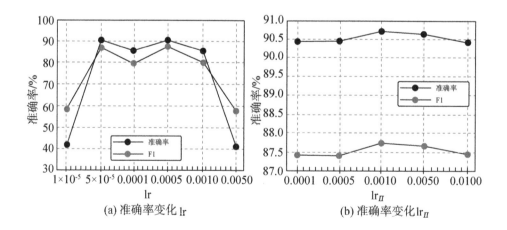

(a) 准确率变化 lr　　　　　　(b) 准确率变化 lr_{II}

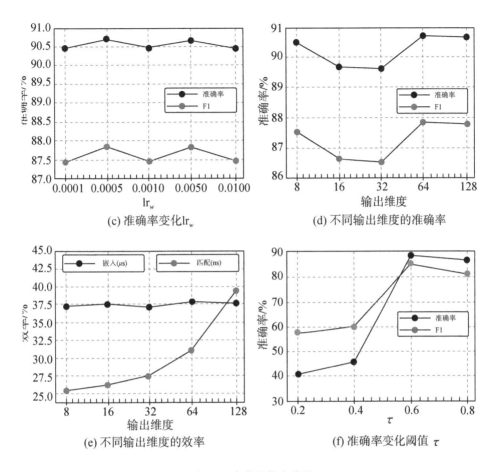

(c) 准确率变化lr$_w$　　　　(d) 不同输出维度的准确率

(e) 不同输出维度的效率　　　(f) 准确率变化阈值 τ

图 7-8　参数灵敏度结果

由图 7-8(a)可知,模型无法在 lr 小于 5×10^{-5} 时达到收敛,并且无法在 lr 大于 0.001 时保持高性能,而且会陷入局部最优。而 NSS 在 lr=0.0005 时,只需要少量迭代便能达到收敛,并获得最佳精度,因此本实验将 lr=0.0005设为默认学习率。

由图 7-8(b)和图 7-8(c)可知,lr$_\Pi$ 和 lr$_\omega$ 对模型精度的影响相对较小,因此本实验选择 lr$_\Pi$=0.001 和 lr$_\omega$=0.01。

由图 7-8(d)和图 7-8(e)可知,不同的输出维度会影响模型的精度和效率。当输出维度大于 64 时,图的嵌入速度提高了近 30%,同时 NSS 具有较高的精度。为了兼顾精度和查询效率,本实验选择 64 作为输出维度。

由图 7-8(f)可知,阈值 τ 也会对模型的准确率和 F1-Score 产生影响。

当阈值小于 0.6 或大于 0.8 时，NSS 的准确率和 F1-Score 表现较差，因此，本实验选择将阈值保持在 0.6 到 0.8 之间，从而取得更好的性能。

八、存储资源分析

本部分对 NSS 和 IDAR 算法的存储空间进行了比较，IDAR 算法首先需要为每一个图建立一个索引，当图的数目越来越多时，它所需要的内存就会越来越大。与此相反，本模型仅需对嵌入过程中所需的参数进行存储，并且所需的内存并不会随图数量的增加而增加。图 7-6(b) 显示了 IDAR 算法为每个通用数据集生成索引文件所消耗的索引空间，并将这些索引文件的总存储空间与本模型的总存储空间进行比较。由于本模型对三个数据集使用的参数是相同的，因此它们所需的内存也是相同的。由图 7-6(b) 可知，IDAR 算法对三个数据集的索引文件大约需要 5 MB 的内存，而本模型所需内存不到 IDAR 算法索引容量的 10%。

第五节　本章小结

针对现有超图搜索算法计算成本大且扩展性差的问题，本章提出了一个基于神经网络的超图包含相似性搜索算法，分析了 Wasserstein 判别器和重构网络以及不同图神经网络对超图搜索近似精度、计算成本和扩展性的影响，并通过实验验证分析，得到以下结论。

第一，NSS 利用图循环神经网络对查询图和数据图的向量表示进行建模，并针对给定的查询，在向量表示空间中进行超图包含相似性搜索，该算法的时间复杂度与数据集内图的数量呈线性关系，因此在训练阶段，NSS 比 IDAR 算法快三个数量级，而在查询任务中，NSS 比 IDAR 算法快六个数量级。

第二，Wasserstein 判别器通过使数据图与查询图之间的 Wasserstein 距离最小，隐式地对齐两个图的顶点，帮助 NSS 获得了查询图和数据图之间的相互关系,从而解决了 NSS 在训练阶段产生的过拟合问题,提高了 NSS 的近似精度。

第三,重构网络根据图的结构信息和顶点的标签属性,利用图神经网络生成与初始特征尽可能相似的向量,帮助 NSS 在表示学习中更好地保留标签信息,解决了 NSS 在训练阶段因平均池化操作而丢失图详细结构信息的问题,从而提高了 NSS 的准确性,并且比其他基于学习的算法准确性更高。

第四,将图循环神经网络作为 NSS 的 GNN 的实验结果表明,GCN 在准确性、精度和 F1-Score 指标上的表现最好,在 Recall 指标上的表现略低于 Sep Param;在查询处理时间方面,各种 GNN 的平均时间成本大抵相当;而在训练阶段,GCN 比其他图神经网络快三个数量级。

第八章　基于图的多样化空间关键词搜索

　　随着地理定位和移动网络技术的发展以及智能设备的普及与应用，在许多应用程序（如基于位置的服务和社交网络）中存在大量的空间—文本对象，也因此产生了大量可挖掘的图数据，基于图的关键词搜索是图数据挖掘领域的一个重要任务。在实践中，道路网络距离被应用于空间关键词搜索的许多关键节点，但是大多数现有的空间关键词搜索技术都是在欧几里得空间中提出的。此外，检索到的对象的有用性不仅取决于它与查询的相关性（即距离和关键词约束），还取决于结果中的其他对象（多样性）。目前还没有关于道路网络上多样化空间关键词搜索的研究，因此本章研究了道路网络上的多样化空间关键词搜索问题，提出了基于签名的反向索引技术。在道路网络的边缘采用反向索引技术，以显著提高空间关键词搜索的性能。开发增量多样化的空间关键词搜索算法，以使空间关键词修剪和多样性修剪技术可以无缝集成，从而显著降低总体成本。在真实数据集和合成数据集上进行的综合实验证明了该方法的有效性和效率。

第一节　问题提出

　　随着地理定位技术的进步，收集到的空间—文本对象的数量正在迅速增加，这些对象在许多应用中被描述为是具有空间位置和一组关键词（术语）的。例如，在本地搜索服务中，一个在线商业目录（如黄页）提供了商业企业（如酒店、餐馆）的位置信息以及简短的描述。因此，研究空间关键词搜索,即探索对象的位置和文本描述,已经吸引了商业组织和社区研究工作者的广泛关注。

由于许多重要应用中存在大量的空间—文本对象,因此出现了各种空间关键词查询模型、查询处理技术和索引机制,使用户能够有效地利用这些空间—文本对象的信息。现有研究大都集中在欧几里得空间上。然而,在实践中,许多关键应用(如基于位置的服务)的空间关键词搜索都用到了道路网络距离(成本)。因此,开发高效的索引技术和查询算法以支持道路网络上的空间关键词搜索至关重要。在本章中,主要关注道路网络上的布尔空间关键词搜索,旨在找到一组对象,其中每个对象都包含所有查询关键词,并且在道路网络距离(成本)方面靠近查询。此外,多数研究者已经认识到检索到的对象的有用性不仅取决于其与查询的相关性(即距离和关键词约束),还取决于结果中的其他对象。直观地说,检索到的对象应该彼此不相似(即存在多样化),因为在某些情况下,同时检索两个高度相似的对象对用户来说不那么有趣。在空间—文本对象的相关研究中,用户显示出对空间多样化结果的很强的偏好,也就是说,结果中两个对象之间的成对距离(即不相似性)应该相当大。然而,现有研究忽视了关于道路网络上多样化空间的关键词搜索算法。

下面是一个激励示例,在该示例中考虑了结果的相关性和空间多样性。在图 8-1 中,有一组餐厅位于悉尼 CBD(中央商务区),它们的位置(用方块表示)和服务列表(一组关键词)在本地搜索服务提供商的在线黄页地图中显示。假设一位带着具有 GPS 功能的智能手机的游客希望享用一顿美味的晚餐,并且在晚餐后参观附近的景点或商店。我们假定她决定享用著名的龙虾和煎饼,但对要探索的景点或商店没有任何想法,直到餐厅附近的一组候选者随时可用。这意味着游客希望看到有限数量(例如 $k=2$)的餐厅,用 S 表示,这些餐厅离她当前的位置(如图 8-1 中的点 q)很近,每个餐厅都提供龙虾和煎饼。同时,这 k 个餐厅在该区域内应该分布良好,以便将餐厅步行距离内的合理数量的景点或商店作为她晚餐后活动的选择。直观地说,尽管图 8-1 中的 p_1 和 p_2 是两家都提供煎饼和龙虾的最近餐厅,但 $S_1 = \{p_1, p_2\}$ 不是一个好的结果,因为两家餐厅非常接近,而且 p_1 附近的景点

或商店很可能会被 p_2 报告。在这种情况下，$S_2 = \{p_1, p_4\}$ 可能是一个更好的选择，因为它在相关性（即接近性）方面与 S_1 相比只是略有牺牲，但提供了更多的景点或商店选择。

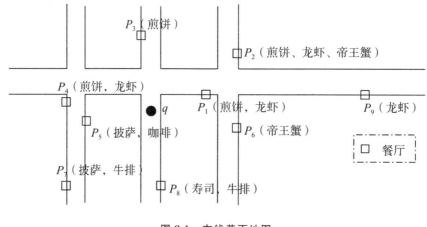

图 8-1　在线黄页地图

受上述示例的启发，本章研究了道路网络上多样化空间关键词搜索的问题。给定一组位于道路网络上的空间—文本对象，空间关键词查询由一个位置和一组查询关键词组成，旨在检索包含所有查询关键词附近的对象。此外，本章还考虑了结果的空间多样性。为了满足用户对结果相关性和空间多样性的偏好，采用一种双重标准目标函数 f，有效地结合了这两个方面。具体来说，算法的目标是找到一组对象 S，其中 $|S| = k$，使得 S 中的每个对象都包含所有查询关键词，并且能够使 $f(S)$ 最大化。在本章中，采用了流行的最大和多样化函数（Gollapudi & Sharma，2009），该函数基于对象到查询位置的网络距离（相关性）和 S 中对象之间的成对网络距离（空间多样性）来进行定义。

第二节　相关理论与文献分析

在本节中，首先介绍了道路网络相关理论并正式定义了道路网络上的多样化空间关键词搜索问题。其次介绍了空间关键词搜索与结果多样化的相关工作。表 8-1 总结了本章中使用的数学符号。

表 8-1　注释的总结

符号	定义
$o(q)$	空间文本对象(查询)
G	公路网
$q.T$	q 的一组查询关键词
$V,\|V\|$	词汇,词汇的大小
n	道路网络中的一个节点
$e,(n_1,n_2)$	边,具有两个端节点 n_1 和 n_2 的边
m	边上的对象数
$\delta(o_1,o_2)$	o_1 和 o_2 之间的网络距离(成本)
δ_T	网络扩展中的网络距离阈值
$\delta_{\max}$	搜索中的最大网络距离
$\theta(o_1,o_2)$	o_1 和 o_2 之间的多样化距离
θ_T	多样化距离阈值
CP(CO)	核心对(对象)

一、道路网络相关理论

(一)道路网络

道路网络被建模为加权图 $G=(N,E,W)$,其中,道路节点 $n \in N$ 代表一个路口,边 $e=(n_1,n_2) \in E$ 对应于连接两个道路节点 n_1 和 n_2 的路段,非负权重 $w=(n_1,n_2) \in W$ 代表与路段相关的成本(如距离或旅行时间)。假设每条边都是双向的。如果没有歧义,也假设端节点 n_1 的标识号小于 n_2,其中 n_1 称为边的参考节点。设 p 是位于边 (n_1,n_2) 上的一个空间点,假设从节点 n_1 到 p 的成本为 $w(n_1,p)$,与它们之间的距离成正比。显然,$w(n_1,p)+w(p,n_2)=w(n_1,n_2)$ 对应了边 (n_1,n_2) 和边上的点 p。然后对于道路网络中的两个给定点 u 和 v,用 $\delta(u,v)$ 表示 u 和 v 之间的网络距离(成本),即从 u 到 v 的最小成本路径的边权重之和。注意,如果权重代表边的距离,则最小成本路径对应于最短路径。显然可以得到 $\delta(u,v)=\delta(v,u)$。给定位于边 (n_1,n_2) 上的点 p,以下等式显示了如何在 q 不在 (n_1,n_2) 上时导出 p 和查询点 q 之间的网络距离。

$$\delta(q,p)=\min\{\delta(q,n_1)+w(n_1,p),\delta(q,n_2)+w(n_2,p)\} \quad (8\text{-}1)$$

注意,如果 q 和 p 都位于同一条边上,则有 $\delta(q,p)=w(q,p)$。

(二)空间—文本对象

一个空间—文本对象 o 由二维空间中的一个空间点和一个来自词汇表 V 的关键词(术语)集合描述,分别记为 $o.\,loc$ 和 $o.\,T$。为了能够简单表述,假设对象沿着道路网络 G 的边(即路段)排列。在本章中,只要没有歧义,就将空间—文本对象简称为对象,并用 $o(q)$ 表示其位置 $o.\,loc(q.\,loc)$。

(三)路网上的空间关键词(SK)查询

下面是道路网络上 SK 查询的正式定义。

定义 1(SK 查询) 给定一个道路网络 G、一组空间—文本对象 O、一个查询点 q(它也是一个空间—文本对象),以及一个网络距离 $\delta_{\max}$,一个空间关键词查询检索满足以下条件:每个对象都包含 q 的所有查询关键词,并且与 q 的网络距离小于或等于 $\delta_{\max}$,也就是说,检索满足 $\delta(o,q)\leqslant\delta_{\max}$ 和 $q.\,T\sqsubseteq o.\,T$ 的对象 $o\in O$。使用 $SK(O,q,\delta_{\max})$ 来记录上述 SK 查询检索到的对象。为简单表述,用空间关键词约束来表示距离约束和关键词约束。如果一个对象在距离为 $\delta_{\max}$ 的网络距离内,并且包含所有查询关键词,则它满足空间关键词约束。例如在图 8-2 中,给定一个查询 $q,q.\,T=\{t_1,t_2\}$,并且 $\delta_{\max}=20$,可以得到 $SK(O,q,\delta_{\max})=\{o_1,o_2,o_8\}$。注意,尽管 o_9 包含 t_1 和 t_2,但其会因网络距离约束而被排除。同时,由于存在查询关键词约束,尽管 o_3、o_4 和 o_5 与 q 的网络距离小于 20,但它们被消除了。

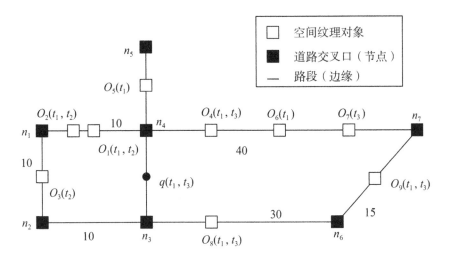

图 8-2　多样化 SK 搜索示例

(四)双重标准目标函数(f)

给定一组对象 S,其中$|S|=k$,将 Gollapudi 和 Sharma(2009)研究中的最大相关性和多样化函数作为双重标准目标函数,记为 f,其中,S 的相关性$\mathrm{Rel}(S)$用对象到查询的网络距离衡量,而 S 的多样性 $\mathrm{Div}(S)$用它们的成对网络距离表示。

$$f(S) = \lambda \times \mathrm{Rel}(S) \times (1-\lambda) \times \mathrm{Div}(S)$$

$$= \frac{\lambda}{k}\sum_{u \in S}[1-\frac{\delta(u,q)}{\delta_{\max}}] + \frac{1-\lambda}{k(k-1)} \qquad (8\text{-}2)$$

其中,λ ($0 \leqslant \lambda \leqslant 1$)是一个参数,用于指定相关性和多样性之间的权重。在本章中,假设更大的值更受欢迎。因此,对象 u 的相关性得分记为 $\mathrm{Rel}(u)$,由 $1-\frac{\delta(u,q)}{\delta_{\max}}$ 计算得出,而 $\mathrm{Rel}(S)=\sum_{u \in S}\mathrm{Rel}(u)$。注意到 S 中有 k 个对象和 $\frac{k(k-1)}{2}$ 对对象,再加上 $\delta(u,q) \leqslant \delta_{\max}$ 和 $\delta(u,v) \leqslant 2$,$\delta_{\max}$ 对于 SK 查询的结果中的对象,有 $0 \leqslant \mathrm{Rel}(S) \leqslant 1$ 和 $0 \leqslant \mathrm{Div}(S) \leqslant 1$,其中更大的 $\mathrm{Rel}(S)$ 或 $\mathrm{Div}(S)$ 值表示 S 的相关性或多样性更高。正如 Kucuktunc 和 Ferhatosmanoglu(2013)的研究中所显示出来的,结果通常期望在 $0.5 \leqslant \lambda \leqslant 0.9$ 时足够多样化,且不牺牲相关性。

(五)路网多样化空间关键词搜索问题描述

本章研究了道路网络上多样化空间关键词搜索的问题。给定一个道路网络 G、一组空间—文本对象 O、一个查询对象 q、一个距离 $\delta_{\max}$、一个双重标准目标函数 f、一个自然数 k，目标是找到一组对象 $S \subseteq SK(O, q, \delta_{\max})$，使得 $|S| = k$ 以及 $f(S)$ 最大化。在图 8-2 中，给定一个多样化的 SK 查询 q，其中，$q.T = \{t_1, t_2\}$，$\delta_{\max} = 20$，$k = 2$ 和 $\lambda = 0.6$，对象 $\{o_1, o_8\}$ 将被检索。更具体地说，有三个满足空间关键词约束的对象，目标是选择一组 S，其中 $|S| = 2$，使得 $f(S)$ 最大化。此外，有三个可能的解决方案，其中包括 $S_1 = \{o_1, o_2\}$，$S_2 = \{o_1, o_8\}$ 和 $S_3 = \{o_2, o_8\}$。当 $\lambda = 0.6$ 时，有 $f(S_1) = 0.29$，$f(S_2) = 0.475$ 和 $f(S_3) = 0.465$，因此有 $S = \{o_1, o_8\}$。当 $\lambda = 0.9$ 时，S 变为 $\{o_1, o_2\}$，这给网络距离的对象 q 赋予了更高的优先级。

(六)基于磁盘的路网表示

采用流行的连通性集群访问方法(CCAM)来表示道路网络 G，该方法有效地组织了道路节点的相邻列表，以便在道路网络上的查询处理过程中利用访问位置，降低 I/O 成本。道路网络的节点根据空间位置，通过它们的 Z 排序进行排列。Shekhar 和 Liu(1997)通过递归地应用双向划分方法将网络划分为多个组，直到每个组的节点的相邻列表可以适合一个页面。对于节点 n_i 的相邻列表，存储边的信息，包括末端节点、距离和权重。此外，还有研究建立了一个网络 R 树(Papadias et al.，2003)来组织网络边缘的最小边界矩形。

多样化的贪婪算法定义了两个对象 u 和 v 之间的多样化距离 $\theta(u, v)$，其公式如下所示。

$$\theta(u, v) = \lambda\left[2 - \frac{\delta(u, q)}{\delta_{\max}} - \frac{\delta(v, q)}{\delta_{\max}}\right] + \frac{1 - \lambda}{\delta_{\max}}\delta(u, v) \qquad (8\text{-}3)$$

其中，$\theta(u, v)$ 记录了 S 中两个对象 u 和 v 的相关性与多样性。由于有：

$$\frac{\lambda}{k}\sum_{u \in S}\left[1 - \frac{\delta(u, q)}{\delta_{\max}}\right] = \frac{\lambda}{k}\sum_{u \in S}\left[1 - \frac{\delta(u, q)}{\delta_{\max}}\right]$$

$$= \frac{\lambda}{k(k-1)}\sum_{u, v \in S}\left[1 - \frac{\delta(u, q)}{\delta_{\max}}\right] + 1 - \frac{\lambda}{k}\sum_{v \in S}\left[1 - \frac{\delta(v, q)}{\delta_{\max}}\right]$$

双重标准目标函数 f 在式(8-2)中可以被重写为：

$$f(S) = \frac{1}{k(k-1)} \sum_{u,v \in S} \theta(u,v) \qquad (8-4)$$

其中，$f(S)$ 是 S 中对象的平均成对多样化距离。

正如 Gollapudi 和 Sharma(2009)的研究中的那样，找到最大化 $f(S)$ 的问题在上述公式中是 NP 难的，存在一个贪婪算法可以提供最优解的 2-近似。算法 8-1 展示了贪婪算法的细节，假设 SK 查询检索到的对象及其成对多样化距离已经可用。在每次迭代（第 2—4 行）中，选择一对具有最长多样化距离的对象 u 和 v，它们将不会在后续计算中考虑。注意，如果 k 是奇数，那么将随机从剩余对象中选择一个对象添加到 S 中。

算法 8-1：多样化 SK 搜索 (P,k)

输入：P：满足空间关键词约束的一组对象

输出：S：一组大小为 k 的多样化对象

---

1. $S := \varphi$

2. 当 $i := 1$ 到 $\left\lfloor \dfrac{k}{2} \right\rfloor$

3. 用 $\mathrm{argmax}_{u,v \in P}\theta(u,v)$ 查找一对 $u,v \in P$

4. $S := S \bigcup \{u,v\}$；$P := P/\{u,v\}$

  如果 k 是奇数，则将任意对象 $u \in P$ 加到 S 上

5. 返回 S

二、空间关键词搜索与结果多样化相关工作

近年来，由于在许多重要应用中快速积累了大量的空间—文本对象，空间关键词搜索得到了深入研究，综合调查可以参考 Cao 等(2012)的研究。最重要的查询之一是布尔空间关键词搜索，其目的是基于空间接近度（例如 KNN 搜索和范围搜索）和查询关键词约束（即每个对象必须包含所有查询关键词）来找到一组空间—文本对象。研究者已经提出了许多高效的索引技术，如倒 R 树、信息检索 R 树和倒线性四叉树。虽然研究者也研究了布

尔空间关键词搜索的问题,但这些索引技术是在欧几里得空间中构建的,并且独立于底层道路网络,因此不能有效地支持道路网络上的查询处理,相关文献中存在许多具有不同关注点的重要变体和集体空间关键词搜索。关于道路网络上的空间关键词搜索,Rocha-Junior 和 Nørvåg(2012)研究了道路网络上的关键词排名。Cao 等(2012)研究了关键词感知的旅行路线搜索问题,以找到覆盖路线上一组查询关键词的最优路线。然而,这些问题本质上不同于道路网络上的空间关键词搜索结果多样化。近年来,结果多样化已被广泛用于增强具有不同重点(如内容、新颖性和覆盖范围)的研究结果(Carbonell & Goldstein,1998;Drosou & Pitoura,2012)。Carbonell 和 Goldstein(1998)首次研究了用于文本检索和摘要的最大边际相关性(MMR)模型。特别地,MMR 旨在通过最大化查询相关性并最小化结果中对象之间的相似性来找到结果。Drosou 和 Pitoura(2012)开发了一种公理化方法来表示和设计多样化系统,其中最大和多样化函数被映射到设施争议问题。关于空间多样性,有许多研究工作旨在找到空间多样性的结果,以使物体在感兴趣的区域中实现很好的分布。Kucuktunc 和 Ferhatosmanoglu(2013)研究了基于角度相似性的多样化 KNN 问题。Catallo 等(2013)研究了在有界区域嵌入低维空间的对象上的多样化搜索问题。上面所讨论的技术是在欧几里得空间中发展起来的,不适用于本章研究的问题。

第三节　路网上空间关键词搜索算法

为了支持多样化的 SK 搜索,需要开发有效的算法来检索满足空间关键词约束(即关键词约束和网络距离约束)的对象。前文提出了一种基于签名的倒排索引结构来组织对象,以便许多不具前景的对象可以以较低的成本被剪枝。此外,还介绍了一个基于网络扩展的高效 SK 搜索算法。前文通过对同一边缘上的对象进行分区来提高索引技术的有效性。

一、基于签名的反向索引技术

简单地将对象及其相应的边一起存储在前文介绍的 CCAM 结构中可能会加载大量不相关的对象，因此，除了有效地捕获道路网络拓扑结构中的 CCAM 结构外，还需要使用其他索引结构来组织空间—文本对象。本章采用流行的倒排索引技术来组织对象。具体来说，对于每个关键词 t，包含 t 的对象及其相应的边会一起被保留。回想一下，如果对象 o 位于边 (n_1, n_2) 上，那么基于 $d(n_1, n_2)$、$d(n_1, o)$ 和 $w(n_1, n_2)$，可以导出 $w(n_1, o)$ 和 $w(n_2, o)$。

倒排索引结构的优点是对于给定的查询 q，只有包含至少一个查询关键词的对象能够参与搜索。许多不包含所有查询关键词的对象也可能被加载。这可能严重影响性能，特别是当查询关键词数量不少时。因此，通过构建边的签名进一步提高 I/O 效率，然后利用关键词约束语义。直观来看，可以用 $I(e,t)$ 来表示边 e 的签名，其中 $I(e,t) = 1$ 表示至少有一个带有关键词 t 的对象位于边 e 上，反之则为 0。显然，如果查询关键词 t 满足 $I(e,t) = 0$，则不需要探索边 e，而且可以减少 I/O 成本，因为边的签名的大小通常比倒排索引文件小得多。为了简化表述，用位图来表示关键词的签名，其中一个位图用于保留道路网络 G 中边的签名。在算法的实现过程中，如果倒排文件的大小可以适应一个数据页，则不会为关键词构建签名。此外可以通过基于边的中心点的 KD 树划分方法递归地划分边，并且每个叶节点对应于边的一个签名。然后，通过压缩树节点（如果其所有后代节点共享相同的签名值）可以显著减少关键词的签名大小。

给定一组查询关键词 T 和一条边 e，算法 8-2 展示了如何使用基于签名的倒排索引来加载位于边 e 上且包含 T 中所有关键词的对象。显然，如果对任何关键词 $t \in T$ 有 $I(e,t) = 0$，则不会检索到任何对象（第 1—3 行）。让 R 表示满足查询关键词约束的对象，则有 $R = \bigcap_i^{|T|} R_i$，其中 R_i 表示包含第 i 个关键词 $t_i \in T$ 的对象。算法 8-2 的主要成本是从倒排文件中加载对象，性能分析和实证评估结果表明签名技术可以显著减少 I/O 成本。

算法 8-2：加载对象 (e, T)

输入：e：边；T：查询关键词

输出：R：满足查询关键词约束的对象

1. 当每个查询关键词 $t \in T$

2. 如果 $I(e, t) = 0$

3. 返回 $\varnothing$

4. $R_i \leftarrow$ 边 e 上的对象 $t_i \in T$

5. 返回 $\bigcap\limits_{i=1}^{|T|} R_i$

二、空间关键词搜索算法

目标支持通用道路网络可能使用各种成本模型（例如距离和旅行时间），因此采用 Papadias 等（2003）的研究中的增量网络扩展（INE）算法来逐步访问对象，其原因是 INE 算法不依赖于道路网络的特定限制（例如欧几里得距离限制）或预先计算。注意，每个遇到的对象的网络距离都是从头开始计算的，将 Dijkstra 算法与 INE 集成，以便在网络扩展期间以累积的方式计算对象的网络距离。

应用空间关键词剪枝意味着只有在搜索区域内的对象会在网络扩展期间被访问（即满足网络距离约束），并且通过利用基于签名的倒排索引技术（即关键词约束）剪枝掉许多不具前景的对象。

算法 8-3 展示了道路网络上空间关键词搜索的实现细节。为了简化表述，假设查询点 q 从节点 n 开始（第 2 行）。一个最小优先级队列 Q 用于保留访问过的节点，其中节点 n 的键表示为 $\delta(n)$，如果节点 n 尚未被访问，则 $\delta(n) = \infty$。在本章中，如果节点 n 被标记（第 2 行和第 7 行），则有 $\delta(n) = \delta(q, n)$。类似地，用 $\delta(o)$ 来计算 $\delta(q, o)$，如果对象 o 被标记（第 22 行和第 25 行），则有 $\delta(o) = \delta(q, o)$。在算法 8-3 中，按照它们与 q 的网络距离的非递减顺序访问节点。第 6 行更新 δ_T，它是任何未标记节点的网络距离的下界。当 $\delta_T > \delta_{\max}$ 时，扩展终止，这意味着对于任何未标记的节点 n_x，有 $\delta(q,$

$n_x) > \delta_{\max}$。对于节点 n 的邻接列表中的每个节点 n_i，第 10 行在 n_i 未被标记的情况下更新 $\delta(n_i)$，如果 n_i 是第一次被访问，则第 12 行会加载满足关键词约束的边 (n, n_i) 上的对象，然后根据 $\delta(n)$ 计算网络距离（第 15 行）。如果节点 n_i 已经被标记，则第 18—22 行可能会更新对象的网络距离并将它们标记为已访问，因为边 (n, n_i) 的两个端节点（n 和 n_i）都被标记了。在算法 8-3 结束时，将从 R 中剪枝掉网络距离大于 $\delta_{\max}$ 的对象。

算法 8-3：SK **搜索** $(q, \delta_{\max})$

输入：q：查询对象；$\delta_{\max}$：最大网络距离

输出：R：满足 SK 查询条件的对象

---

1. $R := 0$；$Q := 0$；$\delta_T := 0$

2. $n \leftarrow q$ 所在的节点，并且 n 被标记

3 将 n 推到 Q 中，其中 $\delta(n) = 0$

4. 而 $Q \neq \varnothing$

5. $Q.\mathrm{dequeue}()$

6. $\delta_T := \delta(n)$；如果 $\delta_T > \delta_{\max}$，则终止 While 循环

7. 标记节点 n

8. 对于 n 相邻列表中的每个未标记节点 n_i

9. 如果 $\delta(n_i) > \delta(n) + w(n, n_i)$，那么

10. $\delta(n_i) := \delta(n) + w(n, n_i)$

11. 如果 n_i 未访问，那么

12. $F := \mathrm{LoadObject}((n, n_i), q.T)$

13. 如果 $F \neq \varnothing$，那么

14. 对于每个对象 $o \in F$

15. $d(o) := \tilde{d}(n) + w(n, o)$

16. $R := R \cup F$

17. 将 n_i 推入 Q

18. 对于 n 相邻列表中的每个标记节点 n_i

19. 对于位于边 (n_i, n) 上的每个对象 o

20. 如果 $\delta(o) > \delta(n) + w(n, o_i)$，那么

21. $\delta(o) := \delta(n) + w(n, o)$

22. 将对象标记为 o

23. 对于每个对象 $o \in R$

24. 如果 $\delta_o > \delta_{max}$，则 $R := R/o$

25. 如果 o 是无标记的，则标记 $o \in R$

26. 返回 R

(一)正确性

节点的网络距离计算的正确性是直接的，因为计算遵循 Dijkstra 算法。假设 o 是位于边 (n_1, n_2) 上的对象，根据式(8-1)，如果 n_1 和 n_2 被标记，则可以得出正确的 $\delta(q, o)$。根据算法 8-3 中 δ_T 的单调属性，如果 n_1 和 n_2 没有被标记，则有 $\delta(q, o) > \delta_{max}$，因为 $\delta(q, o) \geqslant \min \{\delta(q, n_1), \delta(q, n_2)\}$。如果只有一个节点(如 n_1)被标记，即 $\delta(o) = \delta(n_1) + w(n_1, o)$，则有 $\delta(q, o) = \delta(o)$。而如果 $\delta(o) \leqslant \delta_T$，则 $\delta(q, n_2) \leqslant \delta_T$。因此，算法 8-3 正确检索了所有满足关键词约束和网络距离约束的对象。

(二)性能分析

算法 8-3 的主要成本由两部分组成：道路网络遍历(C_g)和对象加载(C_o)。设 l_n 和 l_e 分别表示网络扩展期间访问的节点和边的数量，那么有 $C_g = l_n \log(l_n) + l_e + l_n$，其中 l_n 是加载邻接列表的 I/O 延迟，它在最坏的情况下是 $l_n \times t_{i.o}$，假设每个 I/O 的延迟是 $t_{i.o}$。类似地，有 $C_o = \rho \times l_e \times |q.T| \times t_{i.o}$。在最坏的情况下，$\rho$ 是倒排文件加载对象的边的百分比。注意，如果不使用签名技术，则有 $\rho = 1$。正如实证研究所示，C_o 是算法 8-3 的主要成本，因此利用签名技术最小化 ρ 至关重要。下面分析了使用前文所讨论的不同对象索引技术时加载对象的预期数量。假设每条边上平均有 m 个对象，每个对象平均有 s 个关键词，这些关键词是从词汇表 V 中随机选择的。设 C_1、C_2 和 C_3 分别表示当对象由 CCAM 结构、倒排索引和基于签名的倒排索引组

织时,算法 8-3 中加载的对象数量。很明显,有 $C_1 = l_e \times m$,因为需要为关键词约束测试加载每条边上的所有对象。回想一下,l_e 表示算法 8-3 中第 12 行访问的边的数量。由于边上带有关键词 t 的对象的预期数量是 $\frac{m \times s}{V}$,因此有 $C_2 = l_e \times \frac{m \times s}{V} \times | q.T |$。具有概率 $p_s = 1 - (1 - \frac{s}{|V|})^m$ 的边的签名被设置为 1,对于每个关键词,有 $C_3 = l_e \times p_s^{|q.T|} \times \frac{m \times s}{V} \times | q.T |$。根据上述分析,预计基于签名的倒排索引技术将比其他两种替代方案表现得更好。

三、签名技术的增强

在本部分中,通过对同一边上的对象进行分区来增强签名技术的有效性。首先介绍该方法的动机,然后提出一种基于动态规划的方法。

(一)动机

如图 8-3(a)所示,假设有五个对象 o_1 (t_1 , t_3)、o_2 (t_2 , t_3)、o_3 (t_1)、o_4 (t_4)和 o_5 (t_1 , t_4)位于边 e 上,词汇表 $V = \{ t_1 , t_2 , t_3 , t_4 , t_5 \}$。五个关键词的签名如图 8-3(b)所示,其中,$I(e,t_1) = 1$, $I(e,t_2) = 1$,$I(e,t_3) = 1$, $I(e,t_4) = 1$, $I(e,t_5) = 1$。给定一个查询 q,其中 $q.T = \{t_2,t_4\}$,如果边 e 被访问,那么所有对象将被加载,因为 $I(e,t_2) = 1$ 且 $I(e,t_4) = 1$。然而,没有任何对象包含 t_2 和 t_4,如果边通过了签名测试但没有返回任何满足关键词约束的对象,则说明这是一个误报。类似地,给定一个查询 q,$q.T = \{t_3,t_4\}$ 也可能导致误报。注意,$q.T = \{t_1,t_3\}$ 不是误报,因为对象 o_1 包含 t_1 和 t_3 ;$q.T = \{t_1,t_5\}$ 也不是误报,因为它没有通过签名测试。直观来看,可以将边 e 分割成两个虚拟边 e_1 和 e_2 ,如图 8-3(a)所示,并且 e 的签名可以被细化,如图 8-3(c)所示。然后可以避免加载由误报引起的对象,当 $q.T = \{t_2,t_4\}$ 时,没有通过 e_1 和 e_2 的签名测试。

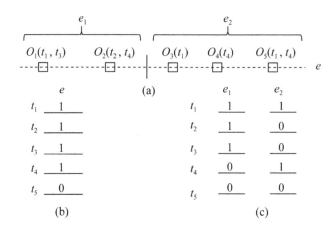

图 8-3　边缘分区示例

在本章中，一个分区 P 由一组虚拟边组成，这些虚拟边是对边几次切割的结果，每个虚拟边覆盖了边上的一组对象。在图 8-3(a)中，有 $P = \{e_1, e_2\}$。如果边上有 m 个对象以及 $b+1$ 条虚拟边（即 b 次切割），则会有 $\dfrac{m-1}{b}$ 个可能的分区。本部分提出了一种基于动态规划的技术来分割边上的对象，给定允许的切割次数，以使得由误报引起的加载对象的数量最小化。具体来说，对于给定的 SK 查询 q，$\xi(q,e)$ 表示边 e 的误报成本（即由边 e 的误报引起的加载对象的数量）。类似地，可以定义一个分区 P 的误报成本，我们记为 $\xi(q,p)$。

$$\xi(q,p) = \sum_{e' \in P} \xi(q,e') \qquad (8\text{-}5)$$

其中，如果 e 没有被访问，或 e 没有通过签名测试，或它是真实命中（即找到满足关键词约束的对象），则 $\xi(q,e) = 0$。基于图 8-3，我们假设 $Q = \{q_1, q_2, q_3\}$，其中 $q_1.T = \{t_1, t_3\}$，$q_2.T = \{t_2, t_4\}$，$q_3.T = \{t_1, t_2\}$，有 $\xi(q_1, e) = 0$，$\xi(q_2, e) = 5$，$\xi(q_3, e) = 5$。类似地，有 $\xi(q_1, p) = \xi(q_1, e_1) + \xi(q_1, e_2) = 0$，$\xi(q_2, p) = 0$，$\xi(q_3, p) = 2$。设 $\xi(Q, P) = 0$ 表示分区 P 的误报成本，$\Pr(q)$ 表示查询 $q \in Q$ 被发出的概率，则有：

$$\xi(Q, P) = \sum_{q \in Q} \xi(q, p) \times \Pr(q) \qquad (8\text{-}6)$$

(二)算法

假设一条边 e 包含 m 个对象,这些对象按照其沿边的访问顺序进行索引,如图 8-3(a)所示。给定一个数 c,目标是找到一个具有 c 切割的 e 的分区,该分区具有最小的误命中代价。其关键思想是利用动态规划技术在具有较少切割次数的局部最优解的基础上找到最优解。具体来说,用 $P(i,j,c)$ 来表示所有可能的分区,每个分区将 o_i 和 o_j(包括 o_j)之间的对象划分为 c_1 条虚拟边。设 $P^*(i,j,c)$ 表示 $P(i,j,c)$ 中具有最小代价 $P_s^*(i,j,c)$ 的分区。注意,用 P_s 来表示分区 P 的成本。最初,我们有:

$$P_s^*(i,j,0) = \xi(Q,P(i,j,0)) \tag{8-7}$$

其中,$P(i,j,0)$ 是具有一条虚拟边(即 $c=0$)的分区,该分区包含 o_i 到 o_j 之间的所有对象。关键的观察结果是,为了计算 $P^*(i,j,c)$,我们使用 $Q^*(i,j,k,c)$。然后可以通过枚举关于第 k 个对象两侧的分区的所有可能组合来得出 $Q^*(i,j,k,c)$。具体来说,有:

$$Q_s^*(i,j,k,c) = \min_{0 \leqslant V \leqslant c-1} \{P_s^*(i,k,v) + P_s^*(k+1,j,c-v-1)\} \tag{8-8}$$

通过用尽所有可能的固定切割位置,有:

$$P_s^*(i,j,c) = \min_{i \leqslant k \leqslant j-1} \{Q_s^*(i,j,k,c)\} \tag{8-9}$$

算法 8-4 展示基于动态编程的技术的概要,该技术用于识别具有 c 切割的分区,使得其错误命中成本最小化。第 1—2 行根据式(8-7)计算每个可能的简单分区(即具有一条虚拟边的分区)的成本。第 35 行基于式(8-8)和式(8-9)迭代计算所有可能分区的具有 k 个切割($1 \leqslant k < c$)的最优分区。然后,根据上述中间解(第 6 行)确定 $P^*(1,m,c)$,得出最终解。第 3—5 行贡献了算法 8-4 的主要成本,即 $O(c^2 m^3)$。具体来说,从整条边开始,即覆盖所有对象的 0 切割分区,在每次迭代时,找到一个切割位置 j($1 \leqslant j \leqslant m-1$),使得精细分区的成本最小化。在每次迭代中,建立签名需要 $O(m \times s_t)$ 的时间,其中 s_t 表示出现在边缘 e 上的平均关键词数。分区成本计算取 $O(m \times |Q| \times q_t)$,其中 q_t 是查询关键词的平均数。因此,贪婪算法的总代价是 $O(c \times m(s_t \times |Q| \times q_t))$,其中 c 是切割(分区)的数量。

算法 8-4：**分区（** e,c **）**

输入：e：分区的边；c：切割次数

输出：$P^*(e)$：e 的最优划分

---

1. 当 $1 \leqslant i \leqslant j \leqslant m$

2. 根据式（8-7）计算 $P^*(i,j,0)$

3. 对于 $k = 1$ 到 $c-1$

4. 当 $1 \leqslant i < j \leqslant m$ 时

5. 根据式（8-8）和式（8-9）计算 $P^*(i,j,k)$

6. 根据式（8-9）计算 $P_s^*(1,m,c)$

7. 返回 $P^*(1,m,c)$

第四节　路网上多样化空间关键词搜索

在本节中，介绍了一种有效的增量多样化空间关键词搜索算法。首先提出了一个核心对的概念来减少计算成对多样化距离的成本。然后展示了如何将空间关键词剪枝和多样性剪枝技术无缝集成到现有的算法中。考虑到计算成对多样化距离的成本可能非常高，特别是当结果集较大时，因此引入了一个核心对的概念，它允许在不牺牲结果质量的情况下减少计算量。具体来说，一个核心对是一对对象 (u,v)，其中，u 是已经被选为结果集的一部分，而 v 是候选对象集合中的一个对象，该对象在添加到结果集时能够最大化目标函数的增量。通过仅计算每个候选对象与核心对中对象的多样化距离，可以有效地估计将该候选对象添加到结果集时目标函数的潜在增量。

一、增量保持阈值 θ_T

增量多样化空间关键词搜索算法首先利用前文所描述的 SK 搜索算法

来检索满足空间关键词约束的一组候选对象。算法以增量方式选择对象,以便在每一步都最大化目标函数的增量。在每一次迭代中,算法首先更新核心对,然后从候选对象集合中选择一个对象,该对象与核心对中的对象具有最大的多样化距离。这个过程一直持续到选出 k 个对象或候选对象集合为空时为止。

算法 8-5 展示了增量多样化空间关键词搜索算法的详细步骤。算法开始于初始化步骤,其中构建了候选对象集合并计算了每个对象的相关性得分。然后算法进入主循环,其中每次迭代要选择一个对象来最大化目标函数的增量。在每次迭代中,首先更新核心对,然后根据与核心对中对象的多样化距离来选择一个对象。选定的对象被添加到结果集中,并从候选对象集合中移除。此过程重复进行,直到选出 k 个对象或候选对象集合为空集。

算法 8-5:更新核心对和 θ_T

输入: o :到达的新对象

输出:更新的核心对和距离阈值 θ_T

---

1. 当以下内容为真时

2. $\varphi(o) \leftarrow \{o_y \mid \theta(o,o_y) > \theta_T$ 且 o_y 不属于 o

3. $o' \leftarrow \varphi(o) w.r.t. o$ 中最远的对象

4. 如果 $\varphi(o) \neq \varnothing$,那么

5. 如果 o 不属于核心对象集合,那么

6. $(o_1,o_2) \leftarrow$ CP 中的第 $\frac{k}{2}$ 个核心对

7. CP: = CP$/$ (o_1,o_2) ;CP: = CP$\cup$ (o,o')

8. 更新 θ_T 并终止算法

9. 其他

10. $o_y \leftarrow$ 对象 o_y ,其中 (o,o_y) 是一个核心对

11. CP: = CP$/$ (o',o_y) ; CP: = CP$\cup$ (o,o')

12. 更新 θ_T

13. $o \leftarrow o_y$

---

14. 否则

15. 终止算法

算法 8-5 的性能主要取决于候选对象集合的大小和计算多样化距离的成本。利用核心对概念可以显著减少必须计算的多样化距离的数量,从而提高算法的效率。此外,由于算法是增量的,因此它可以在找到每个对象后立即更新结果集,而无须等待所有候选对象都被处理。

二、增量多样化空间关键词搜索算法

本节介绍了基于 θ_T 单调性质的修剪技术,以及增量多样化 SK 搜索算法的细节。

图 8-5 说明了一个基于多样性的修剪技术的激励性例子。使用 γ 来表示到目前为止访问的对象之间的最大网络距离,例如阴影区域中的对象。对于任何未访问的对象 o_1,有 $\delta(q,o_1) \geqslant \gamma$,因为对象是根据其网络距离的递增顺序到达的。此外,对于两个未访问的对象 o_1 和 o_2,有 $\delta(o_1,o_2) \leqslant 2 \times \delta_{\max}$,因为 $\delta(q,o_1) \leqslant \delta_{\max}$ 和 $\delta(q,o_2) \leqslant \delta_{\max}$。由式(8-3)可知,可以根据 γ 和 $\delta_{\max}$ 得出 $\theta(o_1,o_2)$ 的上界,用 θ_u 表示。类似地,基于任何访问对象 o 的 $\delta(o,o_1) \geqslant \delta(q,o) + \gamma$ 的事实可以导出访问对象 o 和未访问对象 o_1 之间的 $\theta(o,o_1)$ 的上界,用 $\overline{\theta}_{u(o)}$ 表示。显然,如果 $\overline{\theta}_u < \theta_T$,则可以安全地修剪所有未访问对象对于任何到访对象 o(即 o 和任何未到访对象之间)的上界 $\overline{\theta}_{u(o)}$,也就是说,在多样化的搜索中,没有一个未访问的对象能够成为核心对象。基于相同的原理,如果 $\overline{\theta}_{u(o)} < \theta_T$ 和 $\theta(o,o') < \theta_T$ 能够用于任何其他访问对象 o',则访问对象 o 也可以从未来的计算中消除(见图 8-4 和图 8-5)。

新对象到达

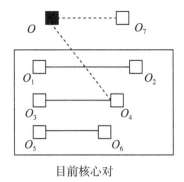

图 8-4　更新 CP

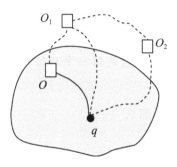

图 8-5　修剪示例

算法 8-6 说明了增量多样化 SK 搜索的细节。第 1 行基于算法 8-3 中的前 k 个到达对象初始化核心对和 θ_T。第 2—16 行针对到达的对象(即从算法 8-3 递增输出的对象)递增地保持核心对和 θ_T。回想一下,算法 8-3 可以按网络距离增加到 q 的顺序递增地输出满足空间关键词约束的对象。对于每个新到达的对象 o,可以计算 o 和其他访问对象之间的成对多样化距离。注意,可以调用算法 8-3 来进行网络距离计算,当 o 和其他访问对象之间的所有成对网络距离都被计算出来时,网络距离计算终止。基于多样性的修剪技术,如果所有未访问的对象都不能对多样化的结果 k 做出贡献,则终止网络扩展(第 16 行)。第 17 行返回用于多样化 SK 搜索的核心对中的对象。

算法 8-6：多样化 SK 搜索（$q,k,\delta_{\max}$）

输入：q：查询对象；k：请求的对象数；$\delta_{\max}$：最大网络距离

输出：S：关于 SK 查询的多样化 k 个对象

计算前 k 个到达对象的 CP 和 θ_T

1. 对于按顺序到达的每个 o（来自算法 8-3）

2. 更新核心对 CP 和阈值 θ_T（算法 8-5）

3. $\gamma \leftarrow \delta(q,o)$

4. $o_1,o_2 \leftarrow$ 具有的两个对象 $\delta(q,o_1):=\delta(q,o_2):=\gamma$

5. 且 $\delta(o_1,o_2):=2\times\delta_{\max}$

6. 如果 $\theta(o_1,o_2)<\theta_T$，那么

7. $F:=\text{true}$

8. 对于到目前为止，o_x 访问过的每一个对象

9. 设 $\delta(o_x,o_1):=2\times c$

10. 如果 $\delta(o_x,o_1)>\theta_T$，那么

11. $F:=\text{false}$；到第二行

12. 否则如果对于任何访问对象 o' 都有 $\delta(o_x,o')<\theta_T$

13. 那么

14. 从未来的计算中移除 o_x

15. 如果 $F:=\text{true}$，那么

16. 终止算法 8-3 的网络扩展

17. 返回 CP

在算法 8-6 的每次迭代中，需要 $O(n_v \log(n_v) + n_e + n_o)$ 的时间来计算每个传入对象相对于现有对象的网络距离，n_e 和 n_o 分别表示在道路网络中访问的节点和边的数量，n_o 是迄今为止访问的对象的数量。因此，算法 8-6 的总时间成本是 $O(n_o \times (n_v \log(n_v) + n_e + n_o \times k))$。这意味着必须减少 n_o，即在多样化 SK 搜索中减少访问的对象的数量。

第五节 性能评估

本节将介绍一项全面的性能研究结果,以评估本章提出的技术的效率和可扩展性。

一、算法与数据集

(一)对比算法

1. IR

倒排 R 树(Zhou et al.,2005)是 Papadias 等(2003)的研究中空间对象索引方法的自然扩展。

2. IF

算法 8-2 描述的是基于签名的反向索引。注意,相同的索引结构在 Rocha-Junior 和 Nørvåg(2012)的研究中用于不同的问题。

3. SIF

算法 8-2 描述的是基于签名的反向索引技术。

4. SIF-P

算法 8-4 描述的是通过分区技术增强的 SIF。在初步实验中,贪婪方法比基于动态编程的方法快两个数量级,同时它们在降低 I/O 成本方面实现了类似的性能。因此,在实验中,使用了最大切割数为 3 的贪婪划分方法。研究还评估了多样化的空间关键词搜索算法的效率,其中空间—文本对象是通过 SIF 索引结构组织的。

5. SEQ

前文讨论的是多样化空间关键词搜索算法的直接实现。具体来说,首先检索所有满足空间关键词约束的对象(即算法 8-3),然后将结果输入贪婪算法 8-1。

6. COM

前文提出的增量多样化空间关键词搜索算法(即算法 8-6)。

(二)数据集

在真实数据集和合成数据集上评估各种算法的性能。以下四个数据集用在了实验中。NA 道路网络数据来自北美道路网络,其中包含 175812 个节点和 179178 个路段。类似地,使用来自 20 个新闻组的用户生成的文本内容对这些对象进行随机地理标记。SF 路网数据取自旧金山路网,其中有 174955 个节点和 223000 条边。数据集 TW 选取的时间范围是从 2012 年 5 月到 2012 年 8 月,其中包含 11500000 条带有地理位置的推文,具有 321270 个节点和 800172 条边。

为了研究算法的可扩展性,还纳入了合成数据集 SYN。对象的位置是从 SF 数据集中随机选择的,并且它们对应的关键词是从词汇表中获得的,该词汇表中的术语频率遵循 zipf(齐普夫定律)分布,其中参数 z 在 0.9 到 1.3 之间变化,默认值为 1.1。在默认情况下,对象数(no)、词汇表大小(nv)和每个对象的关键词数(nt)分别设置为 1000000、100000 和 15。请注意,如果对象不位于道路网络的任何边缘,则将其移动到最近的路段。在实验中,所有数据集(空间—文本对象和道路网络)的位置都被缩放到二维空间。表 8-2 总结分析了四个数据集的情况。

表 8-2　数据集统计分析

数量类型	SVN	NA	TW	SF
对象数量	1000000	2200000	11500000	2250000
词典大小	100000	208000	1600000	81000000
平均关键词/个	15.0	6.8	10.8	26.0
节点数量/个	17000	175812	321270	174955
边数量/条	223000	179178	800172	223000

SK 查询和多样化 SK 查询的工作负载由 500 个查询组成。利用平均查询响应时间、平均磁盘访问次数和平均候选对象数量来评估算法的性能。查询位置是从基础对象的位置中随机选择的。关键词 t 被选为查询关键词

的可能性是 $\dfrac{\mathrm{freq}(t)}{\sum\limits_{t_i \in V} \mathrm{freq}(t_i)}$ ，其中 $\mathrm{freq}(t)$ 是 t 在数据集中的项频率。查询关键

词的数量从 1 到 4 不等，默认值为 3。最大搜索距离 $\delta_{\max}$ 设置为 $500 \times l$。此外，对于多样化的空间关键词搜索，结果数量 k 从 5 增长到 20，λ 从 0.5 变为 0.9。在默认情况下，k 和 λ 分别设置为 10 和 0.8。

　　实验中的所有算法都是用 Java(编程语言)实现的，重要的数据结构(如 R 树和 B 树)是从已发布的源代码包中获得的。对于 SIF-P 的构造，只考虑对象数量与其他边相比排名前十的边，并且将切割数量设置为 3。使用 LRU(虚拟页式存储管理服务)内存缓冲区，其大小设置为网络数据集大小的 2%。所有索引结构都驻留在磁盘上，页面大小固定为 4096 字节。

二、空间关键词搜索算法性能评估

　　本部分将评估空间关键词搜索在四种索引结构(IR、IF、SIF 和 SIF-P)上的性能，主要性能指标为算法响应时间(秒)、I/O 访问次数、候选对象数量以及错误点击数。

(一)不同数据集上的评估

　　我们研究了四种索引结构在四个数据集 NA、SF、SYN 和 TW 上的查询响应时间、索引构建时间和索引大小，其中其他参数设置为默认值。图 8-6(a)反映了四种算法的响应时间。IR 的响应速度比其他三种索引技术慢很多。这是因为 IR 的构建与底层道路网络结构无关，检查位于一条边上的对象的成本很高，所以在后续的性能评估中排除了 IR。IF 利用倒排索引中边与其相应对象之间的连接大大提高了性能。SIF 和 SIF-P 通过使用签名技术显著降低了响应时间。SIF-P 中的精细签名可以实现更好的性能。如图 8-6(b)所示，与 IF 和 SIF 相比，SIF-P 的索引构建时间最长，因为边的分区可能需要花费时间。由于签名的紧凑性，图 8-6(c)显示 SIF-P 的索引大小最小。

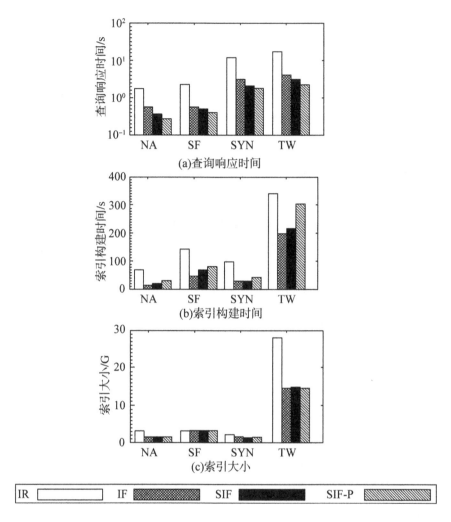

图 8-6 不同数据集上的 SK 搜索算法

此外,我们评估了图 8-7 中查询关键词数量的影响。图 8-7 展示了三种算法在不同查询关键词差异数量下的查询响应时间和 I/O 访问次数方面的性能。正如预期的那样,SIF 显著优于 IF,因为基于签名的索引可以减少错误命中调用的 I/O 次数。与 SIF 相比,SIF-P 实现了更好的性能,因为先进的划分技术可以进一步提高签名技术的有效性。

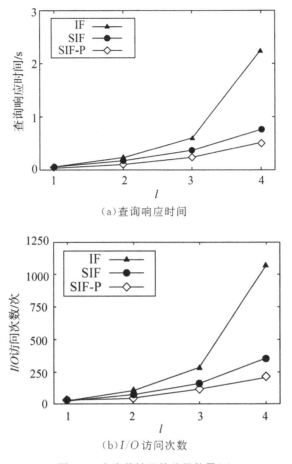

（a）查询响应时间

（b）I/O 访问次数

图 8-7 查询关键词的差异数量(l)

(二)搜索范围的影响

图 8-8(a)验证了算法在 NA 数据集上的查询响应时间随 δ_{max} 的变化而变化的情况。结果表明,与 SIF 和 SIF-P 相比,IF 对 δ_{max} 的增长更敏感。这是因为错误点击的数量相对于 δ_{max} 来说增长更快,并且 IF 无法避免错误点击引起的不必要的 I/O 访问。正如预期的那样,图 8-8(b)显示了四个数据集上候选对象数量的变动情况。

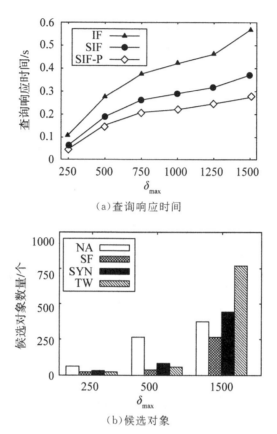

（a）查询响应时间

（b）候选对象

图 8-8　差异搜索范围（δ_{max}）

1. 空间成本效益评价

为了评估基于签名的索引技术（SIF-P）的空间成本效益，图 8-9 展示了 SF 数据集上最大切割数从 2 增长到 32 时，该数据集中错误点击数的变化情况。正如预期的那样，当最大切割的数量（即可用索引空间）增加时，SIF-P 的性能提高。同时，我们还评估了另一种简单直观的方法，即基于组的索引技术（SIF-G）。换句话说，除单个术语外，我们还为频繁术语的组合构建了签名文件和反向列表。例如，两个频繁项 t_1 和 t_2 结合在一起可以当作一个新项，并且只有包含项 t_1 和 t_2 的对象的边被保留在其对应的反向列表中。对于图 8-9 中的最大切割数，选择前 x 个最频繁项，使它们的成对组合项所占用的空间比 SIF-P 索引结构的签名文件大 10 倍。例如，当最大切割的数量达到 32 时，SIF-P 索引的签名文件的大小是 53000000。对于相应的 SIF-G,考虑前 25 个最频繁项的成对组合,与 SIF 技术相比,这导致了 530000000 的额外索引空间。如图 8-9 所示的高效的基于签名的索引技术更具空间成本效益,因为签名文件的大小远小于反转文件。

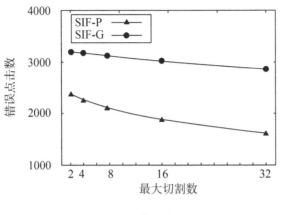

图 8-9　分区差异

2. 不同查询日志上的评估

前文使用查询日志来构建高效签名索引结构。直观来看,如果查询日志来自查询负载,则可以获得最佳性能。图 8-10 展示了高效签名技术的性能在多大程度上受到查询日志中的关键词分布的影响。在两个真实数据集 NA 和 TW 上评估了四种索引技术。SIF-P-Real、SIF-P-Freq 和 SIF-P-Rand 在性能上相似,因为假设查询关键词是基于实验中对象关键词频率选择的。SIF-P-Rand 的性能会下降,因为使用的查询日志的关键词分布与查询负载非常不同。尽管如此,它仍然优于简单的签名技术。

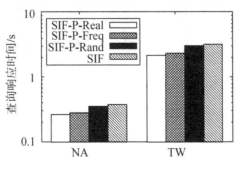

图 8-10　日志差异

三、多样化空间关键词搜索算法性能评估

本部分评估了两种算法 SEQ 和 COM 在可能影响算法性能的各种因素下的效率。

(一)对不同数据集的评估

我们基于四个数据集 NA、SF、SYN 与 TW 研究了 SEQ 和 COM 的查询响应时间和 I/O 访问次数,其中其他参数设置为默认值。在图 8-11 中,COM 的查询响应时间和 I/O 访问次数方面表现出卓越的性能。这是因为 SEQ 检索能够满足空间关键词约束的所有对象,而 COM 可以利用基于多样性的修剪技术在网络扩展期间消除没有希望的对象。

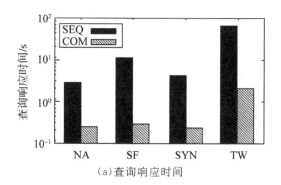

(a)查询响应时间

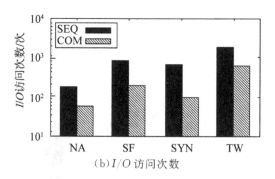

(b)I/O 访问次数

图 8-11　不同数据集上的多样化 SK 搜索

(二)查询关键词数量的影响

图 8-12 展示了 l 从 1 到 4 变化时两种算法的性能。一方面,l 越大,每个对象满足关键词约束的机会就越小。另一方面,在实验设置中,搜索区域

随着 l 的增加而增加。这意味着当 l 增长时,计算中会涉及更多的对象。我们观察到 SEQ 的性能随着 l 的增长而波动,而 COM 的性能则持续下降。然而,COM 的性能显著优于 SEQ,因为在 COM 中修剪了大量没有希望的对象。

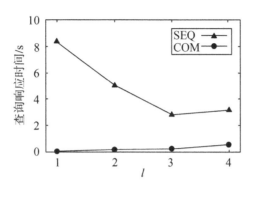

图 8-12 l 的差异

(三)搜索区域的影响

图 8-13 评估了在数据集 NA 上搜索范围的影响。结果表明,COM 在所有设置下都显著优于 SEQ,尤其是当搜索范围较大时。这是因为 SEQ 需要加载所有满足空间关键词约束的对象,但 COM 可以从基于多样性的修剪技术中获益。

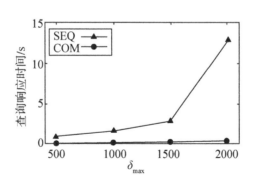

图 8-13 δ_{max} 的差异

(四)k 和 λ 的影响

图 8-14 和图 8-15 表示算法在 NA 数据集上的查询响应时间随 k 和 λ 的变化而变化的情况。SEQ 的性能对 k 和 λ 的增长不敏感。随着 k 和 λ 的增

长,候选对象的数量保持不变,SEQ 的主要成本是检索所有候选对象。由于较大的 k 会造成较小的多样化距离阈值 θ_T,即较低的剪枝能力,因此 COM 的效率会变得较低。同样,较大的 λ 值表示会给予更高的优先级相关性,而这可能导致网络扩展提前终止。

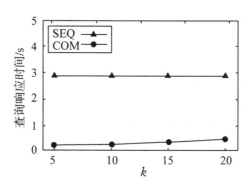

图 8-14　k 的差异

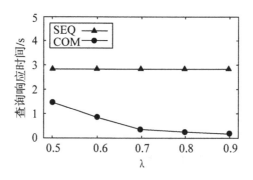

图 8-15　λ 的差异

(五)术语频率偏差 z 的影响

在图 8-16(a)中,我们评估了术语频率偏差对算法的影响。由于查询关键词是基于术语频率选择的,因此在搜索区域中满足关键词约束的对象数量会随着 z 的增加而增加,当 z 较大时,两种算法的性能都会下降。虽然如此,但 COM 的性能更具可扩展性。

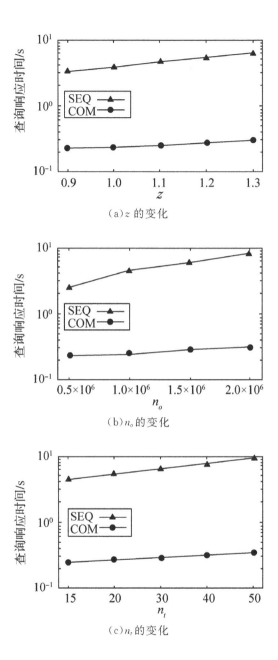

（a）z 的变化

（b）n_o 的变化

（c）n_t 的变化

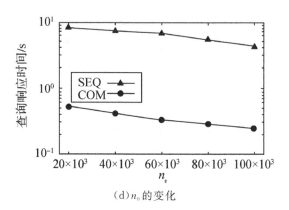

(d)n_v的变化

图 8-16 术语频率偏斜度 z、对象n_o、每个对象的关键词 n_t 和词汇量 n_v 的影响

图 8-16(b)显示了当对象数量 n_o 从 500000 变化到 2000000 时，SEQ 和 COM 查询响应时间的变化情况。正如我们所预期的，对象数量的增加导致区域内的候选对象变多，从而恶化了 SEQ 和 COM 的性能。然而，与 SEQ 相比，COM 的增长不显著。

这个实验评估了当改变 n_t 的性能时的变化情况。正如我们所预期的，图 8-16(c)显示，随着 n_t 的增长，两种算法的性能都会下降，查询响应时间会明显上升，因为会有更多的对象满足关键词约束。

这个实验也研究了词汇量 n_v 的影响。如前文所述，较大的词汇量 $|V|$ 导致满足关键词约束的对象数量减少，因此性能得到改善。图 8-16(d)显示了当词汇量 n_v 从 20000 增加到 100000 时，两种算法查询响应时间的变化情况。

第六节 本章小结

针对道路网络上的多样化空间关键词搜索问题，本章构建了基于签名的反向索引技术，首先在道路网络的边缘采用反向索引技术，以显著提高空间关键词搜索的性能，但由于反向索引技术的性能受错误点击数（即包含部分查询关键词的对象调用的 I/O 访问次数）的影响，因此我们通过为每个关键词建立一个小摘要以及利用 and(和)语义来减少错误点击数。本章还开发了增量多样化的空间关键词搜索算法,以便空间关键词修剪技术和多样性修剪技术可以无缝集成,从而显著降低总体成本。本章的贡献归纳如下:

第一,本章正式定义了道路网络上多样化的空间关键词搜索问题。

第二,本章开发了一种高效的基于签名的反向索引技术,以及一种有效的增量网络扩展算法,用于道路网络上的空间关键词搜索。此外,还进一步提出了一种基于分区的方法来提高签名技术的有效性。

第三,先检索所有满足空间关键词约束的空间—文本对象,然后应用现有的多样化算法的过程成本高昂。这是因为该过程可能会加载许多没有前途的对象用于多样化计算,并且道路网络上的成对网络距离计算成本高昂。基于此,本章开发了增量多样化的空间关键词搜索算法,以便空间关键词修剪和多样性修剪技术可以无缝集成,从而显著降低总体成本。

第四,在真实数据集和合成数据集上进行的综合实验证明了本章提出的方法的有效性和效率。

第九章　符号图下的团识别：一个基于平衡理论的模型

　　在图论中，一个团是指图中一个完全连接的子图，即其中的每一对节点都有一条边相连。团识别的主要任务是发现图中的所有极大团或最大权重团。团识别的目的在于挖掘图中紧密相连的节点集合，这有助于揭示网络中的模块化结构、群体关系和共同模式，为理解复杂系统的内部关联提供关键线索。在实际应用中，团的识别可以揭示社交网络中的朋友圈、生物网络中的功能模块、通信网络中的关键节点集合等。这些信息对于分析网络的模块化结构、群体间的相互关系以及网络中的共同模式具有重要意义。尽管团识别在无符号图中已经得到了广泛的研究，但对于有符号图的团识别来说仍然是一个具有挑战性的任务。有符号图不仅包含节点和边的信息，还包括边的正负符号，代表了节点间关系的亲密度或对立性，如信任与不信任、友谊与敌对等。这些符号信息虽然给团识别增加了额外的复杂度，但其也提供了更丰富的社会结构和关系模式信息。所以，本章在经典的团识别模型和平衡理论的基础上，针对高效搜索有符号图中的凝聚子图问题，提出了一种新的符号 k-团模型。k-团的定义如下：给定符号图 G，如果 $|S| \geqslant k$ 并且 S 是一个没有不平衡三角形的团，则导出的子图 S 是符号 k-团。此外，我们提出并研究了两个基本问题，即极大符号 k-团枚举和最大符号 k-团识别。对于极大符号 k-团枚举，我们提出了新的基于平衡图的搜索框架和优化技术，以加快搜索速度。对于最大符号 k-团识别，我们提出了新的修剪策略，用于提前终止搜索。本章在七个真实数据集上进行了综合实验，证明了所提出的技术的有效性。

第一节 问题提出

随着数据的激增,图已经被广泛用于建模不同实体之间的复杂关系,例如社会网络、道路网络、金融网络和蛋白质—蛋白质相互作用网络。

寻找凝聚子图是图分析中的一项基本任务,文献中提出了不同的凝聚子图模型,如 k-core、k-truss 和 clique。大部分关于凝聚子图挖掘的现有研究集中在无符号图上,即将用户之间的所有联系视为积极的关系。然而,实体交互涉及积极关系(如朋友)和负面关系(如敌人)。例如,在 Epinions 在线评级平台中,用户可以向他人表达积极或消极的评价。但是,忽略签名信息可能无法表现签名网络中子图的凝聚性。

对于符号图分析,Heider(海德)在 20 世纪 40 年代提出的平衡理论在不同的领域被广泛采用和研究,例如社会心理学、复杂系统和数据聚类等。在平衡理论中,许多研究都是基于平衡三角形的概念,因为其是一个基本的角色。在有符号网络中,如果三角形中有奇数条正边,则三角形是平衡的(Cartwright & Harary,1956)。平衡三角形的定义是基于"我朋友的朋友就是我的朋友,我敌人的敌人就是我的朋友"的直觉,如图 9-1 所示,T_1 和 T_2 是平衡三角形,而 T_3 和 T_4 是不平衡三角形。在真实的社会网络中,平衡三角形越多、不平衡三角形越少的社区往往越稳定。

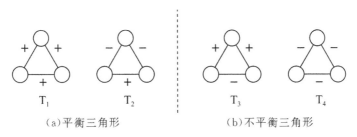

(a)平衡三角形　　　　　　　　　(b)不平衡三角形

图 9-1　平衡和不平衡三角形示例

有一些工作试图基于不同的模型从有符号图中识别凝聚子图,并利用平衡理论或符号度约束来表示符号信息。例如,Sun 等(2020)利用 k-核心模型的平衡理论进行稳定社区检测。Giatsidis 等(2014)提出了符号图中的 s-核心模型,该模型要求子图中的每个节点都应该有足够数量的正负邻居。Li 等(2018)对正邻居和负邻居的数量设置硬约束,以便更好地描述团模型。然而,这些工作要么忽略了不平衡结构的影响,包括部分结果,要么得到不支持团模型的子图。

直觉上,在有符号图中,稳定的凝聚子图应该是稠密平衡的,即节点密集连接,并且子图没有不平衡三角形。基于这种直觉,在本章中,我们提出了一种新的有符号网络的凝聚子图识别模型,称为符号 k-团,它满足以下两个标准:第一,它是一个团,其中的节点数不小于 k;第二,它不包含任何不平衡的三角形。我们专注于两个基本问题,分别是极大符号 k-团枚举(即枚举所有极大有符号 k-团)和最大符号 k-团识别(即找到具有最大尺寸的有符号 k-团)。

此外,我们还讨论了求 top-γ 结果的推广问题,所发现的团对于许多应用来说是非常重要的,例如,在签名的社交网络中发现平衡的社区或合作组,以及帮助在签名的 PPI 网络中找到蛋白质复合物。例如,在美国国会,参议员支持或反对对方可以形成一个签名网络。美国国会有两个主要政党,即民主党和共和党。两党成员通常会支持本党参议员,并反对对方的参议员,这可以用我们提出的模式来描述。在 PPI 网络中,某些相互作用代表正关系(如激活关系),而其他相互作用可能代表负关系(如抑制关系)。利用我们模型的平衡特性可以避免负相互作用引起的干扰。

第二节　相关理论与文献分析

一、问题定义

我们考虑将一个有符号网络 $G(=V,E)$ 作为一个无向图,其中 $V(=n=|V|)$ 和 $E(=m=|E|)$ 分别是 G 中的点集和边集。每个边 $(u,v) \in E$ 与

标签 $l(u,v)$ 的符号"＋"或"－"相关联。带有标签"＋"的边表示正边，说明这两个用户是朋友，而带有标签"－"的边是负边，表示敌对关系。给定一个图 G，若 $V(S) \subseteq V$ 且 $E(S) = E \cap (V(S) \times V(S))$，则子图 $S = (V(S), E(S))$ 是 G 的导出子图。给定一个子图 S，设 $N_S(u) = \{v \mid (u,v) \in E(S)\}$ 是 u 在 S 中的近邻集，$N_S^+(u) = \{v \mid (u,v) \in E(S) \wedge l(u,v) = "+"\}$ 是 u 的正邻域的集合，且 $N_S^-(u) = \{v \mid (u,v) \in E(S) \wedge l(u,v) = "-"\}$ 是 u 的负邻域的集合。我们利用 $d_S(u) = |N_S(u)|$、$d_S^+(u) = |N_S^+(u)|$、$d_S^-(u) = |N_S^-(u)|$ 分别表示 u 在 S 中的度、正度和负度。

给定一个无权图 G，三角形 Δ 是一个长度为 3 的圈。平衡理论认为，在有符号网络中，平衡三角形对于保持社区的稳定性来说至关重要。

定义 9-1 (平衡三角形)：给定一个有符号图 G，如果它有奇数条正边，则我们认为这个三角形是平衡的，记为 $\Delta+$。

如图 9-1 所示，对于有符号图，存在四种类型的三角形。T_1 和 T_2 是平衡三角形，而 T_3 和 T_4 是不平衡三角形。为了模拟子图的凝聚力，我们采用团模型。

定义 9-2 (团)：给定一个图 G，如果它的导出子图 S 中的所有节点对都是相互连通的，则 S 是一个团。

直觉上，签名网络中的稳定社区或凝聚子图应该要保证密集连接和不存在不平衡结构。此外，对于网络分析，一个重要的社区应该有足够数量的实体。基于此，我们提出了符号 k-团模型来刻画符号网络中的凝聚子图。

定义 9-3 (符号 k-团)：给定一个有符号图 G 和一个正整数 k，如果 G 的导出子图 S 满足以下几点，则 S 是一个符号 k-团。

第一，内聚性约束。S 是 G 中的团。

第二，大小约束。S 中的节点数量不小于 k，即 $|S| \geqslant k$。

第三，平衡理论约束。S 不包含任何不平衡三角形。

基于符号 k-团的定义，我们给出极大符号 k-团和最大符号 k-团的定义。

定义 9-4 (极大符号 k-团)：给定一个诱导子图 S 是一个符号 k-团，且 S 的超图中不存在符号 k-团，则 S 是一个极大符号 k-团。

定义 9-5（最大符号 k-团）：如果 S 是 G 的尺寸最大的符号 k-团，则 S 是最大符号 k-团。

例 9-1 图 9-2 是具有 14 个节点的有符号图，其中实线表示正边，虚线表示负边。假设 $k=4$，共有四个极大符号 4-团，其中三个团有四个节点，而另一个团有五个节点，即 $S_1=\{u_1,u_4,u_5,u_8\}$，$S_2=\{u_1,u_2,u_3,u_4,u_5\}$，$S_3=\{u_4,u_5,u_8,u_9\}$ 和 $S_4=\{u_6,u_7,u_8,u_{11}\}$。$S_2$ 是最大的一个，即最大符号 4-团。

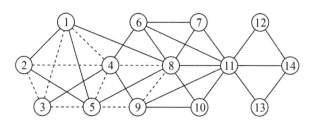

图 9-2 符号 k-团的示例

问题陈述：给定一个有符号图 G 和一个正整数 k，在本章中，我们的目标是开发出有效的算法来解决以下两个问题。

第一，极大符号 k-团枚举，枚举 G 中所有的极大符号 k-团。

第二，最大符号 k-团识别，找到 G 中的最大符号 k-团。

如果我们可以有效地枚举所有的最大符号 k-团，那么我们可以通过返回最大的一个来轻松地找到最大符号 k-团。因此，在本章中，我们主要集中解决极大符号 k-团枚举问题。对于最大符号 k-团识别问题，可能存在多个具有相同大小的符号 k-团，而我们只关注返回一个最大结果。

二、问题属性

如定理 9-1 所示，极大符号 k-团枚举与最大符号 k-团识别是 NP 难的。此外，基于定理 9-2，我们进一步证明，即使输入图本身是一个团，该问题也是 NP 难的。

定理 9-1：给定一个有符号图 G，极大符号 k-团枚举与最大符号 k-团识别的问题是 NP 难的。

我们通过考虑一种特殊情况证明了所研究问题的困难性。当图中只有正边时,极大(最大)有符号 k-团问题被简化为极大(最大)无符号 k-团问题,这是 NP 难的。因此,本章所研究的问题也是 NP 难的。

定理 9-2:极大符号 k-团枚举与最大符号 k-团识别仍然是 NP 难的,即使 G 本身是一个团。

我们通过结合约束极大(最大)独立集问题和极大符号 k-团枚举与最大符号 k-团识别问题(Johnson et al.,1988)来进行证明。图中的独立集是指没有两个相邻的节点的集合。给定一个无符号图 G',极大独立集问题是要枚举出所有不能包含在另一个独立集中的独立集。最大独立集问题就是要找到一个最大的独立集。然后,我们从一个无符号图 $G = (V, E)$ 中构造一个有符号图 $G' = (V', E')$,让 $V = V'$ 且 $E = V \times V$。E/E' 中的边是正的,$E \cap E'$ 中的边是负的。有了上面的构造过程,我们可以解决极大符号 k-团枚举与最大符号 k-团识别问题。因此,定理 9-2 是正确的。

三、相关工作

在本部分中,我们将从以下两个方面介绍相关的工作。

(一)团计算

在图分析中,团在各种应用中被当作一个重要的模型。团计算有两个基本问题,即极大团计数和最大团识别。对于枚举所有的极大团,大多数算法是基于经典的回溯方法,即 Bron-Kerbosch(布朗-克尔博什)算法,它只需要多项式存储空间,并且避免了重新计算同一个团。Eppstain 等(2010)通过使用退化排序改进了经典的 Bron-Kerbosch 算法。Tomita 等(2006)使用旋转策略减少回溯中的冗余搜索分支,以加速 Bron-Kerbosch 算法的计算。对于最大团的识别,虽然具有最大尺寸的是最大团,但是缺乏修剪技术会使得这些算法效率低下并且不适合进行最大团计算。因此,Carraghan 和 Pardalos(1990)提出了基本的分支定界算法,通过修剪那些进一步扩展无法找到比当前最佳团更大的团的分支来计算最大团。Tomita 等(2010)使用图着色来获得每个搜索分支的最大团的大小的更严格的上界。此外,也有一些学者研究团在特殊图数据上的变形。例如,Zhang 等(2019)开发了有效的算法来枚举空间图中具有地理位置和距离约束的所有极大空间团。Li 等（2019）研究了不确定图的极大 (k, τ)-团搜索问题。然而，上述开发的方法不能解决我们的极大（最大）符号 k-团枚举（识别）问题，因为我们的模型涉及有符号的信息，并且不存在不平衡三角形。

（二）符号图分析

在符号图分析中，平衡理论是一个基本的工具，它最初由 Heider 提出，由 Cartwright（卡特赖特）推广。平衡理论已被广泛用于研究符号网络的性质。Leskovec 等（2010）使用平衡理论进行正负链接预测。Bonchi 等（2019）研究了在符号网络中发现极化社区的问题。特别是，在那些两极分化的社区中，任何三角形都是平衡三角形。但是，它没有考虑社区的凝聚力。近年来，挖掘符号网络引起了人们的广泛关注。Yang 等（2007）提出了一个基于代理的随机游走模型的框架来提取签名网络中的社区。Cadena 等（2016）扩展了子图密度的概念，以便在符号图上进行事件检测。Giatsidis 等（2014）扩展了符号图的 k-核心模型。Hao 等（2014）引入了一个 k-平衡可信团模型，它要求团的大小等于 k，并且所有的关系都必须是正的。但是，该模型在真实场景下的应用条件过于严苛。

第三节　极大符号 k-团枚举

在本节中，我们首先提出了一个合理的基线方法，通过扩展 Bron-Kerbosch 框架来枚举所有的极大符号 k-团。然后，我们利用平衡属性来加速计算。此外，新的修剪策略提出了要过滤无用的节点和边缘，这些节点和边缘肯定不包含在任何极大符号 k-团中。最后，我们提出了主节点选择和启发式节点选择优化算法，以加快处理速度。

一、基线方法

为了处理这个问题，我们首先可以使用现有的团枚举算法，通过平等地对待负边和正边来计算所有的团。

然后,我们可以根据以下三个步骤找到所有的极大符号 k-团:第一,从团中删除节点,以分解内部的所有不平衡三角形;第二,丢弃那些大小小于 k 的有符号团;第三,对于剩余的符号 k-团,去掉其中那些包含在其他团中的 k-团,以满足最大约束,但这种方法比较费力,而且即使在小图上也无法最终确定。造成这种结果的主要原因是,在第一步中,为了消除团中的不平衡三角形,在节点删除方面会有大量的组合,而这会导致许多非极大符号团出现,并使得后续步骤负担加重。

为了缓解上述问题,我们提出了一种基线方法,扩展了经典的 Bron-Kerbosch 算法。一般的想法是遵循框架,当向当前结果添加新的候选节点时,我们检查它是否会形成不平衡的三角形。此外,我们将在生成符号 k-团的过程中删除那些非极大的结果。方法细节如算法 9-1 所示。

算法 9-1:基线解

输入: G:符号图;k:大小约束

输出: R: 所有的极大符号 k-团

---

1. $R \leftarrow \varnothing$

2. ENUMBASE $(\varnothing, V, \varnothing)$

3. 返回 R

4. 程序 ENUMBASE(S, C, X)

5. 如果 $C = \varnothing$, 那么

6. 如果 $X = \varnothing$ 并且 $|S| \geqslant k$, 那么

7. $R \leftarrow R \cup \{S\}$

8. 返回

9. 对于每个 $v \in C$

10. $C' \leftarrow C \cap N_G(v)$

11. $X' \leftarrow X \cap N_G(v)$

12. 对于每个 $u \in C'$

13. 如果存在 $w \in S$ 并且 $\Delta_{u,v,w}$ 是不平衡的,那么

---

14. $C' \leftarrow C'/\{u\}$

15. 对于每个 $u \in X'$

16. 如果存在 $w \in S$ 并且 $\Delta_{u,v,w}$ 是不平衡的,那么

17. $X' \leftarrow X'/\{u\}$

18. ENUMBASE($S \cup \{v\}, C', X'$)

19. $C \leftarrow C/\{v\}$

20. $X \leftarrow X \cup \{v\}$

在第 1 行中,我们初始化一个 R 集来存储结果。然后,我们尝试通过第 2 行扩展框架来枚举所有的极大符号 k-团。枚举过程的细节在第 4—20 行中给出。注意,它接受三个输入参数 $\{S, C, X\}$,其中,S 是临时结果集,C 是可能的候选节点集,X 是排除集,以确保返回的结果是最大的。在这个过程的开始,如果 C 是空的,则意味着没有节点可以添加到 S 中以形成更大的有符号团。而如果 X 是空的,并且 S 中的节点数不小于 k,则 S 是最大符号 k-团 (第 5—7 行)。否则,我们将遍历 C 中的节点,然后将其添加到 S 中并更新 C 和 X(第 9—20 行)。在循环中,我们首先根据第 10—11 行中的团约束处理 C 和 X。根据平衡约束,如果 C 中的节点 u 可以与当前访问的节点和 S 中的任何节点形成不平衡三角形,则我们需要从 C 中删除 u,以防止它在随后生成的 S 中形成不平衡三角形(第 12—14 行)。我们对 X 做类似的处理 (第 15—17 行)。在第 18 行中,我们使用新的 S、C 和 X 进入递归并重复该过程,直到 C 为空集。当递归结束时,我们将当前访问的节点从 C 移动到 X(第 19—20 行)。

虽然基线算法可以在合理的时间内枚举所有极大符号 k-团,但是在算法的第 12—17 行中,它需要在每次遍历中访问 C、X 和 S 中的所有节点,以确定是否会形成不平衡三角形,而这可能会耗费大量时间。此外,基线算法的搜索空间很大,并且涉及大量的无用节点和边。在随后的部分,为了扩展大型图并加快计算速度,我们首先提出了一个新的框架,利用引入的符号 k-团模型的良好特性,开发了几种修剪策略和加速方法。

给定一个符号图 G,n 和 m 分别表示节点和边的个数。在最坏的情况下,算法 9-1 可能需要执行 2^n 次递归。在每个递归过程中,它的时间消耗主要集中在第 10—17 行,第 10—11 行花费的时间为 $O(nd_{avg})$,其中 d_{avg} 是 V 中节点的平均度。对于第 12—17 行中的不平衡三角形检测,其时间成本为 $O(n^2)$。因此,算法 9-1 的时间复杂度为 $O(2^n n^2)$。

二、基于平衡的方法

为了降低基线成本,本节提出了一个新的框架。在介绍具体的方法之前,我们首先介绍一些相关的概念和性质。

定义 9-6(平衡图):给定一个有符号图 $G = (V,E)$,我们假设 G 的一个子图 S 是平衡的,当且仅当它可以被分成两个相对的子图 S_T 和 S_D,能够使得同一子图中的所有节点之间的边都是正的,而两个不同子图中的所有节点之间的边都是负的。当 S_T 或 S_D 为空时,S 是一个只有正边的平衡图。

例 9-2　如图 9-3 所示,图 9-3(a)是一个平衡图,它可以分为两个相对的子图 $S_T = \{u_1, u_2, u_3\}$ 和 $S_D = \{u_4, u_5, u_6\}$。S_T 中的所有边都与正号相关联,而不同子图之间的所有边都与负号相关联。图 9-3(b)是不平衡图。

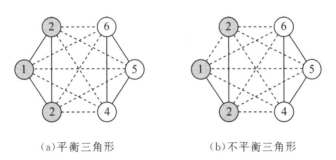

(a)平衡三角形　　　　　(b)不平衡三角形

图 9-3　平衡图和不平衡图的示例

根据符号 k-团的定义,我们可以得到以下定理。

定理 9-3：一个符号 k-团是一个平衡图。

给定一个符号图 G,G 中的一个符号 k-团 S 以及两个空图 S_T 和 S_D,我们通过把符号 k-团转化为平衡图来证明这个定理。首先,我们从 S 中随机选择一个节点 u 并将其放入 S_T 中。由于 S 是一个团,S 中剩余的节点要么

是 u 的正邻居,要么是 u 的负邻居。我们把 u 的所有正邻居放在 S_T 中,剩下的节点放在 S_D 中,故 S_T 和 S_D 包含 S 中的所有节点。我们可以得到以下三个推论:第一,S_T 中的所有节点都是正连通的。假设 S_T 中有两个节点 v 和 w 是负连通的。由于 v 和 w 都是 u 的正邻居,那么它们将与 u 形成一个不平衡三角形,而这违反了有符号 k-团模型的平衡约束。第二,S_D 中的所有节点都是正连接的。假设 S_D 中两个节点 v 和 w 之间的边为负。由于 v 和 w 都是 u 的负邻居,那么由 u、v 和 w 组成的三角形是不平衡的,这违反了符号 k-团模型的平衡约束。第三,S_T 和 S_D 之间的边缘是负的。假设 S_T 中有两个节点 v、u,S_D 中有两个节点 w、u,它们是正连通的。由于 v 是 u 的正邻居,而 w 是 u 的负邻居,那么它们将与 u 形成一个不平衡三角形。因此,一个符号 k-团是一个平衡图。

根据定理 9-3,符号 k-团是平衡图。由于团中的所有节点都是相互连接的,所以符号 k-团可以被分成两个子团,使得同一子团中的所有节点都是正连接的,而不同子团之间的节点都是负连接的。因此,算法 9-1 中的临时结果 S 可以被划分为具有互斥节点集合的两个子图 S_T 和 S_D。为了扩大 S,我们需要不断地从 C 向 S 添加节点 u,如果将 u 添加到 S_T 中,那么它必须正连接到 S_T 中的所有节点,并负连接到 S_D 中的所有节点,否则将在 S 中生成不平衡三角形。类似地,如果 u 被添加到 S_D 中,以上推论也成立。因此,我们可以根据 S_T 和 S_D 的性质对 C 和 X 中的节点进行划分,从而可以从相应的集合中选择节点添加到 S_T 或 S_D 中,避免不平衡三角形的生成。这样我们就可以减少检查不平衡三角形的成本。

对于候选节点集合 C,我们将其分成两个集合 C_T 和 C_D,使得 $C_T(C_D)$ 中的每个节点是 $S_T(S_D)$ 和 $S_D(S_T)$ 中所有节点的共同正邻居与负邻居。对于排除的节点集 X,以与 C 类似的方式生成节点集 X_T 和 X_D。S、C 和 X 中的节点之间的关系如图 9-4 所示,其中每个集合都被分成两部分,并且实线(虚线)表示两个部分之间的所有节点都是正(负)连接。因此,当我们向 S 中添加一个新节点时,如果 C 和 X 不再与 S 中的节点形成如图 9-4 所示的相同关系,那么我们可以安全地修剪 C 和 X 中的节点。

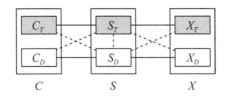

图 9-4 C、S、X 的示例

详细的基于平衡的算法如算法 9-2 所示。算法 9-2 和算法 9-1 之间的主要区别集中在第 10—24 行。在算法开始时，S_T、S_D、C_T、C_D、X_T 和 X_D 是空集，我们用一个标志 Empty 来记录它（第 1 行和第 10 行）。如果 Empty 为 1，那么我们遍历 C 中的所有节点 v，并将 S_T、S_D、C_T、C_D、X_T 和 X_D 分别初始化为 $\{v\}$、$\varnothing$、$N_C^-(v)$、$N_C^-(v)$、$N_X^-(v)$ 和 $N_X^-(v)$（第 13 行）。否则，我们将 C_T 和 C_D 中的节点分别放入 S_T 和 S_D 中，并相应地更新 C_T、C_D、X_T 和 X_D（第 17—24 行）。通过这种方法，我们可以摆脱在枚举过程中检测不平衡三角形的过程。算法 9-2 和算法 9-1 之间的另一个区别在于 S、C 和 X 均各自被分成两个集合。这种划分消除了对不平衡三角形检测的需要（算法 9-1 的第 12—17 行）。因此，算法 9-2 的时间复杂度为 $O(2^n n d_{\text{avg}})$。

算法 9-2：基于平衡的算法

输入：G：符号图；k：大小约束

输出：R：所有的极大符号 k-团

---

1. Empty←1

2. R←$\varnothing$

3. ENUMBB $(\varnothing,\varnothing,V,\varnothing,\varnothing,\varnothing,\varnothing,\varnothing)$

4. 返回 R

5. 程序 ENUMBB $(S_T,S_D,C,C_T,C_D,X,X_T,X_D)$

6. 如果 $C=\varnothing$，那么

7. 如果 $|X|=\varnothing$ 并且 $|S_T|+|S_D|\geqslant k$，那么

8. $R \leftarrow R \cup \{|S_T| \cup |S_D|\}$

9. 返回

10. 如果 Empty $=1$，那么

---

11. Empty ← 0

12. 对于每个 $v \in C$

13. ENUMBB $(\{v\}, \varnothing, N_C(v), N_C^+(v), N_C^-(v), N_X(v), N_X^+(v), N_X^-(v))$

14. $C \leftarrow C/\{v\}$

15. $X \leftarrow X \cup \{v\}$

16. 否则

17. 对于每个 $v \in C_T$

18. ENUMBB $(S_T \cup \{v\}, S_D, N_{C_T}^+(v) \cup N_{C_D}^-(v), N_{C_T}^+(v), N_{C_D}^-(v), N_{X_T}^+$
    $(v) \cup N_{X_D}^-(v), N_{X_T}^+(v), N_{X_D}^-(v))$

19. $C_T \leftarrow C_T/\{v\}$

20. $X_T \leftarrow X_T \cup \{v\}$

21. 对于每个 $v \in C_D$

22. ENUMBB $(S_T, S_D \cup \{v\}, N_{C_T}^-(v) \cup N_{C_D}^+(v), N_{C_T}^-(v), N_{C_D}^-(v),$
    $N_{X_T}^+(v) \cup N_{X_D}^-(v), N_{X_T}^+(v), N_{X_D}^-(v))$

23. $C_D \leftarrow C_D/\{v\}$

24. $X_D \leftarrow X_D \cup \{v\}$

三、剪枝策略

在本节中，为了减少搜索空间，我们提出了几个有效的规则来过滤不包含在任何极大符号 k-团中的无希望节点和边。

定义 9-7(k-核)：给定一个图 G 和一个正整数 k，一个导出子图 $S \subseteq G$ 是 G 的 k-核，记为 $C_k(G)$，如果 S 满足最小度约束，那么对于每个节点 $u \in S$，都有 $d_S(u) \geq k$，并且 S 是最大的，即 S 的任何超图都不可能是 k-核。

引理 9-1(基于 k-核的剪枝规则)：给定一个符号图 G，如果 S 不属于 $(k-1)$-核，则子图 $S \in G$ 不是符号 k-团。

基于符号 k-团的定义，在一个符号 k-团中的任何节点都应该至少有 $k-1$ 个邻居，这满足 $(k-1)$-核的定义，因此引理成立。

为了计算 k-核,如算法9-3所示,我们迭代移除度小于 k 的节点,直到所有剩余的节点都满足度约束。计算 k-核的时间成本为 $O(m)$。

算法 9-3:COMPUTECORE (G,k)

输入: G:符号图;k:大小约束

输出: $C_k(G)$:G 中的 k-核

1.当存在 $v \in G$ 并且 $d_G(u) < k$ 时

2.$G \leftarrow G/\{u\}$

3.返回 G

给定一个节点 u,我们用 Δ_u^+、$|\Delta_u^+|$ 分别表示包含 u 的平衡三角形和 Δ_u^+ 的基数。同样,我们用 $\Delta_{(u,v)}^+$ 和 $|\Delta_{(u,v)}^+|$ 分别表示包含边 (u,v) 及其相应基数的平衡三角形。基于三角形和符号 k-团模型的性质,我们有以下两个修剪规则。

引理 9-2(基于节点的剪枝规则): 对于符号 k-团中的任何节点 u,包含 u 的平衡三角形的数目必须不小于 $(k-1)(k-2)/2$。

给定一个符号 k-团 S,其中 $|S| \geqslant k$,对于任何节点 $u \in S$,u 的邻居数 $(|S|-1)$ 在团的性质方面不小于 $k-1$。对于 u 的 $k-1$ 个邻居中的任何 v,$S/\{u,v\}$ 中的节点可以与 u 和 v 形成 $k-2$ 个平衡三角形,因为 $|S/\{u,v\}| \geqslant k-2$,所以至少有 $(k-1)(k-2)/2$ 个包含 u 的平衡三角形。如果某个节点在更新后包含少于 $(k-1)(k-2)/2$ 个平衡三角形,则它不能被包含在任何符号 k-团中。因此,引理成立。

引理 9-3(基于边的剪枝规则): 对于符号 k-团中的任何边 e,包含 e 的平衡三角形的数目不少于 $k-2$。

给定一个符号 k-团 S,其中 $|S| \geqslant k$,对任意包含在 S 中的边 $e(u,v)$,$S/\{u,v\}$ 中的每个节点都与 u 和 v 连通。因此,$S/\{u,v\}$ 中的任何节点都可以与 u 和 v 形成一个平衡三角形。如果 $|S/\{u,v\}| \geqslant k-2$,则 S 中包含 e 的平衡三角形的个数不少于 $k-2$。因此,引理成立。

在基于节点和边的剪枝策略的基础上,我们设计了 NEPruning 算法来

过滤掉无用的节点和边。该过程的细节呈现在算法 9-4 中。首先,我们计算 G 中每个节点 u 和边 (u,v) 的平衡三角形,即 Δ_u^+、$\Delta_{(u,v)}^+$(第 1 行)。根据引理 9-2,如果 G 中存在一个节点 u,并且 $|\Delta_u^+|$ 小于 $(k-1)(k-2)/2$,那么我们可以进行安全的修剪(第 13 行)。移除 u 会破坏包含它的平衡三角形,并且这些平衡三角形中的其他节点和边的信息需要更新(第 3—6 行)。对于 G 中的边 (u,v),$|\Delta_{(u,v)}^+|$ 小于 $k-2$,我们也移除它(第 14 行),并根据引理 9-3 更新其相关节点和边的平衡三角形(第 7—12 行)。这个过程一直进行到没有节点或边违反引理 9-2 和引理 9-3 时终止。

算法 9-4:NEPruning (G,k)

输入:G:符号图;k:大小约束

输出:G:新图

---

1. $\Delta_u^+, \Delta_{(u,v)}^+ \leftarrow$ 对于每个节点 $u \in G$ 和边 $(u,v) \in G$,计算平衡三角形

2. 当存在 $u \in G$ 并且 $|\Delta_u^+| < \dfrac{(k-1)(k-2)}{2}$ 或存在 $(u,v) \in G$ 并且 $|\Delta_{(u,v)}^+| < k-2$ 时

3. 对于每个 $\Delta_{u,v,w} \in \Delta_u^+$

4. $\Delta_v^+ \leftarrow \Delta_v^+ / \Delta_{u,v,w}$

5. $\Delta_w^+ \leftarrow \Delta_w^+ / \Delta_{u,v,w}$

6. $\Delta_{(u,v)}^+ \leftarrow \Delta_{(u,v)}^+ / \Delta_{u,v,w}$

7. 对于每个 $\Delta_{u,v,w} \in \Delta_{(u,v)}^+$

8. $\Delta_u^+ \leftarrow \Delta_u^+ / \Delta_{u,v,w}$

9. $\Delta_v^+ \leftarrow \Delta_v^+ / \Delta_{u,v,w}$

10. $\Delta_w^+ \leftarrow \Delta_w^+ / \Delta_{u,v,w}$

11. $\Delta_{(u,w)}^+ \leftarrow \Delta_{(u,w)}^+ / \Delta_{u,v,w}$

12. $\Delta_{(v,w)}^+ \leftarrow \Delta_{(v,w)}^+ / \Delta_{u,v,w}$

13. $G \leftarrow G/u$

14. $G \leftarrow G/(u,v)$

15. 返回 G

在第 1 行中,计算 G 内所有平衡三角形的时间成本为 $O(m^{3/2})$。$|\Delta_u^-|$ 是 G 中平衡三角形的个数。G 中的每一个平衡三角形只会被打破一次。因此,算法 9-4 的时间复杂度为 $O(m^{3/2} + |\Delta_u^-|)$。

例 9-3　在图 9-2 中,在计算 3-核之后,节点 u_{12}、u_{13} 和 u_{14} 已经被移除,并且 G 中的所有剩余节点至少有三个邻居。然后我们可以跳过节点 u_{10},因为包含它的平衡三角形少于三个(引理 9-2)。基于引理 9-3,我们直接消除边 (u_4, u_6) 和 (u_9, u_{11}),得到 $|\Delta_{(u_4, u_6)}^+| = |\Delta_{(u_9, u_{11})}^+| = 0 < 2$。

四、基于枢轴节点的优化

在本节中,我们提出了一个基于枢轴的优化方法来加速计算。在算法 9-2 中,第 17 行和第 21 行需要遍历 C_T 和 C_D 中的每个节点,并且每次迭代都会生成新的搜索分支,即第 18 行和第 22 行。然而,并不是所有的分支都能出现极大符号 k-团。如果我们可以跳过一些不会产生极大结果的分支,就可以大大降低计算成本。受此启发,为了提高性能,我们扩展了基于平衡的搜索框架的旋转技术(Tomita et al.,2006),以修剪一些搜索分支。例如,当从 C_T 中选择一个节点 u 作为枢轴节点时,我们可以在 C_T 的迭代中忽略 u 的正邻居,在 C_D 的迭代中忽略 u 的负邻居。实际上,也可以从 C_D、X_T 和 X_D 中选择枢轴节点。

在给出详细的枢轴节点选择策略之前,我们证明了所有的极大符号 k-团仍然可以被枚举,尽管一些搜索分支被跳过。假设算法 9-2 中递归的参数为 $\langle S_T, S_D, C, C_T, C_D, X, X_T, X_D \rangle$。$S_T \bigcup S_D$ 是临时结果集,将包含在当前搜索分支生成的任何符号 k-团中。首先,假设从 C_T 中选择枢轴节点 u。对于任何正(负)邻居 $v \in C_T (v \in C_D)$,存在两种类型的包含 v 和 $S_T \bigcup S_D$ 的极大符号 k-团,即一个包括 u,另一个不包括 u。所有包含 u、v 和 $S_T \bigcup S_D$ 的极大符号 k-团都可以在将 u 添加到 $S_T \bigcup S_D$ 之后的搜索分支中被枚举。对于任何包含 v 和 $S_T \bigcup S_D$ 但不包含 u 的极大符号 k-团,它必须包含一个不是 u 的邻居的节点 w,否则它不是极大的。这些极大符号 k-团可以在将 w 添加到 $S_T \bigcup S_D$ 之后的搜索分支中找到,因此不需要浪费 v 的搜索分支。当从 C_D 中选择枢轴节点 u 时,证明是类似的。其次,假设枢轴节点 u 选自 $X = X_T \bigcup X_D$。

由于 X 是被排除的节点集,所有包含 u 和 $S_T \bigcup S_D$ 的极大符号 k-团都已被枚举。下面的证明与上面的类似,枢轴节点选择方法的细节如下所示。

一般来说,具有较大宽度的节点更有可能被选择,因为可以过滤更多的邻居节点。考虑到模型中的平衡约束,我们引入了基于平衡图概念的枢轴节点选择方案。在算法 9-2 中,集合 C 和 X 可以划分为四个集合 C_T、C_D、X_T 和 X_D。为了跳过更多没有希望的分支,让 $p1$ 或 $p2$ 作为 C_T 和 X_T 中的代表性节点(分别为 C_D 和 X_D),即 $p1 = \mathrm{argmax}_{u \in C_T \bigcup X_T} |N^+_{C_T}(u) \bigcup N^-_{C_D}(u)|$ 或 $p2 = \mathrm{argmax}_{u \in C_D \bigcup X_D} |N^+_{C_D}(u) \bigcup N^-_{C_T}(u)|$。如果 $|N^+_{C_D}(p2) \bigcup N^-_{C_T}(p2)|$ 小于 $|N^+_{C_T}(p1) \bigcup N^-_{C_D}(p1)|$,那么我们选择 $p1$ 作为枢轴节点,否则选择 $p2$ 作为枢轴节点。

五、节点访问顺序优化

在算法 9-2 的 ENUMBB 过程中,我们需要从 C_T 和 C_D 中选择一个节点 v,并在每次迭代中分别将其添加到临时结果集 S_T 和 S_D 中。我们可以在每次迭代中随机选择一个节点。然而,这在实践中可能是低效的。例如,它可能首先选择具有大量邻居的节点,这可能导致出现许多搜索分支并影响所提出的策略的性能。因此,我们提出了两个节点的访问顺序,以加快计算速度。

(一) 基于度的策略

显然,节点的度越小,形成符号 k-团的可能性越小,这意味着搜索分支可以提前终止。受此启发,我们提出了一种启发式节点选择方法,基于度的排序,加强了剪枝性能。具体来说,在每次迭代中,我们从 C_T 和 C_D 中挑选度最小的节点,这可能会导致许多其他节点是非邻居的 v 被删除。因此,C_T 和 C_D 中的节点数量减少,并且算法 9-2 中的 ENUMBB 过程加速。实验表明以度为基础的顺序选择策略显著优于随机节点选择策略。

例 9-4   在图 9-2 中,假设当前符号 k-团是 $S=\{u_1\}$,我们有 $C=\{u_2, \cdots, u_5, u_8\}$,其中 $d(u_2)=3, d(u_3)=3, d(u_4)=4, d(u_5)=4, d(u_8)=2$。在迭代中,如果我们首先将 u_8 添加到 C,那么我们可以直接修剪两个节点,即 u_2、u_3。如果选择 u_4、u_5,则没有候选节点可以被过滤。而如果我们选择 u_2、u_3,则只

有一个节点可以被修剪。

(二) 基于平衡的策略

符号 k-团是一个平衡图，可以分成两个子团，其中同一子团中的所有节点都是正连接的，不同子团之间的节点是负连接的。虽然基于度的顺序可以加速 ENUMBB 过程，但它忽略了我们的符号 k-团模型的平衡属性。考虑到基于度的策略和模型的平衡性，我们提出了一种新的平衡策略，以进一步加快搜索速度。对于节点 $v \in C_T$，我们用 $\mathrm{ed}(v) = |N_{C_T}^+(v)| + |N_{C_D}^-(v)|$ 表示节点 v 的有效度，其中，$N_{C_T}^+(v)$ 表示 v 在 C_T 中的正邻居，$N_{C_D}^-(v)$ 表示 v 在 C_D 中的负邻居。类似地，对于节点 $u \in C_D$，$\mathrm{ed}(u) = |N_{C_T}^-(u)| + |N_{C_D}^+(u)|$ 表示节点 u 的有效度。

具体来说，在每次迭代中，我们从 C_T 和 C_D 中选择有效度最小的节点。有效度越小，形成符号 k-团的可能性越小。相应地，可以提前终止搜索分支。有效度优于度的原因是，从 $C_T(C_D)$ 至 $S_T(S_D)$，对于节点 $u \in C_T(u \in C_D)$，要把节点 u 从候选集合 C 中删除，因为 u，v 和 $S_T(S_D)$ 中的节点将形成不平衡三角形。类似地，节点 $u \in C_D(u \in C_T)$ 与 v 有正联系。因此，与基于度的策略相比，选择具有较小有效度的节点进行处理可以从 C_T 和 C_D 中过滤掉更多节点。我们的实验也验证了它的优点。

例 9-5　在图9-2 中，假设当前符号 k-团 $S_T = \{u_1\}$ 和 $S_D = \varnothing$，则我们有 $C_T = \{u_2, u_5, u_8\}$ 和 $C_D = \{u_3, u_4\}$。基于有效度的概念，我们可以得到 $\mathrm{ed}(u_2) = 3$，$\mathrm{ed}(u_3) = 3$，$\mathrm{ed}(u_4) = 4$，$\mathrm{ed}(u_5) = 4$ 和 $\mathrm{ed}(u_8) = 2$。显然，具有最小有效度的节点 u_8 更有可能在下一次迭代中被选择，因为它可以过滤掉更多的节点，这类似于例 9-4。

六、SKCE 框架

通过整合所有提出的技术，我们提出了极大符号 k-团枚举（SKCE）算法，其中的细节如算法 9-5 所示。在第 1—2 行中，它首先调用 RISTECORE 算法，基于引理 9-1 导出 $(k-1)$-核，然后利用基于节点／边的修剪规则来减少候选空间，直到所有节点和边都满足基于引理 9-2 和引理 9-3 的这两个修剪规则。在对搜索空间进行过滤后，我们使用 ENUMSKCE 过程来枚举所有的极大符号 k-团。ENUMSKCE 过程的细节显示在第 7—37 行中。我们首先检查在该搜索分支中可以生成的有符号团的最大可能大小是否不小于 k（第 8 行），如果不是，则可以终止当前搜索分支。第 10—19 行中的伪代码与算法 9-2 中的第 6—15 行相同。根据枢轴节点选择方案，我们从 C_T、C_D、X_T 和 X_D 中选择最佳节点作为枢轴节点（第 22—24 行），并用它来去除一些无效的搜索分支（第 25—29 行）。在第 30 行和第 34 行中，我们将基于平衡的顺序作为节点的访问顺序。最后，我们返回结果并在第 6 行终止算法。

算法 9-5：SKCE 算法

输入：G：符号图；k：大小约束

输出：R：所有的极大符号 k-团

---

1. $G \leftarrow$ COMPUTECORE (G,k)

2. $G \leftarrow$ NEPruning (G,k)

3. Empty $\leftarrow 1$

4. $R \leftarrow \varnothing$

5. ENUMSKCE $(\varnothing,\varnothing,V,\varnothing,\varnothing,\varnothing,\varnothing,\varnothing)$

6. 返回 R

7. 程序 ENUMSKCE $(S_T,S_D,C,C_T,C_D,X,X_T,X_D)$

8. 如果 $|S_T|+|S_D|+|C|<k$，那么

9. 返回

10. 如果 $C=\varnothing$，那么

11. 如果 $|X|=\varnothing$，那么

12. $R \leftarrow R\cup\{|S_T|\cup|S_D|\}$

13. 返回

14. 如果 Empty $=1$，那么

15. Empty $\leftarrow 0$

16. 对于每个 $v\in C$

17. ENUMSKCE $(\{v\}, \varnothing,\ N_C(v),\ N_C^+(v),\ N_C^-(v),\ N_X(v),\ N_X^+(v),$
 $N_X^-(v))$

18. $C \leftarrow C/\{v\}$

19. $X \leftarrow X \bigcup \{v\}$

20. 否则

21. $T \leftarrow \varnothing; D \leftarrow \varnothing$

22. $p1 = \mathrm{argmax}_{u \in C_T \cup X_T}\ |N_{C_T}^+(u) \bigcup N_{C_D}^-(u)|$

23. $p2 = \mathrm{argmax}_{u \in C_D \cup X_D}\ |N_{C_D}^+(u) \bigcup N_{C_T}^-(u)|$

24. 如果 $|N_{C_T}^+(p1) \bigcup N_{C_D}^-(p1)| \geqslant |N_{C_D}^+(p2) \bigcup N_{C_T}^-(p2)|$，那么

25. $T \leftarrow C_T / N_{C_T}^+(p1)$

26. $D \leftarrow C_D / N_{C_D}^-(p1)$

27. 否则

28. $T \leftarrow C_T / N_{C_T}^-(p2)$

29. $D \leftarrow C_D / N_{C_D}^+(p2)$

30. 对于每个 $v \in T$ 并且 ed(v) 的序列在增长

31. ENUMSKCE $(S_T \bigcup \{v\}, S_D,\ N_{C_T}^+(v) \bigcup N_{C_D}^-(v),\ N_{C_T}^-(v),\ N_{C_D}^-(v),$
 $N_{X_T}^+(v) \bigcup N_{X_D}^-(v), N_{X_T}^-(v), N_{X_D}^-(v))$

32. $C_T \leftarrow C_T/\{v\}$

33. $X_T \leftarrow X_T \bigcup \{v\}$

34. 对于每个 $v \in D$ 并且 ed(v) 的序列在增长

35. ENUMSKCE $(S_T, S_D \bigcup \{v\},\ N_{C_T}^-(v) \bigcup N_{C_D}^+(v),\ N_{C_T}^-(v),\ N_{C_D}^+(v),$
 $N_{X_T}^-(v) \bigcup N_{X_D}^+(v), N_{X_T}^-(v), N_{X_D}^+(v))$

36. $C_D \leftarrow C_D/\{v\}$

37. $X_D \leftarrow X_D \bigcup \{v\}$

在 SKCE 算法中，对于修剪阶段，我们只过滤不满足引理 9-1、引理 9-2 和引理 9-3 的节点与边，因为它们不会在任何符号 k-团中。在极大符号

k-团的枚举阶段,我们只对算法 9-2 进行了扩展,并利用主元技术消除了不能产生极大符号 k-团的搜索分支。第 30 行和第 34 行中节点访问顺序的更改不会影响最终结果。因此,我们可以正确地获得所有的极大符号 k-团。

与算法 9-2 相比,算法 9-5 采用了多种优化策略,如剪枝策略、主元优化和顺序优化。在第 1—2 行中,剪枝策略的时间成本为 $O(m^{3/2}+|\Delta^+|)$。对于枢轴优化,我们需要访问 C_T、C_D、X_T 和 X_D 中的所有节点,并选择最好的一个,这需要 $O(nd_{avg})$ 的时间。因此,算法 9-5 的时间复杂度为 $O(m^{3/2}+|\Delta^+|+2n(nd_{avg}+n\log n))$。

例 9-6 在图 9-2 中,对于 $k=4$,我们可以在计算 3-核之后移除 u_{12}、u_{13} 和 u_{14},并且 G 中所有剩余的节点至少有 3 个邻居。然后,我们跳过节点 u_{10},因为包含它的平衡三角形不足 3 个(引理 9-2)。基于引理 9-3,我们直接消除边 (u_4,u_6) 和 (u_9,u_{11}),得到 $|\Delta^+_{(u_4,u_6)}|=|\Delta^+_{(u_9,u_{11})}|=0<2$。最后,我们得到所有的极大符号 4-团,即 $S_1=\{u_1,u_4,u_5,u_8\}$,$S_2=\{u_1,u_2,u_3,u_4,u_5\}$,$S_3=\{u_4,u_5,u_8,u_9\}$ 和 $S_4=\{u_6,u_7,u_8,u_{11}\}$。

第四节 最大符号 k-团识别

在本节中,我们首先介绍了为寻找最大符号 k-团而开发的 MSKCE 框架。然后,我们提出了详细推导的上界中使用的 MSKCE 框架,以加速计算。最后,我们扩展了 MSKCE 框架,找到了 top-γ 极大符号 k-团。

一、MSKCE 框架

简单来说,为了找到最大符号 k-团,我们可以枚举所有极大符号 k-团并返回最佳的一个。但是这种方法会产生很多不必要的结果。为了减少计算量,我们提出了一个 MSKCE 框架来扩展 SKCE 算法。不同的是,当枚举团时,我们试图估计当前探索的符号 k-团大小的上界。然后,如果上界不大于当前找到的最优分支的大小,则可以提前终止对某个分支的搜索。因此,对于 MSKCE,导出一个贴近的上界是必要的。具体来说,我们需要用最大检查过程来替换算法 9-5 的第 10—13 行中的最大检查过程,即如果生成更大的符号 k-团,则当前的最佳结果将被替换。我们可以在第 9 行和第 10 行之间添加上界修剪方法,以终止一些不必要的搜索分支。为了保持简洁,我们省略了 MSKCE 的详细伪代码。如果我们能正确地得到上界,则算法的正确性很容易验证。在最坏的情况下,MSKCE 的时间复杂度与 SKCE 相同。

二、上界估计

符号 k-团模型具有三个约束,即内聚性约束、规模约束和平衡约束。然而,上述两个上界只关注前两个约束,而忽略了平衡约束。因此,为了获得更严格的边界,我们提出了以下两种方法。

(一)基于大小的上界

在算法 9-5 的 ENUMSKCE 过程中,$S_T \cup S_D$ 是当前找到的团,C 是补充 S 的候选节点集。显然,我们可以认为 $|S| + |C|$ 是当前搜索分支中符号 k-团大小的界限。

在基于大小的上界方法中,我们假设 C 中的任何连通节点都可以同时添加到符号 k-团中。然而,在实践中,这并不总是事实,因为它们可能与 S 中的节点形成不平衡三角形。受此启发,我们试图从 C 中删除尽可能少的节点,使它们在合并到 S 中后不会形成不平衡三角形。对于 C_T 或 C_D 中的节点 u,令 $\mathrm{ud}(u) = |N^-_{C_T}(u)| + |N^+_{C_D}(u)|$ 或 $|N^-_{C_D}(u)| + |N^+_{C_T}(u)|$ 表示的是 C 中节点 u 的不平衡度。它对应于当 C 被添加到 S 中时,C 中能够与 u 形成不平衡三角形的节点的数量。我们可以按照节点的不平衡度的降序从 C 中移除节点,直到 C 中剩余的节点的不平衡度变为 0。然后我们可以得到一个新的上界 $|S| + |C|$。

(二)基于颜色的上界

基于大小的上界可能会在实践中失效,导致较低的修剪效率。为了得到一个更严格的上界,我们采用了图着色的概念。具体来说,对于每个搜索空间 (S, C, X),我们为 C 中的每个节点分配一种颜色,使得每对相邻节点

具有不同的颜色。我们将使用基于度排序的贪婪着色算法（Yuan et al.，2017）来进行着色。显然，一个符号 k-团中的所有节点都应该有不同的颜色。当搜索最大符号 k-团时，我们可以使用 $|S| + \alpha$ 作为当前搜索分支中符号 k-团大小的上界，其中 α 是 C 中的颜色数。注意，与基于大小的上界相比，该方法具有更好的性能。

在基于颜色的上界中，我们为 C 中的任何相邻节点分配不同的颜色，因为它们可能存在于搜索空间 (S, C, X) 的符号 k-团中。然而，如果 C 中有两个节点使得这两个节点与 S 中的每个节点形成的三角形是不平衡的，则由于平衡约束，C 中的这两个节点不能同时保持在符号 k-团中。因此，我们可以为它们分配相同的颜色，以获得更小的颜色集。如前所述，C 中的所有节点都可以分成两个不相交的集合 C_T 和 C_D，我们可以通过采用平衡图的概念减少颜色集合的大小来进一步提高上界。具体来说，对于两个节点 u、$v \in C_T(C_D)$，如果它们是负连通的，则我们可以给它们分配相同的颜色，因为它们只能与 S 中的节点形成不平衡三角形。类似地，如果它们是正连通的，那么 $u \in C_T$ 和 $v \in C_D$ 也可以被设置为相同的颜色。然后，在 C 中的所有节点都着色后，我们可以将颜色集大小作为新的上界。注意，对于三个节点 u、$v \in C_T$ 和 $w \in C_D$，其中，u、w 是正邻居，v 是 u 和 w 的负邻居。如果 u 被分配为红色，那么我们不能将 v 和 w 都分配为红色，即使 v 是 u 的负邻居，且 w 是 u 的正邻居。这是因为 v 和 w 是负连通的，它们可以同时存在于一个符号 k-团中。

三、top-γ 最大符号 k-团

对于识别 top-γ 最大符号 k-团，使用的算法是类似的，并且上面导出的上界也可以应用于加速计算。具体而言，在计算期间，该算法保持 γ 当前最大的结果。假设当前第 γ 个结果的大小为 η。对于访问的每个搜索分支，如果当前分支中的上界大小小于 η，则可以终止该搜索分支。我们将该算法称为 TSKCE。

第五节　实验与分析

一、实验设置

(一)算法

本章提出了不同的优化技术和搜索方法来解决极大符号 k-团枚举问题和 top-γ 最大符号 k-团识别问题。本章中评估的技术和算法总结在表 9-1和表 9-2 中。

表 9-1　技术总结

技术	描述
CPruning	基于 k-核的剪枝技术(引理 9-1)
NEPruning	基于节点和边的剪枝技术(引理 9-2 和引理 9-3)
RO	顺序策略：随机选择算法 9-5 第 30 行和第 34 行中的节点
DO	顺序策略：在算法 9-5 的第 30 行和第 34 行中选择具有最小度的节点
BO	顺序策略：在算法 9-5 的第 30 行和第 34 行中选择具有最小影响度的节点
S/S*	基于 size/size* 上界的方法寻找最大符号 k-团
C/C*	基于 color/color* 上界的方法寻找最大符号 k-团

表 9-2　算法总结

技术	描述
Base	枚举所有极大 k-团的基线算法(算法 9-1)
Base＋	基于平衡的算法(算法 9-2)
SKC	带有剪枝策略的基线算法
SKCE	将剪枝策略和基于枢轴节点的优化配置到 Base＋上(算法 9-5)
MSKCE-S/S*	在 MSKCE 框架中配置 S/S*

续表

技术	描述
MSKCE-C/C*	在 MSKCE 框架中配置 C/C*
TSKCE-S/S*	在 TSKCE 框架中配置 S/S*
TSKCE-C/C*	在 TSKCE 框架中配置 C/C*

（二）数据集

在实验中,我们使用了七个数据集。表 9-3 显示了数据集的统计细节。Bitcoin、WordNet、Slashdot、Epinion、Wiki、Youtube 和 Pokec 都是真实世界的网络。Bitcoin 和 Epinion 网络中每个边缘代表声誉,其中正边缘表示信任,而负边缘表示不信任。WordNet 是表示同义词（即正边缘）和反义词（即负边缘）之间关系的网络。从 Slashdot 网络收集的 Slashdot 数据集包含用户之间的朋友和敌人链接。Wiki 包含了维基百科用户之间的解释性互动,这些用户编辑了关于政治的页面,其中每个互动都被赋予了一个积极或消极的价值。Youtube 和 Pokec 都是大型的真实社交网络,用于评估算法的可扩展性。我们通过随机选择 70 的边作为正边,而剩余的边作为负边来生成有符号的标签。本研究所用数据集都是公开的。

表 9-3　数据集的统计细节

数据集	$n=|V|$	$m=|E|$	$|E^+|$	$|E^-|$	k 的范围
Bitcoin	7605	14125	12973	1152	(1,3,5,7,9)
WordNet	19668	165367	142404	22963	(1,3,5,7,9)
Slashdot	82144	500481	382915	117566	(5,10,15,20,25)
Epinion	131828	711210	592592	118618	(5,10,15,20,25)
Wiki	138593	717573	631547	86026	(5,10,15,20,25)
Youtube	1157828	2987625	2091338	896287	(1,3,5,7,9)
Pokec	1632804	22301965	15611376	6690589	(1,3,5,7,9)

（三）参数和工作负载

由于每个图具有独特的特征和分布,我们为数据集设置了不同的参数。具体来说,对于 Bitcoin、WordNet、Youtube 和 Pokec 数据集,k 从 1 到 9 变化,默认值为 5;而对于其余数据集,k 从 5 到 25 变化,并将 15 设置为默认值。对于每个设置,我们运行算法 10 次并报告平均值。对于那些无法在 24 小时内完成的实验,我们将其设置为 INF。对于某些实验,我们只报告最大六个数据集的结果。

二、SKCE 性能评估

(一)效率评价

为了评估效率,我们首先在所有数据集上进行实验,并在默认设置下报告 Base、Base＋、SKC 和 SKCE 的响应时间,结果如图 9-5 所示。显然,SKCE 在 Slashdot 和 Wiki 数据集上的表现明显优于 Base,快了四个数量级。例如,在 Wiki 数据集中,SKCE 仅需要 2.95063 秒来枚举所有极大符号 15-团,而 Base 需要 26368.7 秒。

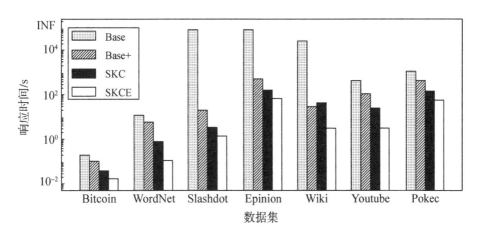

图 9-5　SKCE 效率评估

对于 Slashdot 和 Epinion 数据集,Base 甚至无法在合理的时间内完成,即我们可以发现 SKC 的响应时间比 Base 和 Base＋的少。此外,SKCE 始终优于 SKC,这验证了新提出的技术在扩展上的有效性。这是因为 SKCE 考虑了模型的平衡属性,即定理 9-3,并对候选集应用了主元方法和优化访问顺序。Base＋比 Base 快得多的结论进一步验证了搜索框架的性能。基于实验结果,可以推断 SKCE 在稠密图上能够表现出更好的性能。这是因为,对于密集图,在搜索过程中,大量的时间用于识别不平衡三角形的形成。SKCE绕过了此操作,从而提高了性能。此外,SKCE对数据集内正边缘和负边缘的分布不敏感。

在图9-6中,我们通过改变k进一步分析了不同算法的响应时间。如图9-6所示,当k增加时,所有算法的响应时间都会减少。这是因为k越大,极大符号k-团的数量越小,即搜索空间更小。此外,SKCE和Base之间的差距会随着k的增加而扩大,这主要是因为搜索过程保留了更密集的子图。

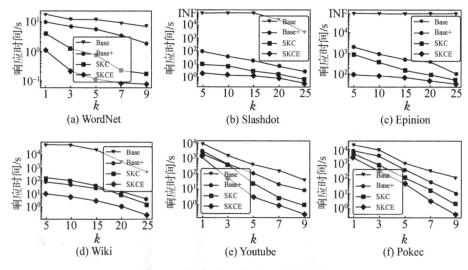

图 9-6　不同k值下的 SKCE 效率评估

(二)有效性评估

为了评估所提出的模型的有效性,我们报告了基于传统的k-团模型和本书所提出的符号k-团模型发现的极大团的数量。对于传统的k-团模型,我们忽略了边上的标签,并枚举k-团,结果如图9-7所示。在图9-7中,我们展示了通过改变k在所有数据集上进行实验的结果。正如所观察到的,正常k-团的数量大于我们的模型,这表明在有符号网络中有许多包含不平衡三角形的正常k-团。对于这两个模型,当k增加时,我们发现的团的数量会减少,因为k越大,存在的团越少。

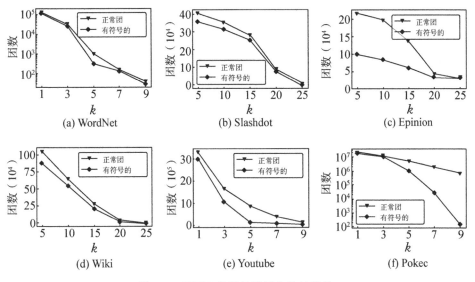

图 9-7 不同 k 值下的模型有效性评估

(三)可扩展性测试

为了测试所提出的算法的可扩展性,我们通过从 Epinion、Wiki 和 Youtube 数据集中随机抽取 20%—100% 的节点来生成五个子图,并报告这些子图的响应时间,结果如图 9-8 所示。可以看出,随着节点比例的提高,$|V|$ 的响应时间逐渐增加,因为需要探索更多的搜索空间。此外,我们发现,所有的算法在枚举任务中表现出近乎线性的可扩展性,这验证了所提出的技术的可扩展性。

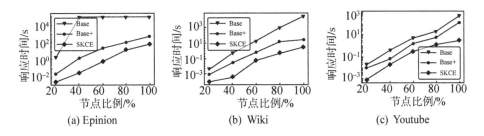

图 9-8 SKCE 的可扩展性评估

(四)剪枝规则的评价

图 9-9 反映了在不同数据集上使用 CPruning(即引理 9-1)和 NEPruning(即引理 9-2 和引理 9-3)修剪的节点数。对于基于边的剪枝规则,我们计算在删除边之后变得孤立的节点的数量。虽然 CPruning 可以大大减少搜索空间,但 NEPruning 可以进一步过滤更多的节点。这是因为 CPruning 只考虑了大小约束,而 NEPruning 在考虑大小约束的同时也考虑了平衡约束。在大多数情况下,当 k 增加时,两种算法修剪的节点数之间的差距变小,这是因为当 k 很大时,大多数节点没有足够的邻居($k-1$ 个邻居)。

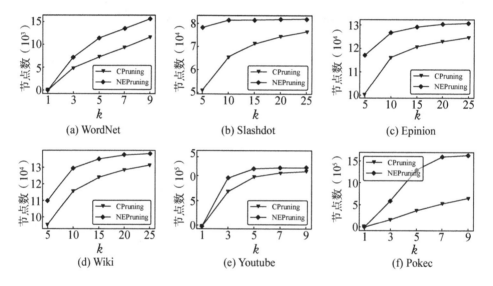

图 9-9 不同 k 值下的剪枝规则评估

在图 9-10 中,我们报告了所有数据集上的 CPruning 和 NEPruning 的响应时间。NEPruning 比 CPruning 慢是因为 NEPruning 需要考虑三角形信息,并且它比 CPruning 更复杂。此外,删除节点将导致一些边违反基于边的修剪规则,反之亦然。

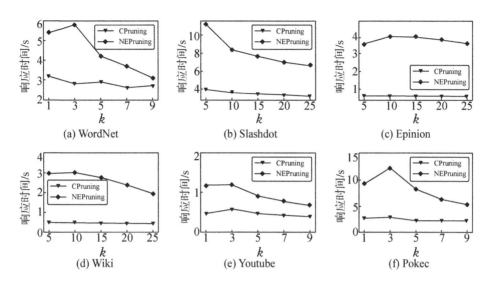

图 9-10　不同 k 值下剪枝规则的时间消耗

(五)节点访问顺序优化的评价

为了评估 SKCE 中节点选择方法的性能,我们在所有数据集上报告了配备不同顺序优化技术的 SKCE 的响应时间,即 RO、DO 和 BO,结果如图 9-11 所示。其中,RO 性能最差,因为它以随机顺序选择节点且没有任何基础,而 BO 不断超越其他技术。这是因为它不仅诉诸基于度的顺序,也考虑了我们的模型的平衡性质。此外,响应时间随着 k 的增加而减少,因为当 k 增加时,极大符号 k-团的数量变得更少。

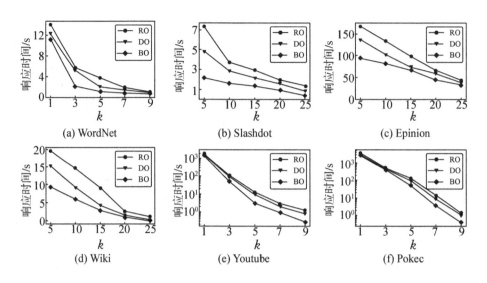

图 9-11　SKCE 节点访问顺序的评估

三、MSKCE 性能评估

为了评估 MSKCE 框架的性能,我们使用不同的上界来报告响应时间,因为它们总是返回相同的团,即最大的一个,结果如图 9-12 所示。显然,MSKCE-C * 显著优于 MSKCE-S,这验证了优化上界的优势。特别是对于 Epinion 数据集,差距高达一个数量级。图 9-13 进一步展示了通过改变 k 的 MSKCE-S、MSKCE-S *、MSKCE-C 和 MSKCE-C * 的响应时间。正如所观察到的,响应时间随着 k 的增加而减少,因为我们可以修剪更多违反大小约束的团。MSKCE-C * 在所有数据集上的性能都优于其他算法,这是因为它推导出的上界更严格。例如,当 $k=15$ 时,MSKCE-C * 仅需 0.07795 秒即可在 Slashdot 中找到最大的有符号的 k-团,而 MSKCE-S 需要 0.3925 秒,MSKCE-S * 需要 0.309164 秒。我们还可以观察到,四种方法之间的差距在 Pokec 和 Youtube 数据集中并不明显,这是由于这两个数据集在 CPruning 和 NEPruning 过程之后过滤掉了许多节点和边。因此,剩余的图是紧密的,并且会导致一个更低的上界。

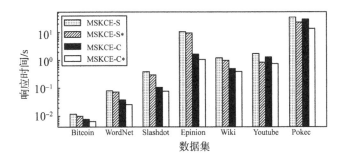

图 9-12　MSKCE 在所有数据集上的效率评估

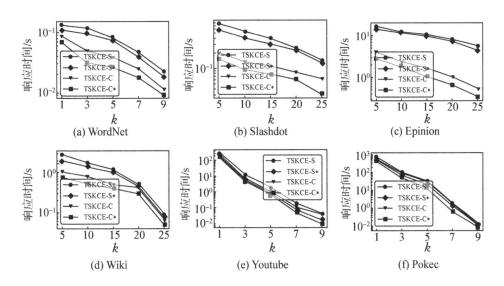

图 9-13　不同 k 值下的 MSKCE 效率评价

四、TSKCE 性能评估

我们可以扩展最大符号 k-团框架 MSKCE 以导出 top-γ 最大符号 k-团。注意，上界优化仅影响算法的效率，即它们总是返回相同的 top-γ 结果。因此，我们在这里只报告响应时间，结果如图 9-14 所示。TSKCE-C * 在所有数据集上的性能都优于其他算法，因为它的上界更贴近。正如所观察到的，响应时间随 γ 的变化而略有变化。例如，在 Wiki 数据集中，TSKCE-C * 需要 4.18636 秒才能找到前 10 个结果，而当 γ 变为 50 时需要 4.63065 秒。

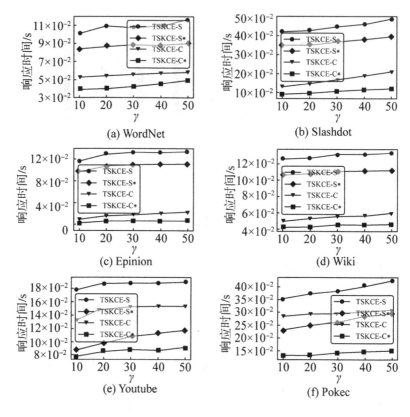

图 9-14 不同 γ 值下的 TSKCE 效率评价

第六节 本章小结

本章提出并研究了符号图中基于平衡理论的符号 k-团模型,形式化地定义了极大符号 k-团枚举和最大符号 k-团识别问题,并证明了它们都是 NP 难的。针对极大符号 k-团枚举问题,利用平衡三角形和平衡图的性质,提出了一种新的剪枝方法,可以安全地跳过无用的节点和边。然后基于经典的 Bron-Kerbosch 框架提出 SKCE(极大符号 k-团枚举)算法来枚举所有的极大符号 k-团。而且 SKCE 算法还采用了旋转技术来进一步加快计算速度。针对最大符号 k-团识别问题，本章提出了 MSKCE（最大符号 k-团枚举）框架，该框架利用新的基于上界的剪枝策略扩展了 SKCE 算法，使其能够找到最大符号 k-团。此外，本章还讨论了查找 top-γ 结果的扩展 TSKCE（top-γ 极大符号 k-团枚举）框架。为了证明所提出的技术的性能，本章在真实世界的数据集上进行了广泛的实验研究。结果表明，所提出的算法和修剪策略可以显著加快搜索速度。例如，在最大的数据集（1632804 个节点和 22301965 条边）上，SKCE 算法仅需 0.4 秒即可枚举所有极大符号 k-团，而基线的耗时超过 100 秒。

第十章 多关系图中的高效可达性查询：基于索引的方法

  在实际应用中，不同实体之间的各种关系都可以用图来描述，如社交网络分析、推荐系统、路径规划和导航等，而可达性查询则是图分析中的一个基本问题。通过不断探索，我们发现实体之间的关系通常是多样的，因此图中的边往往包含多种关系，但大多数现有的研究都假设边上没有或者只有一种关系，为了填补这方面的空白，本章提出了两个新的多关系图的可达性问题。具体来说，给定一个多关系图 G ，两个顶点 u、v 和一个查询关系集 C ，其目的是检查在必要性/存在性关系的约束下，u 能否到达 v 。在现有研究都假设边上没有或者只有一种关系的背景下，本章从各个方面考虑，不断提升多关系图中可达性查询的性能，具体如下：第一，扩展广度优先搜索（BFS）方法。通过扩展 BFS 方法，本章提出了一个基线在线可达性查询框架。传统的 BFS 方法在处理多关系图的可达性查询时可能效率较低，因为它只考虑了单一关系的边。通过扩展 BFS 方法，本章能够处理包含多种关系的边，从而能够更全面地分析实体之间的可达性。第二，基于 2 跳覆盖框架的索引方法。为了加快处理速度，本章基于 2 跳覆盖框架开发了基于索引的方法。2 跳覆盖框架允许本章以一种更高效的方式构建索引，从而减少查询的时间复杂度。通过构建索引，本章可以预先计算和存储实体之间的关系路径，使得查询时可以快速定位和判断实体的可达性。第三，优化策略。除了基于索引的方法，本章还提出了两种优化策略，用以进一步提高指标构建的效率。优化策略包括基于度优先级的优化和基于队列优先级的优化。通过采用这些优化策略，本章能够更有效地构建索引和处理查询，从而提高整体的性能和效率。为了展示本章所开发的技术的优势，本章在

DBLP 和 Tiwtter 等数据集上进行了大量的实验。实验结果表明,本章所提出的优化后的方法在索引构建方面可以达到 3 倍的加速比,基于索引的策略在查询处理方面甚至可以达到 36 倍的加速比。这些实验结果表明,本章提出的方法在处理多关系图的可达性查询方面具有显著的性能优势,能够更快速、高效地解决问题。

第一节　问题提出

图被广泛用于对不同实体之间的复杂关系进行建模,如社交网络、道路网络和 PPI 网络等。在实际应用中,实体之间的关系通常是多样的,其图中的边往往包含多种关系,即多关系图。例如,在 Twitter 网络中,每个用户都可以看作图中的一个顶点。除了好友关系,用户之间还可以通过"like(点赞)""follow(关注)""comment(评论)"和"repost(转发)"关系在推文上进行连接,不同的关系可以共存于推文的边上。

图 10-1 展示了 Twitter 网络的一个模拟实例。同样,在科研合作网络(如 DBLP)中,每个节点代表一个研究者。除了合著关系,如果研究者参加同一会议或从事同一主题的工作,则顶点之间可以连接。因此,有必要对多关系图的性质进行研究。

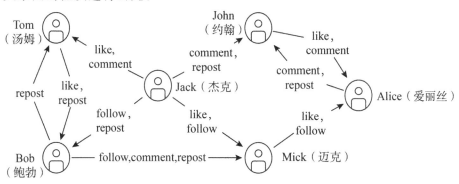

图 10-1　多关系图的一个模拟实例

在图分析中,可达性查询是作为一种基本操作的,也就是说,给定一个图(一般是一个有向图)和图中的两个顶点 u 与 v,可达性查询旨在检查是否存在一条从源点 u 到目标点 v 的路径。在文献中,可达性问题在不同的场景下被广泛研究。

为了有效地识别群体活动,Tang 等(2019)提出了一种新颖的相干性约束图 LSTM(CCG-LSTM)来学习整个群体活动的判别性表示。Zheng 等(2021)提出了一种新的基于样本相关性的标签增强方法(LESC),它通过低秩表示来研究特征空间中潜在的全局样本相关性,从而恢复标签分布。考虑单关系情形下的可达性查询(Zou et al.,2014;Valstar et al.,2017;Peng et al.,2020),除了带有关系约束的可达性查询,Da-Xiong 等(2018)针对异构图提出了一种基于查询偏好的路径可达性查询算法。所考虑的异构图包含不同类型的顶点和边,但每条边只涉及一种关系,这与我们想要研究的情况不同。Zhang 等(2019)研究了分布式时态图上的可达性查询。他们提出了一种有效的索引,称为时态顶点标记(TVL),这是一种分布式时态图的标记方案。Badie-Modiri 等(2020)提出了一种跟踪时态路径可达性的方法,用于从源节点和时间节点中找到所有等待时间有限的时态路径。有学者提出了一种新的时态图可达性查询,并开发了一种基于 2 跳覆盖的索引。表 10-1 展示了一些选定的相关工作的比较结果。从中我们可以看到,多关系可达性查询被忽视了。正如前文所讨论的那样,由于所研究的图的固有不同性质,所开发的技术不能直接应用。

表 10-1　相关工作对比

论文	目标	优点	缺点
Zhang 等(2019)	多关系图中的最短路径查询	提出了一种基于分解树的查询处理索引	仅用于最短路径查询
Jin 等(2022)	对于单一关系的可达性(SRR)查询	提出了一种基于树的索引框架,即可以通过生成树和局部传递闭包重新构建全传递闭包	不适用于多关联情况

论文	目标	优点	缺点
Zou 等(2014)	SRR 查询	提出了一种回答 SRR 查询的路径标签传递闭包方法	不适用于多关联情况
Valstar 等(2017)	SRR 查询	提出了一种基于地标的索引,用于处理大型图	由于部分索引的问题,不正确查询的性能不尽如人意,并且在多关联情况下也是如此
Peng 等(2020)	SRR 查询	提出了基于 2 跳覆盖的索引	不适用于多关联情况

在表 10-1 中,我们给出了一些相关工作的目标和优缺点的比较。可见,以往对可达性查询的研究主要集中在边(节点)只有一种关系或没有关系的情况,忽略了多关系场景。

为了填补这方面的空白,本章提出并研究了多关系图中的两个关系约束可达性问题,即必要性关系约束可达性问题(NRCP)和存在性关系约束可达性问题(ERCP)。

具体来说,给定一个多关系图,两个顶点 u、v 和一组约束关系 C,对于 NRCP,如果存在一条从 u 到 v 的路径,则 u 在必要性关系约束下可以到达 v,其中路径上的每条边都包含 C 中的所有关系。而对于 ERCP,如果存在一条从 u 到 v 的路径,则 u 在存在性关系约束下可以到达 v,其中路径上的每条边至少包含 C 中的一组关系。

给定一个多关系图,设 R 是所有关系的集合。当然,对于我们的问题,可以通过将多关系图转换为单一关系图来扩展单关系可达性查询的索引方法。为了回答存在性和必要性问题,转换步骤为:

第一,枚举所有关系的组合,即将关系集的基数从 $|R|$ 扩大到 $2^{|R|}-1$。

第二,对于具有 k 种关系的每条边 (u,v),在 u 和 v 之间构造 2^k-1 条边,其中每条边有一种组合关系。

综上所述,每条边只与一组关系相关联。然而,组合的数量是巨大的,特别是对于关系较多的图。这意味着使用单一的关系解决方案会产生巨大的索引构建和空间搜索成本。因此,有必要开发高效、可扩展的多关系图中带关系约束的可达性查询算法。本章基于 2 跳覆盖框架的思想,针对 NRCP 和 ERCP 提出了两种基于索引的方法,该框架被广泛用于不同的可达性查询。此外,我们还表明我们所用的指标是最小的,也就是说,删除任何一个索引项都将导致对某些查询的错误回答。此外,我们还优化了顶点的处理顺序,并制定了优先级优化策略,以进一步加速索引构建阶段。本书的主要贡献可以概括如下:

第一,我们提出并研究了 NRCP 和 ERCP,分别在必要性和存在性关系约束下检查多关系图中的两个顶点是否可达。

第二,为了扩展大型图,开发了有效的基于索引的方法。此外,还引入了几种优先级策略来加速处理。

第三,在六个网络上进行了全面的实验,以证明我们提出的技术的效率和有效性。

第二节　相关理论与文献分析

可达性查询是一个非常有意义的基本问题。大多数研究都是针对普通图(即没有关系的图)进行设计的。例如,Jin 等(2022)将链式结构和跳转技术相结合,提出了 3-hop 结构来降低稠密图的索引大小。Yıldırım 等(2012)基于随机区间标号的思想提出了一个可扩展的可达性指标 GRAIL。GRAIL 是通过随机改变患儿的就诊顺序来构建 d 次 DFS 的。顶点的标号记为 $\mathrm{label}(v) = (I_1, I_2, \cdots, I_d)$,其中 I_i 是一个区间,由第 i 个 DFS 计算。如果 v 的每个区间 I_i 都包含在 u 的 I_i 中,并且在同一个 DFS 中计算,则 u 可以到达 v。然而,我们的索引是基于 2 跳覆盖框架的。每个顶点 u 都包含索引实体 $L_{\mathrm{out}}(u)$ 和 $L_{\mathrm{in}}(u)$,并且 $L_{\mathrm{out}}(u)$ 和 $L_{\mathrm{in}}(u)$ 不需要记录 u 所能到达的所有顶点。通过判断 $L_{\mathrm{out}}(u)$ 和 $L_{\mathrm{in}}(u)$ 的交点来判断从 u 到 v 的可达性。可以看出,本章提出的索引结构和查询处理方法与 GRAIL 不同。此外,GRAIL 不考虑边的约束,仅适用于单关系图。Zhou 等(2017)提出了一种 DAG 归约方法来加速大图的可达性查询方法。根据实际应用的需要,不同的、新颖的可达性查询方法被提出和研究。

多关系和多层图在现实生活中有着重要的应用,也因此引起了人们的广泛关注。Chen 等(2019)考虑了多层网络的影响力最大化问题。有学者提出了一个判别性的数据表示学习框架,它可以揭示潜在的特征相关性,以增强可靠性。考虑到实际张量数据中存在的非均匀非相干性,Ge 等(2021)采用克罗内克尔可分解的稀疏字典学习模型来处理张量数据各模态上的非相干性。Lu 等(2021)提出了一种基于模糊注意力机制的 DenseNet-BiLSTM 中文图像描述方法,通过生成的描述语句准确地表达图像内容。Zhang 等(2019)首次对多关系图中具有不同关系约束的最短路径查询进行了研究。为了增强处理效果,提出了基于分解树的索引结构。

第一,多关系和多层图的应用方面,所提出的可达性查询问题可以在现实生活场景中找到许多应用。

第二,社会网络分析。在社交网络中,一个顶点代表一个用户,两个用户之间的关系可以用一条具有多重关系的边来表示。为了判断社交网络中的两个个体是否强相关,我们提出了一种带有多关系约束的可达性查询方法。对于社交网络好友推荐,如果它们是必要可达的,则我们可以通过关系约束集{关注,评论,点赞,转发}推荐用户从 A 到 B。

第三,生物网络分析。在生物网络中,一个顶点代表一个化合物。如果一个化合物可以通过一定的化学反应转化为另一个化合物,那么这两个化合物之间可以通过一条边相连,并且该边上含有控制反应所需的酶。在生物网络中,为了判断一个化合物是否可以通过一些相似酶的作用转化为其他类型的化合物,可以考虑将转化反应所需的酶作为关系约束。然后我们可以通过检查化合物在给定的约束下是否存在可达性来进行分析。

在这一部分中,我们首先对所研究的问题进行了形式化定义。然后提出了一个基线在线搜索框架。表 10-2 总结了本章使用的数学符号。

表 10-2　符号概念解释

符号	描述
$G = (V, E, R, F)$	多关联图
V, E	G 中的顶点集和边集
R	G 中的关系集
u, v	G 中的顶点
(u, v)	从 u 到 v 的一条边
$F((u, v))$	边 (u, v) 中的关系
n, m	G 中的顶点和边的数量
$N_{out}(u)$ 或 $N_{in}(u)$	G 中 u 的外邻居或内邻居集合
$\deg_{out}(u)$ 或 $\deg_{in}(u)$	G 中 u 的外邻居或内邻居数量
C	NRCP 和 ERCP 的查询关系集
$u \xrightarrow[\wedge]{C} v$	u 在关系集 C 下必然到达 v
$u \xrightarrow[\vee]{C} v$	u 在关系集 C 下能否到达 v
$L_{out}^{\wedge}(u)$ 或 $L_{out}^{\vee}(u)$	NRCP 或 ERCP 的 u 外索引项
$L_{in}^{\wedge}(u)$ 或 $L_{in}^{\vee}(u)$	NRCP 或 ERCP 的 u 内索引项
$V(O_{out}^{\wedge}(v))$ 或 $V(L_{out}^{\vee}(v))$	$L_{out}^{\wedge}(v)$ 或 $L_{out}^{\vee}(v)$ 中包含的顶点集
$V(L_{in}^{\wedge}(v))$ 或 $V(L_{in}^{\vee}(v))$	$L_{in}^{\wedge}(v)$ 或 $L_{in}^{\vee}(v)$ 中包含的顶点集
$R_w(L_{out}^{\wedge}(v))$ 或 $R_w(L_{out}^{\vee}(v))$	在 $L_{out}^{\wedge}(v)$ 或 $L_{out}^{\vee}(v)$ 中关系对 (w, R_w) 的关系集 R_w
$R_w(L_{in}^{\wedge}(v))$ 或 $R_w(L_{in}^{\vee}(v))$	在 $L_{in}^{\wedge}(v)$ 或 $L_{in}^{\vee}(v)$ 中关系对 $\langle w, R_w \rangle$ 的关系集 R_w

一、概念定义

设 $G = (V, E, R, F)$ 是一个有向多关系图,其中,V 和 E 分别表示顶点和边的集合,$R = \{r_1, r_2, \cdots, r_k\}$ 是 G 中所有关系的集合,F 是一个映射函数,它将 R 的一个子集分配给每条边,即对于一条边 $e \in E$,边 e 中的关系集合为 $F(e) \subseteq R$。我们用 $n = |V|$ 和 $m = |E|$ 分别表示顶点数和边数。(u, v) 表示 G 中一条从 u 指向 v 的边,即 $u \to v$。给定一个顶点 $u \in V$,$N_{out}(u) = \{v \mid (u, v) \in E\}$ 和 $N_{in}(u) = \{v \mid (v, u) \in E\}$ 分别表示 u 的外

邻点和内邻点集合。出度、入度分别记为 $\deg_{out}(u) = |N_{out}(u)|$、$\deg_{in}(u) = |N_{in}(u)|$。在单关系图中,如果存在一条从 u 到 v 的路,则我们称一个顶点 u 可以到达另一个顶点 v。基于多关系图的独特性质,我们定义了如下两个可达性约束。

定义 10-1(必要性关系约束可达性):给定一个多关系图 G,两个顶点 $u、v \in V$,以及一个查询关系集 $C \subseteq R$,如果在 G 中可以找到一条路径 $(v_0, v_1, \cdots, v_{i-1}, v_i)$,其中 $v_0 = u$ 和 $v_i = v$,且对于任意整数 $j < i$,有 $(v_j, v_{j-1}) \in E$,$C \subseteq F(v_j, v_{j-1})$,则称 u 在必要性关系约束下可以到达 v,记为 $u \xrightarrow[\wedge]{C} v$。

定义 10-2(存在性关系约束可达性):给定一个多重关系图 G,两个顶点 $u、v \in V$,以及一个查询关系集 $C \subseteq R$,如果我们可以在 G 中找到一条路径 $(v_0, v_1, \cdots, v_{i-1}, v_i)$,其中 $v_0 = u$ 和 $v_i = v$,并且对于任意整数 $j < i$,有 $(v_j, v_{j-1}) \in E$,$F(v_j, v_{j-1}) \cap C \neq \varnothing$,则我们称 u 在存在性关系约束下可以到达 v,记为 $u \xrightarrow[\vee]{C} v$。

例 10-1 图 10-1 展示了一个拥有六个用户的模拟 Twitter 网络。在图 10-1 中,Tom(汤姆)与 Bob(鲍勃)之间存在一个连接,该连接具有点赞和转发关系,这意味着 Tom 更喜欢点赞和转发 Bob 的推文。Bob 与 Mick(迈克)的追随和评论关系意味着 Bob 追随并评论了 Mick 的推文。对于 NRCP,Jack(杰克)可以在必要性关系约束{like, follow}下触及 Alice(爱丽丝),因为存在一条从 Jack 到 Alice 的路径(Jack, Mick, Alice),其中路径上的每条边都包含关系约束{like, follow}。类似地,对于 ERCP,我们说 Tom 在存在性关系约束{follow, like, repost}下可以触及 Alice。根据观察,所提出的两个模型是针对不同的场景而设计的。NRCP 需要非常严格的限制,如果我们想找到实体之间的强连接,就可以使用它。

正如前文所讨论的,这两个约束是针对不同的情况而设计的。对于必要性约束,它要求路径上的每条边都具有强相关性,即包含所有的查询关系。对于存在性约束,它只要求沿路径的每条边至少包含一条被查询的关系。基于定义的可达性约束,我们提出如下问题。

给定一个多关系图 G，两个查询点 u、v 和一个关系集 C，我们的目标是开发有效的算法来回答以下两个问题：

必要性关系约束可达性问题旨在检验在必要性关系约束下，u 能否到达 v。

存在性关系约束可达性问题旨在检验在存在性关系约束下，u 能否到达 v。

二、基础解决方案

为了回答这两个问题，我们扩展了 BFS 方法，该方法被广泛用于现有研究提出的新模型。基线方法是一种在线搜索解决方案，即没有任何索引。详细过程在算法 10-1 中给出。我们初始化一个队列来存储要访问的顶点，并使用 flag 将访问的顶点标记为 1，而未访问的顶点标记为 0。因此，在算法 10-1 的第 1 行，我们用 u（即起始顶点）初始化队列，并将 flag(u) 标记为 1，而其他顶点标记为 0。给定一个顶点 w，我们用 $N_{\text{out}}^{C}(w)$ 来表示 w 的满足必要性（或存在性）关系约束的邻居。在第 2—10 行中，我们迭代访问 Q 中的顶点，直到它为空。对于每个顶点 $w \in Q$，我们检查 w 的外邻点 w' 是否满足约束，即 $w' \in N_{\text{out}}^{C}(w)$。如果已经访问过（第 5—6 行），则跳过 w'。如果 w' 等于 v，则意味着在给定的约束条件下，u 可以到达 v，算法返回 true（真）（第 7—8 行）。否则我们选择 w' 作为访问对象，并将其推送到 Q（第 9—10 行）中。如果 v 不能到达，那么算法将返回 false（假）（第 11 行）。算法 10-1 是 BFS 算法的扩展。在最坏的情况下，我们必须访问每个顶点和边一次。对于每个被访问的边，我们需要检查关系约束。因此，算法 10-1 的时间复杂度为 $O(n + m \mid R \mid)$。

算法 10-1:在线可达性查询算法

输入:多关系图 $G = (V, E, R, F)$,两个顶点 u 和 v,关系约束集 C

输出:约束 C 下 u 和 v 的关系可达性

---

1. 初始化 $Q \leftarrow u$; $\text{flag}(u) \leftarrow 1$

2. 当 $Q \neq \varnothing$ 时

3. $w \leftarrow Q.\text{pop}()$

4. 对于每一个 $w' \in N_{\text{out}}^C(w)$ 有

5. 如果 $\text{flag}(w') = 1$,那么

6. 继续

7. 否则如果 $w' = v$,那么

8. 返回 true

9. 否则

10. $\text{flag}(w') \leftarrow 1$; $Q.\text{push}(w')$

11. 返回 false

第三节　方法构建

一、基于 NRCP 索引的解决方案

算法 10-1 能够正确回答 NRCP 和 ERCP。然而,查询时间与图的大小成正比,这使得大规模图的查询难以扩展。为了提高性能,在 2 跳覆盖框架的基础上,我们针对这两个问题提出了基于索引的方法。在这一部分中,我们首先介绍了索引的构建方法,然后描述了基于 NRCP 索引的搜索算法。

(一)必要性关系约束可达性指数(NRI)

1. NRI 构建

给定一个多关系图 G，我们为 NRCP 构造一个索引，并将其命名为 NRI。在 NRI 中，对每个被索引的顶点 v，我们有两个项集 $L_{in}^{\wedge}(v)$ 和 $L_{out}^{\wedge}(v)$。对于 $(v', R) \in L_{in}^{\wedge}(v)$ 或 $L_{out}^{\wedge}(v)$ 中的每个索引项，都满足在必要性关系约束集 R 下，v'（或 v）可以到达 v（或 v'）。为了构建索引，我们可以从顶点开始进行一次 BFS，并枚举所有的约束组合。然而，枚举空间较大，可能涉及大量冗余项。为了缩小指标规模，我们引入了两个占优算子。

定义 10-3(必要性关系支配)：对于顶点 u，如果存在 $L_{out}^{\wedge}(u)$、$L_{in}^{\wedge}(u)$ 的两个指标项 (v, R_1)、(v, R_2) 使得 $R_1 \supseteq R_2$，那么我们可以说 (v, R_1) 的必要性关系支配 (v, R_2)，或者说 (v, R_2) 是由 (v, R_1) 支配的必然关系。

定义 10-4 (必要性指数占优)：对于一个顶点 v 和一个索引项 $(v'_1, R_{v'_1}) \in L_{out}^{\wedge}(v)$，或 $(v'_2, R_{v'_2}) \in L_{in}^{\wedge}(v))$，如果在索引 NRI 中有两项 $(w, R_1) \in L_{out}^{\wedge}(v)$ 和 $(w, R_2) \in L_{in}^{\wedge}(v'_1)$，或 $(w, R_1) \in L_{in}^{\wedge}(v)$ 和 $(w, R_2) \in L_{out}^{\wedge}(v'_2)$，使得 $R_{v'_1} \subseteq R_1$ 和 $R_{v'_1} \subseteq R_2$，或 $R_{v'_2} \subseteq R_1$ 和 $R_{v'_2} \subseteq R_2$，则称 $(v'_1, R_{v'_1})$ 或 $(v'_2, R_{v'_2})$ 为必要性指数占优。

为方便起见，我们将上述两个占优算子称为必要性占优。根据下面的引理，我们可以安全地删除一个指标项。

引理 10-1：在 NRI 构建过程中，如果一个指标项的必要性是由其他项支配的，那么我们可以将该指标项从指标中删除，并回答 NRCP。

如果一个指标项 $(v', R_1) \in L_{in}^{\wedge}(v)$ 的必要性关系是由另一个指标项 $(v', R_2) \in L_{in}^{\wedge}(v)$ 控制的，即 $R_1 \subseteq R_2$，则它要求从 v 到 v' 的路径上的每条边都必须包含关系约束集 C，只有这样 v 才必然能到达 v'。因此，当 R_2 中包含 R_1 时，可以去掉索引项 (v', R_1)，这不会影响回答 NRCP 的正确性。类似地，上述推论对于 $L_{out}^{\wedge}(v)$ 的情形也成立。如果一个索引项是必要性索引占优的，那么很容易验证查询可以用占优的两个索引项来回答。因此，我们可以安全地跳过它。因此，引理是正确的。

例 10-2　图 10-2 是一个具有三个顶点的模拟多重关系图。基于支配算子,我们只需要在索引中存储 $L_{out}^{\wedge}(v_2)$ 中的 $(v_1, r_1\,r_2)$ 和 $L_{in}^{\wedge}(v_3)$ 中的 $(v_1, r_1\,r_2\,r_3)$。例如,我们不需要在 $L_{out}^{\wedge}(v_2)$ 中存储 (v_1, r_1),因为它由 $(v_1, r_1\,r_2)$ 支配。也就是说,所有可以用 (v_1, r_1) 回答的查询都可以由 $(v_1, r_1\,r_2)$ 完成。值得注意的是,在索引中,我们没有显式地存储 v_2 和 v_3 之间的连接,但是我们仍然可以通过 v_1 来回答它们之间的可达性查询,即 v_1 为 v_2 的外邻点和 v_3 的内邻点。

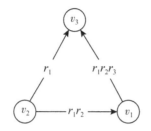

图 10-2　支配运算运行实例

基于必要性占优算子的性质,我们给出了指数 NRI 的构造方法,详细内容如算法 10-2 所示。在第 3—23 行中,我们对 G 中的每个顶点 v 构造了 $L_{in}^{\wedge}(v)$。我们用关系集来推送当前的顶点 R 进入一个初始为空的队列 Q。对于 Q 中的指标项,我们在迭代中检查每个项是否可以使必要性占优。如果不是,那我们将该项插入 $L_{in}^{\wedge}(v)$ 中(第 7—16 行)。在第 10—11 行中,如果当前项 (v, R_v) 受索引项 (u_i, R) 的支配,那么我们可以跳过 (v, R_v) 处理下一个项。如果在 $L_{in}^{\wedge}(v)$ 中项 (v, R_v) 支配已有的项 (u_i, R),那么我们将 (u_i, R) 从指标中移除。否则,我们直接把 (u_i, R_v) 插入 $L_{in}^{\wedge}(v)$ 中(第 12—16 行)。在第 17—23 行中,我们将当前处理的顶点 v 和对应关系集的外邻点 $N_{out}(v)$ 推到 Q 中。如果外邻点 w 已经被处理,那么我们可以跳过它(第 18—19 行)。否则,在第 20 行中,我们将关系集 R_w 设置为 R_v 和 $F(v, w)$ 的交集,这意味着 R_w 包含在从 u_i 到 w 的路径的每条边上的关系集中。如果 R_w 不是空的,那么我们在第 21—23 行将 (w, R_w) 推到 Q 中。在第 24 行,重复第 3—23 行的步骤,构造 $L_{out}^{\wedge}(v)$。最后完成了有 n 个顶点的 $L_{in}(v)$ 和 $L_{out}(v)$ 的构造,并得到指标 NRI。

算法 10-2:NRI 构建

输入:多关系图 $G = (V,E,R,F)$

输出: G 的索引 NRI

1. 对于所有属于 V 的结点 u 有

2. $L_{in}^{\wedge}(u),L_{out}^{\wedge}(u) \leftarrow \varnothing$

3. 当 $1 \leqslant i < n$ 时

4. $u_i \leftarrow G$ 中的第 i 个顶点；

5. $Q \leftarrow$ 一个空队列

6. $Q.\mathrm{push}(u_i,R)$

7. 当 Q 不为空时

8. $(v,R_v) \leftarrow Q.\mathrm{pop}()$

9. 如果 $u_i \neq v$, 则

10. 如果 (u_i,R_v) 的必然性是由现有指标项支配的,那么

11. 继续

12. 否则

13. 对于每一个 $(u_i,R_{\wedge}) \in L_{in}^{\wedge}(v)$ 有

14. 如果 $(u_i,R_{\wedge})$ 的必然性由 (u_i,R_v) 支配,则

15. 删除 $(u_i,R_{\wedge})$

16. $L_{in}^{\wedge}(v) \leftarrow L_{in}^{\wedge}(v) \bigcup (u_i,R_v)$

17. 对于每一个 $w \in N_{out}(v)$ 有

18. 如果 $w \in \{u_1,\cdots,u_{i-1}\}$, 那么

19. 继续

20. $R_w \leftarrow R_v \bigcap F(v,w)$

21. 如果 $R_w = \varnothing$, 那么

22. 继续

23. $Q.\mathrm{push}(w,R_w)$

24. 重复第 3—23 行,通过在下标 in 和 out 之间切换来构造每个顶点的 $L_{out}^{\wedge}(u)$

例 10-3　考虑图 10-3 中的图,构造的 NRI 如表 10-3 所示。基于算法 10-2,具体的构造过程描述如下。首先,将 $L_{in}^{\wedge}(u)$ 和 $L_{out}^{\wedge}(u)$ 初始化为 $\oslash$(第 1—2 行)。在第 3—6 行中,对于第一个顶点 u_i,即 v_1,我们将项 $(v_1,$ $R)$ 推到空队列 Q 中,其中 R 是 G 中所有关系的集合。当从 Q 中弹出项 (v_1,R) 时,我们可以发现在本次迭代中当前的顶点 u_i 与弹出的顶点 v_1(第 7—10 行)是相同的。因此,在第 17—23 行中,找到 v_1 的外邻域 $\{v_2,v_3,v_5,$ $v_6\}$ 及其对应的关系集,并将 $(v_2,\{r_2\ r_4\})$、$(v_3,\{r_1\ r_2\})$、$(v_5,\{r_3\ r_4\})$、$(v_6,$ $\{r_1\ r_3\})$ 推入 Q 中。其次,我们从 Q 中推出项 $(v_2,\{r_2\ r_4\})$。由于当前的空指标,项将不会支配已有的项或者被支配,我们可以把 $(v_1,\{r_2\ r_4\})$ 放入 $L_{in}^{\wedge}(v_2)$ 中(第 8—16 行)。然后探索 v_2 的外邻域,将 $(v_3,\{r_2\ r_4\})$ 和 $(v_6,$ $\{r_4\})$ 推入 Q 中,其中 $\{r_2\ r_4\}$ 和 $\{r_6\}$ 分别为 $F(v_2,v_3)$ 和 $\{r_2\ r_4\}$,以及 $F(v_2,v_6)$ 和 $\{r_2\ r_4\}$ 的交集(第 17—23 行)。从 Q 中弹出的项 $(v_3,\{r_1\ r_2\})$ 会转到下一次迭代,直到 Q 为空(第 7—16 行)。我们在构建 $L_{out}^{\wedge}(v)$(第 24 行)时也做了类似的处理。假设 NRCP 查询为 v_1、v_4,必要性关系约束集 $C=\{r_1\ r_2\}$。我们可以在 NRI 的 $L_{in}^{\wedge}(v_4)$ 中找到一个项 $(v_1,\{r_1\ r_2\})$。那么,答案对于查询来说就是真实的。

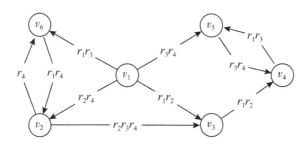

图 10-3　多关系图运行实例

表 10-3　NRCP 指数

索引顶点	$L_{in}^{\wedge}(v)$	$L_{out}^{\wedge}(v)$
v_1	—	—
v_2	$(v_1,r_1)(v_1,r_2\ r_4)$	—
v_3	$(v_1,r_1\ r_2)(v_1,r_2\ r_4)(v_2,r_2\ r_3\ r_4)$	—

续表

索引顶点	$L_{in}^{\wedge}(v)$	$L_{out}^{\wedge}(v)$
v_4	$(v_1, r_1 \ r_2)(v_1, r_3 \ r_4)(v_2, r_2)(v_3, r_1 \ r_2)$	—
v_5	$(v_1, r_1)(v_1, r_3 \ r_4)(v_3, r_1)(v_4, r_1 \ r_3)$	$(v_4, r_3 \ r_4)$
v_6	$(v_1, r_1 \ r_3)(v_1, r_4)(v_2, r_4)$	$(v_2, r_1 \ r_4)$

根据引理 10-1，我们证明所提出的指标是最小的。也就是说，对于索引 NRI 中的任意顶点 u，如果去掉其中的任意项 $(v, R) \in L_{in}^{\wedge}(u)$ 或 $L_{out}^{\wedge}(u)$，那么当必要性关系约束集为 R 时，将导致 v 到 u 的可达性查询不能被正确回答。假设索引不是极小的，即当从 $L_{out}^{\wedge}(u)$ 中去掉一个项时，索引在必要性关系约束 R 下仍能正确回答 u 到 v 的可达性查询。这表明项 $(v, R) \in L_{out}^{\wedge}(u)$ 将被指标中的其他项控制。然而，根据算法 10-2 和引理 10-1，我们很容易发现 NRI 中的任何项都不会被其他项支配，这与上述假设相矛盾。因此，构建的指标 NRI 最小。

2. NRI 建设优化

在介绍基于索引的搜索算法之前，在这一部分，我们首先介绍了 NRI 构造的一些优化技术。根据上述步骤，我们可以发现：一个候选指标项可能由一个已有指标项支配；现有的索引项可能会被候选索引项所支配，这时就需要将被支配的项从索引中移除，并将新的项放入索引中。这些步骤旨在去除索引中的冗余项，但这可能需要耗费大量时间（即算法 10-2 中的第 12—16 行）。为了降低计算成本，我们提出了两种优化策略。

(1) 基于度优先的优化

在构建 NRI 之前，我们基于 $(\deg_{out} + 1) \times (\deg_{in} + 1)$ 对所有顶点进行降序排序。顶点的顺序记为 O，如果 $O(v) < O(u)$，则称 v 比 u 具有更高的优先权。在处理图时，我们优先访问具有较高优先级的顶点。原因是度数较高的顶点 v 往往具有更好的连通性。因此，为 v 构造的指标项更有可能支配更多的其他项，它将提供更好的剪枝能力，并且能够避免在索引中重复地删除/插入项。

(2) 基于队列优先级的优化

根据支配算子的定义，我们可以发现关系数较多的指标项不会被关系数较少的指标项所支配。因此我们提出了一种基于队列优先级的优化方法，其中我们修改了使用的队列 Q，并倾向于处理具有更多关系的项。基于这一机制，我们可以在构建指标时进一步降低删除/插入成本。

（二）基于 NRI 的查询算法

在 NRI 中，$L_{out}^{\wedge}(v)$（或 $L_{in}^{\wedge}(v)$）中的每一个指标项 (v', R) 表示 G 中存在一条从 v 到 v'（或从 v' 到 v）的路，并且满足任意 NRCP $\subseteq R$。给定两个顶点 u、v 和必要性关系约束集 C，如果下列条件之一成立，则称 u 在 C 下可以到达 v，即 $u \xrightarrow[\wedge]{C} v$。

条件一，$\exists (v, R_v) \in L_{out}^{\wedge}(u)$，其中 $C \subseteq R_v$。

条件二，$\exists (u, R_u) \in L_{in}^{\wedge}(v)$，其中 $C \subseteq R_u$。

条件三，$\exists (w, R_w) \in L_{out}^{\wedge}(u)$，$(w', R_{w'}) \in L_{in}^{\wedge}(v)$，其中 $w = w'$ 且 $C \subseteq \{R_w \bigcap R_{w'}\}$。

基于以上三个条件，我们在算法 10-3 中给出了必要性和可达性查询算法。我们用 $V(L_{out}^{\wedge}(v))$ 表示 $L_{out}^{\wedge}(v)$ 中包含的所有顶点的集合，即 $V(L_{out}^{\wedge}(v)) = \{u \in V \mid (u, R) \in L_{out}^{\wedge}(v)\}$ 和 $R_w(L_{out}^{\wedge}(v))$ 表示 $L_{out}^{\wedge}(v)$ 中项 (w, R_w) 的关系集 R_w。我们将 $V(L_{out}^{\wedge}(u))$ 和 $V(L_{in}^{\wedge}(v))$ 中的顶点按照度优先的顺序进行排序，依次遍历 $V(L_{out}^{\wedge}(u))$ 和 $V(L_{in}^{\wedge}(v))$ 中的顶点。如果对于 $L_{out}^{\wedge}(u)$ 的第 i 个顶点 v，我们可以在 $R_v(L_{out}^{\wedge}(u))$ 中找到一个满足 $R \bigcap C = C$ 的关系集 R，那么我们可以直接返回 true（第 5—6 行）。类似地，如果我们可以在 $R_u(L_{in}^{\wedge}(v))$ 中找到一个关系集 R，使得对于 $L_{in}^{\wedge}(v)$ 的第 i' 个顶点 u，有 $R \bigcap C = C$，那么我们也可以返回 true（第 7—8 行）。否则，我们需要找到 $V(L_{out}^{\wedge}(u))$ 和 $V(L_{in}^{\wedge}(v))$ 的公共顶点 w。如果对于公共顶点，我们可以找到一个同时包含在 $L_{out}^{\wedge}(u)$ 和 $L_{in}^{\wedge}(v)$ 中的关系集，那么我们就可以返回 true（第 13—14 行）。否则，在对所有指标项进行处理后返回 false（第 17 行）。

算法 10-3：必要性关系查询算法（u, v, C, O, NRI）

输入：必要性关系索引 NRI，两个顶点 u 和 v，关系约束集 C，顶点顺序 O

输出：约束 C 下从 u 到 v 的关系可达性

---

1. 初始化 $i, i' \leftarrow 1$
2. 当 $i \leqslant |V(L_{\text{out}}^{\wedge}(u))|$ 并且 $i' \leqslant |V(L_{\text{in}}^{\wedge}(v))|$ 时
3. $w \leftarrow V(L_{\text{out}}^{\wedge}(u))$ 中的第 i 个顶点
4. $w' \leftarrow V(L_{\text{in}}^{\wedge}(v))$ 中的第 i' 个顶点
5. 如果 $w = v \wedge \exists R_w \in R_w(L_{\text{out}}^{\wedge}(u)): R_w \cap C = C$，那么
6. 返回 true
7. 否则，如果 $w' = u \wedge \exists R_{w'} \in R_{w'}(L_{\text{in}}^{\wedge}(v)): R_{w'} \cap C = C$，那么
8. 返回 true
9. 否则，如果 $O(w) < O(w')$，那么
10. $i \leftarrow i + 1$
11. 否则，如果 $O(w) > O(w')$，那么
12. $i' \leftarrow i' + 1$
13. 否则，如果 $\exists R_w \in R_w(L_{\text{out}}^{\wedge}(u)): R_w \cap C = C \wedge \exists R_{w'} \in R_{w'}(L_{\text{in}}^{\wedge}(v)): R_{w'} \cap C = C$，那么
14. 返回 true
15. 否则
16. $i \leftarrow i + 1$; $i' \leftarrow i' + 1$
17. 返回 false

例 10-4 重新考虑图 10-2 中的多关系图。对于条件一，给定两个顶点 v_6、v_2 和必要性关系集合 $C = \{r_1 \ r_4\}$。基于表 10-3 中的索引，我们可以得到 $V(L_{\text{out}}^{\wedge}(v_6)) = \{v_2\}$，$R_{v_2}(L_{\text{out}}^{\wedge}(v_6)) = \{r_1 \ r_4\}$，满足条件一，因此我们返回正确的查询结果。对于条件二，给定两个顶点 v_1、v_4 和必要性关系集合 $C = \{r_1 \ r_2\}$。然后，我们可以得到 $V(L_{\text{in}}^{\wedge}(v_4)) = \{v_1, v_2, v_3\}$，$R_{v_2}(L_{\text{in}}^{\wedge}(v_4)) = \{r_1 \ r_2, r_3 \ r_4\}$，满足条件二，因此我们返回正确的查询结果。对于条件三，给定两个顶点 v_6、v_3 和必要性关系集合 $C = \{r_4\}$。我们可以找到 $V(L_{\text{out}}^{\wedge}(v_6))$ 和 $V(L_{\text{in}}^{\wedge}(v_3))$ 的公共顶点 v_2。同时，集合 C 包含在 $R_{v_2}(L_{\text{out}}^{\wedge}(v_6)) = \{r_1 \ r_4\}$ 和 $R_{v_2}(L_{\text{in}}^{\wedge}(v_3)) = \{r_2 \ r_3 \ r_4\}$ 的交集中。那么，从 v_6 到 v_3 的 NRCP 的答案是正确的。

二、基于 ERCP 指标的解决方案

在接下来的讨论中，我们将介绍 ERCP 的存在性关系约束可达指数

(ERI)的结构和相应的搜索算法。

(一)存在性关系约束可达指数

1. ERI 构建

类似于 NRCP,我们构造了一个指标(ERI)来回答 ERCP。对于每个顶点 u,我们构造了 $L_{out}^{\vee}(u)$ 和 $L_{in}^{\vee}(u)$。每个指标项 (v,R) 表示在存在关系约束的情况下,u 在 G 中可达 v 或 v 在 G 中可达 u。为了避免构建索引的穷举法,减少索引规模,我们引入如下两个占优算子。

定义 10-5(存在性关系支配):对于顶点 u,如果在 $L_{out}^{\wedge}(u)$ 或 $L_{in}^{\wedge}(u)$ 中存在两个指标项 (v,R_1)、(v,R_2),使得 $R_1 \subseteq R_2$,则可以说 (v,R_1) 存在关系支配 (v,R_2),或者 (v,R_2) 存在关系支配 (v,R_1)。

定义 10-6(存在性指数占优):对于一个顶点 u 和一个指标项 $(v_1,R_{v_1}) \in L_{out}^{\vee}(u)$ [或 $(v_2,R_{v_2}) \in L_{in}^{\vee}(u)$],如果指标 ERI 中存在两个指标项 $(w,R_1) \in L_{out}^{\vee}(u)$ 和 $(w,R_2) \in L_{in}^{\vee}(v_1)$ [或 $(w,R_1) \in L_{in}^{\vee}(u)$ 和 $(w,R_2) \in L_{out}^{\vee}(v_2)$],使得 $R_{v_1} \supseteq R_1$ 和 $R_{v_1} \supseteq R_2$ [或 $R_{v_2} \supseteq R_1$ 和 $R_{v_2} \supseteq R_2$],那么我们称指标项 (v_1,R_{v_1}) 或 (v_2,R_{v_2}) 是存在性指标控制的。

我们称上述两个占优算子为存在占优。基于上述定义,我们可以去掉由其他项支配的存在性指标项,详细内容如下所示。

引理 10-2:在 ERI 中,如果某个指标项存在其他项占优的情况,可以将其从指标中剔除。

根据存在支配算子的定义,如果索引项 (v_1,R_{v_1}) 被索引顶点 u 的另一项 (v_2,R_{v_2}) 支配,则 $R_{v_2} \supseteq R_{v_1}$。ERC 的要求是,从 u 到 v 的路径上的每个关系集合在关系约束集合 C 中至少包含一组关系,则 u 的存在性可达 v。因此,当 R_{v_2} 包含 R_{v_1} 时,我们可以去掉 (v_1,R_{v_1})。同样,如果一个索引项是存在索引占优的,那么它也可以被跳过。由此,我们可以剔除存在性主导的指标项,正确回答 ERCP 问题。

基于引理 10-2,我们构造了一个给定图的 ERI,具体细节如算法 10-4 所示。在第 3—22 行中构造 $L_{in}^{\vee}(u)$,并将当前具有空关系集的顶点推入初始为第 4—6 行的空队列 Q 中。然后,我们依次处理队列 Q 中的每个项,以检查该项在每次迭代中是否可以存在占优或者存在占优其他项。如果不是,则将该项插入 $L_{in}^{\vee}(v)$ 中(第 7—16 行)。在第 10—11 行中,如果当前项 (u_i, R_v) 被 $L_{in}^{\vee}(v)$ 中已有的索引项控制,那么我们可以跳过 (u_i, R_v),并根据引理 10-2 处理下一个项。如果在 $L_{in}^{\vee}(v)$ 中,项 (u_i, R_v) 能够支配已有的项 (u_i, R),则我们将 (u_i, R) 从指标中移除。否则,我们要将 (u_i, R_v) 直接插入 $L_{in}^{\vee}(v)$ 中(第 12—16 行)。在第 17—22 行中,我们检查当前处理顶点 v 的外邻点 $N_{out}(v)$ 和对应的关系集是否可以被推入 Q 中。如果外邻点 w 已经被处理,则跳过它(第 18—19 行)。否则,将 R_w 设为 R_v 与 $F(v, w)$ 的关系的串联,并在第 20—22 行将 (w, R_w) 推入 Q 中。在第 23 行中,重复第 3—22 行,构造 $L_{out}^{\vee}(v)$。最后完成 n 个顶点的 $L_{in}^{\vee}(v)$ 和 $L_{out}^{\vee}(v)$ 的构造,得到指标 ERI。

算法 10-4:ERI 构建

输入:多重关系图 $G = (V, E, R, F)$

输出:G 的指数 ERI

---

1. 对于所有属于 V 的节点 u 有

2. $L_{in}^{\vee}(u), L_{out}^{\vee}(u) \leftarrow \varnothing$

3. 对于 $1 \leqslant i < n$ 有

4. $u_i \leftarrow$ 第 i 个顶点

5. $Q \leftarrow$ 一个空队列

6. $Q.\text{push}(u_i, \varnothing)$

7. 当 Q 不为空时

8. $(v, R_v) \leftarrow Q.\text{pop}()$

9. 如果 $u_i \neq v$,那么

10. 如果 (u_i, R_v) 是现有指标项主导的存在,那么

11. 继续

12. 否则

13. 对于每个 $(u_i, R) \in L_{in}^{\vee}(v)$ 有

---

14. 如果 (u_i, R) 存在或由 (u_i, R_v) 支配,那么

15. 删除 (u_i, R)

16. $L_{in}^{\vee}(v) \leftarrow L_{in}^{\vee}(v) \bigcup (u_i, R_v)$

17. 对于每个 $w \in N_{out}(v)$ 有

18. 如果 $w \in \{u_1, \cdots, u_{i-1}\}$,那么

19. 继续

20. 对于每一个 $r \in F(v, w)$ 有

21. $R_w \leftarrow R_v \bigcup r$

22. $Q. push(w, R_w)$

23. 重复第 4—22 行,通过在下标 in 和 out 之间切换来构造每个顶点的 $L_{out}^{\vee}$

例 10-5　重新考虑图 10-2 中的多关系图 G 。我们根据算法 10-4 构造了相应的 ERI,ERCP 指数的具体内容如表 10-4 所示。首先,将 $L_{in}^{\wedge}(u)$ 和 $L_{out}^{\wedge}(u)$ 初始化为 $\varnothing$ (第 1—2 行),在第 3—6 行中,对于第一个顶点 u_i (即 v_1),我们将 $(v_1, \varnothing)$ 推入空队列 Q 中。由于从 Q 中跳出的顶点 v_1 是 u_i (第 7—10 行),我们探索了 v_1 的外邻 $\{v_2, v_3, v_5, v_6\}$,并将 $(v_2, \{r_2\})$ 、 $(v_2, \{r_4\})$ 、 $(v_3, \{r_1\})$ 、 $(v_3, \{r_2\})$ 、 $(v_5, \{r_3\})$ 、 $(v_5, \{r_4\})$ 、 $(v_6, \{r_1\})$ 、 $(v_6, \{r_3\})$ 推入空队列 Q 中。在第 7—8 行,我们从 Q 中弹出项 $(v_2, \{r_2\})$,其中 R_v 为 $\{r_2\}$ 。由于当前的空索引结构,项不会支配已有项或被支配,因此可以将 $(v_1, \{r_2\})$ 推入第 9—16 行中的 $L_{in}^{\vee}(v_2)$ 。其次,我们找到 v_2 的外邻,将 $(v_3, \{r_2\})$, $(v_3, \{r_2 r_3\})$, $(v_3, \{r_2 r_4\})$ 和 $(v_6, \{r_2 r_4\})$ 推入 Q (第 17—22 行)中,其中 $(v_3, \{r_2\})$ 中的 $\{r_2\}$ 是 $F(v_2, v_3)$ 中关系的串联, R_v 和其他关系集的推导类似。最后,我们从 Q 中弹出 $(v_2, \{r_4\})$ 。上述步骤迭代进行,直到 Q 为空,此时构造的 $L_{in}^{\vee}(v)$ 对 v_1 来说是完备的。

表 10-4　ERCP 指数

索引顶点	$L_{\text{in}}^{\text{V}}(v)$	$L_{\text{out}}^{\text{V}}(v)$
v_1	—	—
v_2	$(v_1,r_1)(v_1,r_2)(v_1,r_4)$	—
v_3	$(v_1,r_1)(v_1,r_2)(v_1,r_4)(v_2,r_2)(v_2,r_3)(v_2,r_4)$	—
v_4	$(v_1,r_1)(v_1,r_2)(v_1,r_3)(v_1,r_4)(v_2,r_2)(v_2,r_1\ r_3)(v_2,r_1\ r_4)$ $(v_3,r_1)(v_3,r_2)$	—
v_5	$(v_1,r_1)(v_1,r_3)(v_1,r_4)(v_2,r_1\ r_2)(v_2,r_1\ r_3)(v_2,r_1\ r_4)$ $(v_2,r_2\ r_3)(v_3,r_1)(v_3,r_2\ r_3)(v_4,r_1)(v_4,r_3)$	$(v_4,r_3)(v_4,r_4)$
v_6	$(v_1,r_1)(v_1,r_3)(v_1,r_4)(v_2,r_4)$	$(v_2,r_1)(v_2,r_4)$

2. ERI 建设优化

为了降低构建 ERI 的代价,我们提出了两种优化 ERI 的技术,即基于度优先和基于队列优先级的优化。基于度优先的优化与 NRI 指标相同,而基于队列优先级的优化则略有不同。

关于基于队列优先级的优化,与 NRI 不同,在 ERI 中,我们更倾向于处理关系数较少的项目。这是因为,根据存在占优算子的定义,一个关系较少的指标项不会被一个关系较多的指标项所支配。

(二)基于 ERI 的查询算法

对于存在性关系约束的可达性问题,我们给出了算法 10-5 中基于 ERI 的详细算法。查询处理过程与算法 10-3 类似,主要区别在于检查条件的不同。由于篇幅限制,我们在这里省略了伪代码的详细描述。给定两个顶点 u、v 和存在性关系约束集 C,如果下列条件之一成立,那么我们说 u 可以在 C 的约束下到达 v,即 $u \xrightarrow[\text{V}]{C} v$。

算法 10-5:存在性关系查询算法(u,v,C,O,ERI)

输入:存在性关系索引 ERI,两个顶点 u 和 v,关系约束集 C,顶点顺序 O
输出:在关系约束集 C 下 u 到 v 的存在性关系约束可达性

1.初始化 $i,i' \leftarrow 1$

2.当 $i \leqslant |V(L_{\text{out}}^{\vee}(u))|$ 并且 $i' \leqslant |V(L_{\text{in}}^{\vee}(v))|$ 时

3.$w \leftarrow V(L_{\text{out}}^{\vee}(u))$ 中的第 i 个顶点

4.$w' \leftarrow V(L_{\text{in}}^{\vee}(v))$ 中的第 i' 个顶点

5.如果 $w = v \wedge \exists R_w \in R_w(L_{\text{out}}^{\vee}(u)):R_w \cap C = R_w$，那么

6.返回 true

7.否则如果 $w' = u \wedge \exists R_{w'} \in R_{w'}(L_{\text{out}}^{\vee}(v)):R_{w'} \cap C = R_{w'}$，那么

8.返回 true

9.否则如果 $O(w) < O(w')$，那么

10.$i \leftarrow i + 1$

11.否则如果 $O(w) > O(w')$，那么

12.$i' \leftarrow i' + 1$

13.否则如果 $\exists R_w \in R_w(L_{\text{out}}^{\vee}(u)): R_w \cap C = R_w \wedge \exists R_{w'} \in R_{w'}(L_{\text{in}}^{\vee}(v)):R_{w'} \cap C = R_{w'}$，那么

14.返回 true

15.否则

16.$i \leftarrow i + 1$; $i' \leftarrow i' + 1$

17.返回 false

条件四，$\exists (v, R_v) \in L_{\text{out}}^{\vee}(u)$，其中 $C \supseteq R_v$。

条件五，$\exists (u, R_u) \in L_{\text{in}}^{\vee}(v)$，其中 $C \supseteq R_u$。

条件六，$\exists (w, R_w) \in L_{\text{out}}^{\vee}(u)$，$(w', R_{w'}) \in L_{\text{in}}^{\vee}(v)$，其中 $w = w'$ 且 $C \supseteq \{R_w \cup R_{w'}\}$。

例 10-6　重新考虑图 10-2 中的图形，相应的 ERI 指标如表 10-4 所示。给定一个查询 v_6、v_2 和 $C = \{r_1 r_4\}$，我们可以在表 10-4 中找到 $V(L_{\text{out}}^{\vee}(v_6)) = \{v_2\}$，$R_{v_2}(L_{\text{out}}^{\vee}(v_6)) = (\{r_1\}, \{r_4\})$，因为 $R_{v_2}(L_{\text{out}}^{\vee}(v_6)) \subseteq C$，所以满足条件四。对于条件五，给定一个查询 v_1、v_5 和 $C = \{r_1 r_2\}$，可以在 $L_{\text{in}}^{\vee}(v_5)$ 中找到一个项 $(v_1, \{r_1\})$，其满足 $C \supseteq \{r_1\}$。因此，对于这个查询，我们可以返回 true。对于条件六，给定两个顶点 v_6、v_5 和约束 $C =$

$\{r_1 \, r_2\}$。在 $V(L_{\mathrm{out}}^{\mathrm{V}}(v_6))$ 和 $V(L_{\mathrm{in}}^{\mathrm{V}}(v_5))$ 中都可以找到一个公共顶点 v_2。此外，C 包含 $R_{v_i}(L_{\mathrm{out}}^{\mathrm{V}}(v_6)) = (\{r_1\}, \{r_4\})$ 和 $R_{v_i}(L_{in}^{\mathrm{V}}(v_5)) = (\{r_1 \, r_2\}, \{r_1 \, r_3\}, \{r_1 \, r_4\}, \{r_2 \, r_3\})$ 的交集。那么，从 v_6 到 v_5 的 ERCP 查询的答案是正确的。

第四节　实验与分析

一、实验设置

在本节中，我们实现并评估了以下算法。我们将基于 BFS 的方法作为基准，该方法的设置被广泛用于新模型。

OL：NRCP 和 ERCP 的基线在线方法，即算法 10-1。

NRI-C/ERI-C：NRCP/ERCP 的 NRI/ERI 构建算法，即算法 10-2/算法 10-4。

NRI-C * /ERI-C * ：带优化策略的 NRI/ERI 构造算法。

NRCQ/ERCQ：优化了基于索引的 NRCP/ERCP 搜索算法，即算法 10-3/算法 10-5。

我们使用了六个公共网络。表 10-5 显示了实验中数据集的统计情况，按其边数的增加顺序列出。在该表中，n、m、$|R|$ 和 $d_{\max}$ 分别表示节点、边、关系的基数和最大节点度。

表 10-5　数据集统计

数据集	n	m	$|R|$	$d_{\max}$
Aids	31385	64780	5	12
Frankenstein	73283	155068	5	8
Mutagenicity	131488	266894	5	8
Tox21	147772	302188	10	12
DBLP	203954	764512	10	70

续表

数据集	n	m	$|R|$	d_{max}
Twitter	580768	1435116	20	24

表 10-6 显示了实验中使用的参数。数据集大小表示使用数据的百分比。查询类型是指给定的两个查询点是否可以到达。$|C|$ 是查询约束大小相对于总关系大小的基数。度分布表示所选顶点的度分布。

表 11-6 实验参数

实验参数	数值
数据集大小	20,40,60,80,100
查询类型	真,假
$|C|$	20,60,100
度分布	0—30,30—60,60—90

二、指标构建的效率评价

(一)指标构建时间

在图 10-4 和图 10-5 中,我们报告了在所有数据集上使用 NRI-C/ERI-C 和 NRI-C∗/ERI-C∗ 算法构建 NRI/ERI 指标的运行时间。我们可以发现,对于小数据集,如 Aids,由于 NRCP 的严格约束,NRI-C 和 NRI-C∗ 都是非常有效的,但是 NRI-C∗ 仍然比 NRI-C 快。对于较大的数据集,如 DBLP 和 Twitter,优化后的解与未优化的解之间存在明显的差距。例如,在 DBLP 数据集上,ERI-C∗ 可以获得比 ERI-C 更高的加速比。此外,对于相同的数据集,构建 ERI 比构建 NRI 需要的时间更长,因为 ERI 涉及更多的索引项。

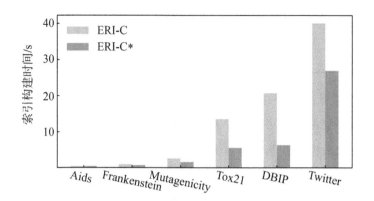

图 10-4　所有数据集上的 ERI 索引构建时间

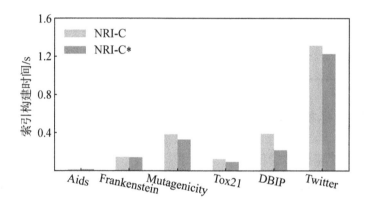

图 10-5　所有数据集上的 NRI 索引构建时间

(二)可扩展性评估

为了验证索引构建算法的可扩展性,我们通过改变图的大小,即节点的大小 n 来进行实验。我们从 DBLP 和 Twitter 中随机选择了排序从 20 到 100 的顶点,并报告了相应的运行时间。图 10-6 和图 10-7 为 NRI 构建结果,图 10-8 和图 10-9 是 ERI 构建结果,可以观察到,优化后的算法在 NRI 和 ERI 的构建中都保持了比基本算法更好的可扩展性。当顶点数量增加时,运行时间也会变长。

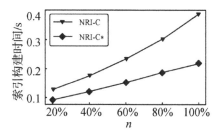

图 10-6 DBLP 通过改变 n 进行 NRI 指标构建的可扩展性评价

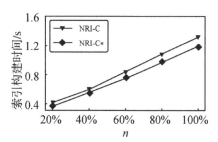

图 10-7 Twitter 通过改变 n 进行 NRI 指标构建的可扩展性评价

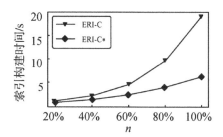

图 10-8 DBLP 通过改变 n 进行 ERI 指标构建的可扩展性评价

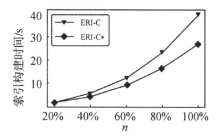

图 10-9 Twitter 通过改变 n 进行 ERI 指标构建的可扩展性评价

三、查询处理的效率评估

(一)评价真假查询处理

给定两个查询点和关系约束,多关系可达性查询的答案既有可能是正确的,也有可能是错误的。为了评估所开发技术的性能,对于 NRCP 上的每个数据集,我们随机生成 10 万个回答为真的查询和 10 万个回答为假的查询。在 20 万个查询中,关系约束的大小 $|C|$ 是分别随机取对应数据集关系基数的 20、60 和 100。我们对 ERCP 使用相同的查询设置。

在表 10-7 和表 10-8 中,我们分别报告了 OL 和 NRCQ 在所有数据集上对真实查询和虚假查询的响应时间,可以看到,NRCQ 的运行速度远远快于 OL,特别是对于较大的图来说,这表明基于索引的方法具有更好的可扩展性。与基准方法相比,NRCQ 可以获得更高倍的加速比。当关系约束大小(即 $|C|$)变大时,算法的运行速度加快。这是因为,对于较大的 $|C|$,查询变得更加严格,并且可以跳过更多的搜索分支。对比表 10-7 和表 10-8 中的结果,当查询答案为假时,NRCQ 的响应时间变长。这是因为,当答案为假时,我们将探索对应查询顶点的所有索引项。

表 10-7　NRCP 的真实查询响应时间

单位:ms

数据集	20 OL	NRCQ	60 OL	NRCQ	100 OL	NRCQ
Aids	23.8	11.0	19.4	11.0	18.1	10.6
Frankenstein	26.3	6.4	23.9	8.0	22.9	8.9
Mutagenicity	32.5	6.7	28.8	9.1	27.8	1.0
Tox21	35.1	15.6	32.5	17.0	30.5	14.5
DBLP	54.6	26.4	44.2	23.6	39.3	19.2
Twitter	162.2	8.1	154.5	6.8	149.4	5.9

表 10-8 NRCP 的虚假查询响应时间

单位:ms

数据集	20 OL	NRCQ	60 OL	NRCQ	100 OL	NRCQ
Aids	17.4	13.6	16.6	13.9	16.6	13.7
Frankenstein	23.9	21.8	23.4	21.7	23.2	21.5
Mutagenicity	29.8	26.3	29.0	26.3	28.8	26.2
Tox21	30.7	19.7	30.4	20.4	32.4	19.6
DBLP	39.6	27.4	38.7	27.0	44.1	27.2
Twitter	167.9	18.9	167.5	19.1	173.7	18.8

在表 10-9 和表 10-10 中,我们分别报告了 OL 和 ERCQ 在所有数据集上对真实查询和虚假查询的响应时间,从图中可以观察到与 NRCP 类似的趋势。ERCQ 比基线方法快得多,加速比高达 36 倍。对于虚假查询,ERCP 的处理时间大于 NRCP,这是因为在 ERI 中,每个顶点通常涉及更多的索引项。

表 10-9 ERCP 真实查询的响应时间

单位:ms

数据集	20 OL	ERCQ	60 OL	ERCQ	100 OL	ERCQ
Aids	20.0	19.4	44.3	19.7	87.6	18.8
Frankenstein	20.6	6.8	32.2	7.7	74.1	10.1
Mutagenicity	25.3	8.0	46.5	8.7	80.4	12.2
Tox21	37.9	27.5	85.2	27.6	88.4	21.9
DBLP	70.9	30.3	102.0	19.5	94.1	14.9
Twitter	168.8	7.5	163.2	4.9	159.4	4.4

表 10-10 ERCP 虚假查询的响应时间

单位:ms

数据集	20 OL	ERCQ	60 OL	ERCQ	100 OL	ERCQ
Aids	51.6	28.6	79.5	28.7	99.8	29.2

续表

数据集	20 OL	ERCQ	60 OL	ERCQ	100 OL	ERCQ
Frankenstein	56.6	38.6	71.6	38.5	78.9	38.7
Mutagenicity	78.3	53.3	103.4	52.9	114.4	53.1
Tox21	72.3	43.0	83.5	42.7	71.5	42.3
DBLP	137.0	30.6	138.3	30.6	141.4	29.9
Twitter	192.7	24.4	192.2	24.6	192.4	24.8

(二)通过不同程度的分布进行效率评价

在这一部分中,我们评估了查询顶点的度分布的影响。对于每个数据集,我们根据顶点的度进行排序,并将顶点分为三组,每组分别由度排序为0—30、30—60 和 60—90 的顶点组成。对于两个查询顶点,我们分别从相同和不同的组合中进行选择。对于每个设置,我们随机生成 1 万个具有真或假答案的查询。我们在两个最大的数据集 DBLP 和 Twitter 上进行实验。结果如表 10-11 至表 10-14 所示。

表 10-11　基于度分布的 NRCP 在 DBLP 上的响应时间

单位:ms

DBLP	0—30 OL	NRCQ	30—60 OL	NRCQ	60—90 OL	NRCQ
0—30	30.6	23.4	30.6	21.4	30.4	23.3
30—60	30.8	22.2	30.5	22.5	30.4	20.8
60—90	31.1	22.7	31.2	23.3	31.2	22.6

表 10-12　基于度分布的 NRCP 在 Twitter 上的响应时间

单位:ms

Twitter	0—30 OL	NRCQ	30—60 OL	NRCQ	60—90 OL	NRCQ
0—30	174.9	16.9	173.1	16.9	177.6	16.9
30—60	178.4	16.7	179.0	17.5	173.9	17.0
60—90	184.3	16.9	185.7	16.9	185.1	17.8

表 10-13　DBLP 上基于度分布的 ERCP 响应时间

单位:ms

DBLP	0—30 OL	ERCQ	30—60 OL	ERCQ	60—90 OL	ERCQ
0—30	125.5	26.0	125.5	24.1	125.2	24.1
30—60	124.6	25.8	124.0	26.5	124.1	23.5
60—90	125.7	25.2	124.5	25.7	125.0	26.3

表 10-14　Twitter 上基于度分布的 ERCP 响应时间

单位:ms

Twitter	0—30 OL	ERCQ	30—60 OL	ERCQ	60—90 OL	ERCQ
0—30	193.2	22.2	193.6	21.7	187.5	21.0
30—60	193.2	21.3	190.0	22.6	193.0	21.1
60—90	20.5	21.5	197.0	21.4	20.6	22.1

可以看出,基于索引的解决方案明显快于在线方法。

实验结果表明,与基准的在线搜索方法相比,基于索引的策略可以获得高达 36 倍的加速比。然而,它需要额外的成本来构建和存储索引。在线搜索框架对于动态设置更加友好。因此,用户在选择合适的算法时,可以在效率和空间成本之间进行权衡。

第五节　本章小结

针对现有的可达性查询研究大多假设边上不存在或仅存在一种关系的问题,本章提出并研究了多关系图中的可达性问题。我们定义了必要性关系约束可达性和存在性关系约束可达性问题。给定两个查询点 u 和 v,我们的目标是准确而快速地回答可达性问题。本章的贡献如下:

第一,基线在线搜索框架的提出。我们提出了一个基于 BFS 方法的基线在线搜索框架。这种基线方法对于每个查询都是要从头搜索整个图,其时间复杂度与图的大小呈线性关系。然而,这种方法在处理大型图和大量查询时会面临挑战。实际应用中的不同用户可能有不同的需求,而基线方法很难同时满足这些需求。

第二,基于索引的解决方案的提出。为了解决大型网络的查询效率问题,我们提出了基于索引的解决方案,主要通过扩展 2 跳覆盖框架来实现。这种解决方案允许我们通过仅访问两个查询节点的索引项来回答每个查询。相比基线方法,基于索引的方法具有更快的查询响应速度。此外,我们还证明了所提出的索引是最小的,这意味着删除索引实体将导致对某些查询的错误回答。这个证明进一步验证了我们方法的有效性和准确性。

第三,索引构建优化策略的引入。为了进一步提高指标构建的效率,我们提出了一些优化技术。这些技术包括基于度优先和基于队列优先级的优化策略。通过采用这些优化策略,我们能够有效地构建索引和处理查询,从而提高整体性能和效率。这些优化技术在实验中得到验证,并取得了显著的效果提升。

通过在六个数据集上进行综合实验,我们验证了我们所开发的技术的效率和有效性。实验结果表明,基于索引的解决方案在查询响应速度方面比基线方法快得多。此外,我们的索引构建技术在性能方面也表现出色,实现了指标构建速度的显著提升。

在未来的研究中,我们将考虑分布式的解决方案,以便处理更大规模的网络和更多的关系。分布式解决方案可以进一步提高查询的处理能力和扩展性,使我们能够处理大型网络中的复杂查询需求。这将是未来研究的一个重要方向。

第十一章　社交推荐场景下的加权二分图中的内聚子图识别

电子商务领域每日产生的数据量巨大且类型繁多,然而数据的海量性、多样性和动态变化对传统的数据处理和推荐算法提出了严峻挑战,如何从海量且不断变化的数据中准确、高效地提取用户偏好,并据此做出精准推荐,成为亟待解决的关键问题。针对这一问题背景,本章提出了一种考虑边权重的 (k, ω)-core 紧密子图模型,以深入挖掘和理解用户偏好。该方法通过分析用户交互的频率和强度(即边的权重),能够更细致地捕捉用户的偏好。为了处理海量数据并提高检索系统的响应速度,本章针对在大规模图数据中处理大量的图和查询问题的场景,提出了多种有效的优化技术以帮助提升索引构建阶段效率;同时针对不同索引构建方法,提出了相应的查询处理技术,以提高针对大规模和动态变化的图数据的查询能力;此外,我们还提出了 RowIndex(行索引)、OptionIndex(选项索引)、UnionIndex(联合索引)三种索引智能压缩策略,以减少索引所需的存储空间,显著降低系统的运行成本。本章在推荐系统常用的六个真实世界数据集上进行了广泛的实验研究,验证了所提出的方法相比基线的优越性。

第一节　问题提出

我们正生活在一个数据爆炸的时代,每天都有海量的数据生成和被收集。这些数据来自社交媒体、电子商务网站、移动应用、物联网设备等,其体量巨大、类型多样、更新速度快。大数据的这些特性为各行各业，尤其是电子商务领域提供了前所未有的机遇。

在电子商务快速发展的今天，个性化产品推荐已成为提升用户体验、增加用户黏性和促进销售的重要手段。通过分析用户的购买历史、浏览行为、偏好设置等数据，推荐系统可以向用户推荐他们可能感兴趣的商品或服务，大大提高购物效率和满意度。

然而，海量的数据给存储、处理和分析带来了巨大的挑战。传统的数据处理技术往往难以应对如此庞大的数据集，这也导致推荐系统的效率和响应速度大大降低。电子商务中的数据类型极其丰富，包括用户的基本信息、交易记录、产品描述、用户评价等。此外，由于产品众多且用户兴趣广泛，用户与产品之间的交互记录往往非常稀疏，这增加了挖掘用户偏好和产品特性的难度。市场趋势、用户偏好、产品信息等都在不断变化，这要求推荐系统能够实时捕捉这些变化，并快速适应，以提供最相关的推荐。而如今的紧密子图模型中都未对边的权重进行深入的研究。在进行大数据分析时，常常只考虑用户是否购买了产品，而这可能不足以准确反映用户的真实偏好。边权重（例如购买频率）提供了更深层次的洞察，能够更精确地挖掘和理解用户的偏好。通过分析边权重，推荐系统可以识别出用户更频繁交互的产品，从而提高推荐的相关性和准确性。这种方法可以确保推荐不仅仅基于随机或表面的交互，而是基于用户的实际购买行为和偏好。例如，在许多产品推荐场景中，长尾效应非常显著，即大量的产品只有少量的人购买。通过分析边权重，推荐系统可以识别出虽然不是热门产品但也有一定群体偏好的产品，从而为发现用户潜在的兴趣点提供机会。

同时，面对图数据规模和复杂性的急剧增加，图查询的耗时和索引构建所需的存储空间成了显著的瓶颈。随着节点和边数量的激增，复杂的查询操作（如图遍历和模式匹配），尤其是在需要实时响应的应用中，长时间的查询处理严重影响了系统的性能和用户体验。同时，为了加速这些查询，所需构建的索引结构往往需要存储大量辅助信息，如邻接关系和路径信息等，这不仅占用了大量的存储空间，也增加了索引维护和更新的成本。

二分图被广泛应用于真实世界中，用于模拟不同类型实体间的复杂关系,例如顾客—产品网络和作者—论文合作网络(Chen et al. ,2021;Wang et al. ,2021)。二分图 $G = (L,R,E)$ 由两组不相交的节点组成,即 L 和 R。此外,只有不同集合的节点之间可以形成连接。

例如,图 11-1 展示了一个顾客—产品二分图的例子,其中边代表购买关系。左层 L 是一组顾客,右层 R 由一组被购买的产品组成。顾客组 L(或产品组 R)之间没有边。紧密子图识别作为图分析中的一个基本问题,在文献中被广泛研究(Chen et al. ,2021;Sun et al. ,2020)。对于二分图,学界已经提出了各种紧密子图模型来识别重要结构,如 (α,β)- core、bitruss(一种在二分图中定义的子图)和 Biclique(模型)。Biclique 是最紧密的模型,要求内部的节点完全连接。然而,计算复杂性使得它在许多时间效率应用中难以应用。Poernomo 和 Gopalkrishnan(2019)采用蝴蝶动机,即(2, 2)-Biclique 来研究二分图的紧密性。二分图的 (α,β)-core 可以在线性时间内计算。尽管二分图在分析复杂网络,特别是顾客—产品关系方面取得了显著进展,但大多数方法忽视了边权重的作用,未能充分利用用户交互的深度信息。此外,这些方法在处理大规模数据集时往往效率低下,难以实现实时推荐。

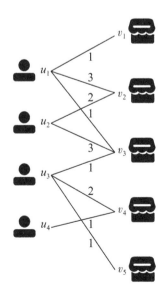

图 11-1 客户—产品网络的加权二分图(边权重表示客户购买产品的次数)

本章旨在解决如何在大数据环境下有效利用类似顾客—产品的二分图中的边权重信息,来识别紧密且频繁的子图,从而实现更准确和个性化的产品推荐。我们将探讨一种新的算法框架,该框架不仅能够高效处理大规模的二分图数据,还能充分挖掘边权重所蕴含的深层次信息,以提高推荐的准确性和个性化程度。

同时为了理解权重信息,本章提出了一个新颖的模型,即 (k,ω)-core,来检测联系密集、频繁的社区,确保左层的节点有足够多的邻居,并且右层的节点有足够的权重。该模型不仅考虑了节点的度(即邻居的数量),还考虑了边的权重,因此能够更准确地识别出真正有意义的紧密子图。例如,在顾客—产品网络中(见图 11-1),每条边被分配了一个权重,用以反映顾客和产品之间的频率,而频率表示顾客购买产品的次数。对此,我们给定一个二分图,(k,ω)-core 是其中最大的子图,并且 L(或 R)中的每个节点至少有 k 个邻居(或 ω 的权重)。节点的权重是其每条相邻边的权重之和。例如,重新考虑图 11-1 中的图,产品 $\{v_1,v_2,v_3,v_4,v_5\}$ 的权重是 $\{1,5,5,3,1\}$,由 $\{u_1,u_2,u_3,v_2,v_3,v_4\}$ 组成的子图是一个 $(2,2)$-core。节点 $\{u_4,v_1,v_5\}$ 被排除在 $(2,2)$-core 之外,因为顾客 $\{u_4\}$ 没有购买足够多的不同产品,而产品 $\{v_1,v_5\}$ 没有被多次购买。

我们还提出了有效的优化技术来改进索引构建阶段,这些技术旨在减少索引的空间占用,并提高其构建和更新的效率。一种直接的解决方案是计算所有可能的 (k,ω)-core 并维护所有结果。然而,这将因多次访问相同的子图而产生巨大的计算成本。因此,在大图上计算所有 (k,ω)-core 的时间成本变得难以承受。为了降低成本,本章通过考虑子图的密度和频率,提出了三种不同的索引构建策略,即 RowIndex、OptionIndex 和 UnionIndex。本章还提供了使用这三种索引结构的相应查询算法。以确保在构建空间高效的索引和支持高效—可扩展的查询处理之间取得平衡。基于以上策略与方法,本章最终通过在真实世界的数据集上进行广泛的实验来验证所提出的算法的优势。结果表明,基于索引的算法显著优于基线算法。此外,用户可以在选择这三种策略时对时间和空间成本进行权衡。

第二节 相关理论与文献分析

一、加权二分图理论

我们用 $G = (L, R, E, W)$ 来表示一个加权二分图,其中,G 中的节点被划分为两个不相交的集合 L 和 R,并且来自 $E \subseteq L \times R$ 的每条边能够连接 L 和 R 中的两个节点。我们用 $n = |L| + |R|$ 和 $m = |E|$ 来表示节点和边的数量。$N(u)$ 是 G 中 u 的相邻节点集合,也称为 u 在 G 中的邻居集。节点 $u \in L$ 的度数可以表示为 $d(u)$,其是 G 中 u 的邻居数量。

对于每条边 $e(u, v)$,我们分配一个正权重 $w(u, v) \in W$,将其定义为边 $e(u, v)$ 的频率。节点 $v \in R$ 的权重可以表示为 $w_t(v) = \sum_{u \in N(v)} w(u, v)$,即其每条相邻边的权重之和。我们使用 $k_{max} = \max\{d(u) \mid u \in L\}$ 和 $\omega_{max} = \max\{\omega(v) \mid v \in R\}$ 来分别表示 G 中节点的最大度数和权重。给定二分图 G 和两个节点集 $L' \subseteq L$ 和 $R' \subseteq R$,由 L' 和 R' 诱导的二分子图是 G 的子图 G',能够使得 $E' = E \cap (L' \times R')$。

为了评估加权二分子图中社区的紧密性和频率,我们求解节点集 L 中的最小度数和节点集 R 中的最小权重。具体来说,对于一个诱导子图,我们要求 L' 中的节点的度数至少为 k,并且 R' 中的节点的权重不低于 ω。

定义 11-1 给定一个加权二分图 $G = (L, R, E, W)$ 和两个查询参数 k 与 ω,诱导子图 $S = (L', R', E', W')$ 是 G 的 (k, ω)-core,可以表示为 $C_{k, \omega}$,S 满足:

第一,度数约束。对于 L' 中的每个节点 u,它的度数至少为 k,即 $d(u, S) \geqslant k$。

第二,权重约束。对于 R' 中的每个节点 v,它的权重不低于 ω,即 $\omega_t(v, S) \geqslant \omega$。

第三,最大性。任何超图 $S' \supsetneq S$ 都不是 (k, ω)-core。

示例 11-1 图 11-1 是一个用于模拟顾客—产品关联的加权二分图。它由两层节点组成,左层的四个节点表示顾客,右层的五个节点表示产品。节点之间的边代表购买关系,边的权重反映了购买频率。给定查询参数 $k = 2$ 和 $\omega = 4$,我们可以得到 $C_{2,4}$ 由节点 $\{u_1, u_2, v_2, v_3\}$ 组成。

为了简单起见,我们将加权二分图称为图,并在上下文明确时省略 G、S 的标记。在下面的引理 11-1 中,我们展示了 (k, ω)-core 具有的嵌套属性。基于定义 11-1 很容易验证引理 11-1 的正确性,故我们在此不再赘述。

引理 11-1 给定一个加权二分图 G,如果 $k_0 \geqslant k$ 且 $\omega_0 \geqslant \omega$,则将 (k', w')-core 嵌套到 (k, ω)-core 中,即 $C_{k',w'} \subseteq C_{k,\omega}$。

示例 11-2 如示例 11-1 所示,$C_{2,4}$ 由节点 $\{u_1, u_2, v_2, v_3\}$ 组成。假设 $k = 2$ 和 $\omega = 2$,我们可以发现 $C_{2,2}$ 包含 $C_{2,4}$,即 $C_{2,2} = \{u_1, u_2, u_3, v_2, v_3, v_4\} \supseteq C_{2,4}$。

问题 11-1 给定一个加权二分图 G 和两个查询参数 k 与 ω,我们的目标是设计算法来正确和高效地计算 (k, ω)-core 模型。

二、紧密子图识别研究现状

图被广泛用于模拟实体之间的复杂关系。作为一种特殊的图,许多真实生活系统都被建模为二分图,如作者—论文网络、顾客—产品网络和基因共表达网络。二分图分析非常重要,并且受到了广泛关注。Guillaume 和 Latapy(2004)展示了所有复杂网络都可以被视为共享一些重要统计特征的二分结构,如度分布。Kannan 等(1999)利用简单的马尔可夫链解决了生成具有给定度序列的标记二分图的问题。

紧密子图识别是图分析中的一个基本问题,相关研究提出了不同的模型,如 k-core、k-truss 和 clique。由于二分图的独特属性,许多研究致力于为二分图设计和构建紧密子图模型,如 (α, β)-core、bitruss 和 Biclique。Ahmed 等(2007)最先正式提出并研究了 (α, β)-core 模型。有学者进一步扩展了线性 k-core 挖掘算法用以计算 (α, β)-core。Wang 等(2021)将影响属性与 (α, β)-core 结合起来进行社区检测。考虑到结构属性,Zou 等

(2016)提出了 bitruss 模型,其中社区中的每条边至少包含在 k 个节点中。为了进一步研究二分图中的聚类能力,Robins 和 Alexander(2004)用(2,2)-Biclique 来模拟凝聚力。Lyu 等(2020)提出了一种渐进方法来加速 Biclique 的计算。正如我们所看到的,以前的研究没有利用权重因素进行紧密子图识别。因此,在本章中,我们提出了利用 (k,ω)-core 来捕获二分网络分析的权重属性。尽管我们可以用扩展 (α,β)-core 的计算过程来识别 (k,ω)-core,但它不能有效地处理大型图和不同的参数。因此,在本章中,我们提出了基于索引的解决方案,采用不同的优化策略来解决这个问题。

第三节　方法构建

在详细介绍算法之前,图 11-2 展示了本章提出的技术总体框架。为了识别 (k,ω)-core,我们开发了一个在线解决方案。为了高效处理大型网络和不同的输入参数,我们进一步提出了基于索引的解决方案。基于索引的解决方案包括两个阶段:索引构建阶段和查询阶段。此外,我们还通过提出不同的优化技术,以确保在索引构建时间和索引空间之间保持平衡。

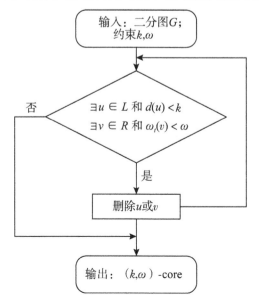

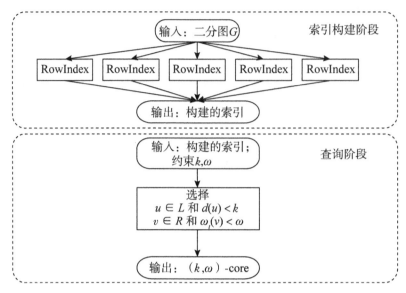

图 11-2 在线和基于索引的解决方案的一般框架

对于在线解决方案,我们引入了一种基准算法,名为 GCore,其是通过扩展 (α,β)-core 计算的解决方案。GCore 的主要思想是迭代移除 L 中度数小于 k 的节点和 R 中权重小于 ω 的节点。直到 G 的大小保持不变时 GCore 终止,即没有违反约束的节点。然后,输出剩余的图作为 (k,ω)-core。详细内容如算法 11-1 所示。在第 2—5 行,我们检查 L 中节点的度数约束。对于每个 $d(u) < k$ 的节点 $u \in L$,我们将其与其相邻边一起移除。之后,我们更新 $N(u)$ 中节点 v 的权重,即从总权重 $w_t(v)$ 中减去相应移除边 $e(u,v)$ 的权重。在第 6—9 行,我们检查 R 中节点的权重约束。对于每个 $w_t(v) < \omega$ 的节点 v,我们将其与其关联边一起移除。相应地,我们对每个 $u \in N(v)$ 减少值为 1 的度数,这可能导致节点违反度数约束。直到两个约束都得到满足时算法终止,并最终返回 G 的 (k,ω)-core。

算法 11-1:生成 (k,ω)-core

输入:二分图:$G = (L,R,E,W)$;度数约束:k;权重约束:ω

输出:G 的 (k,ω)-core

1. 当 $\exists u \in L$，$d(u) < k \lor \exists v \in R$，$w_t(v) < \omega$ 时

2. 对于每个 $d(u) < k$ 的 $u \in L$

3. 对于每个 $v \in N(u)$

4. $w_t(v) \leftarrow w_t(v) - w(u,v)$

5. $L.\operatorname{remove}(u)$

6. 对于每个 $w_t(v) < \omega$ 的 $v \in R$

7. 对于每个 $u \in N(v)$

8. $d(u) \leftarrow d(u) - 1$

9. $R.\operatorname{remove}(v)$

10. 返回 G

算法 11-1 的时间复杂度与图的大小呈线性关系。然而，正如前文所讨论的，该方法仍然不可接受，尤其是对于大型图和查询来说。

一、基于索引的解决方案

对于每个输入参数，算法 11-1 都需要从头开始计算 (k,ω)-core，这不仅耗时长，而且不能支持大量查询。为了解决这些问题，本节开发了基于索引的算法，其主要思想是有效地在索引中组织所有的 (k,ω)-core，以便能够高效地回答查询。首先提出一个基线解决方案。为了加快基线处理的速度，我们设计了一个时间改进的解决方案。然后开发几种新颖的索引结构以减少存储空间。

(一)基线解决方案

直观朴素的基于索引的算法是通过重复使用 GCore 算法来计算所有的 (k,ω)-core，然后将它们全部存储在索引中。因此，对于任何给定的查询参数，我们可以快速返回 (k,ω)-core。具体来说，我们将所有的 (k,ω)-core 组织集中在一个二维索引中。也就是说，(k,ω)-core 中的节点都存储在 (k,ω)-cell 中，其中 (k,ω)-cell 位于索引的第 k 行和第 ω 列（$0 \leqslant k \leqslant k_{\max}$，$0 \leqslant \omega \leqslant \omega_{\max}$）。过程会一直持续直到找到所有可能的 (k,ω)-core。因

此,我们可以根据单元的二维位置立即获得任何给定的一对参数 k 和 ω 的 (k,ω)-core。

表 11-1 展示了图 11-1 中的索引示例。例如,$(1,1)$-core 中的节点集 $\{u_1,u_2,u_3,u_4,v_1,v_2,v_3,v_4,v_5\}$ 都存储在 $(1,1)$-cell 中。要想查询 $(1,1)$-core,我们只需要访问 $(1,1)$-cell。因此,$Q_{1,1}$ 可以在最优的时间内轻松解决,其时间复杂度为 $O(1)$。

表 11-1　索引构建示例

k/ω	1	2	3	4	5
1	$u_1,u_2,u_3,u_4,$ v_1,v_2,v_3,v_4,v_5	$u_1,u_2,u_3,u_4,$ v_2,v_3,v_4	$u_1,u_2,u_3,u_4,$ v_2,v_3,v_4	$u_1,u_2,u_3,$ v_2,v_3	$u_1,u_2,u_3,$ v_2,v_3
2	$u_1,u_2,u_3,$ v_1,v_2,v_3,v_4,v_5	$u_1,u_2,u_3,$ v_2,v_3,v_4	$u_1,u_2,$ v_2,v_3	$u_1,u_2,$ v_2,v_3	
3	$u_1,u_3,$ v_1,v_2,v_3,v_4,v_5				

(二)时间改进方法

基线索引方法耗时长,因为我们需要一个接一个地计算所有可能的 (k,ω)-core。由于 (k,ω)-core 的嵌套属性,许多子图将被多次重复计算。为了减少时间消耗,我们采用了时间改进的解决方案,即避免不必要的 (k,ω)-core 计算。在详细介绍方法之前,我们首先引入 $\omega_{\max,k}(u)$ 的概念以帮助呈现算法。

定义 11-2　给定一个加权二分图 $G=(U,E,W)$,其中 $U=R\cup L$,并给定一个特定的值 k,对于 U 中的每个节点 u,$\omega_{\max,k}(u)$ 表示的是包含 u 的 (k,ω)-core 的 ω 的最大值。

对于 U 中的节点 u 和一个特定的值 k,根据定义 11-2,我们知道 $(k,\omega_{\max,k}(u))$-core 包含 u。根据引理 11-1 中的 (k,ω)-core 的嵌套属性,我们可以推断 $(k,\omega_{\max,k}(u))$-core 也包含在 G 的 (k,ω)-core 中,其中 ω 不大于 $\omega_{\max,k}(u)$。因此,在构建索引结构的过程中存在许多冗余计算。为了解决上述问题,我们设计了一种改进的基于索引的算法。给定一个图 G 和一个整数 k,我们首先计算每个节点 $u\in U$ 的 $\omega_{\max,k}(u)$,然后将 u 存储在 $(0\leqslant$

$\omega \leqslant \omega_{\max,k}(u))$ 的 (k,ω)-cell 中。注意,我们将所有节点存储在特定输入 k 的行中。详细内容如算法 11-2 所示。

算法 11-2:计算行 (k,G)

输入:二分图: $G = (L,R,E,W)$

输出:构建的索引

1.初始化 $\text{Row}[] \leftarrow \varnothing, \omega \leftarrow 1$

2.$G' = (L',R',E',W') \leftarrow$ 生成 $(k,0)$-core

3.当 G' 不为空时

4.当 $\exists u \in L' : d(u) < k \lor \exists v \in R' : w_t(v) < \omega$ 时

5.对于每个 $d(u) < k$ 的 $u \in L'$

6.对于每个 $v \in N(u)$

7.$w_t(v) \leftarrow w_t(v) - w(u,v)$

8.$L'.\text{remove}(u)$

9.对于 $i = 0$ 到 $\omega - 1$

10 将 u 放入 $\text{Row}[i]$

11.对于每个 $w_t(v) < \omega$ 的 $v \in R'$

12.对于每个 $u \in N(v)$

13.$d(u) \leftarrow d(u) - 1$

14.$R'.\text{remove}(v)$

15.对于 $i = 0$ 到 $\omega - 1$

16.将 v 放入 $\text{Row}[i]$

17.$\omega \leftarrow \omega + 1$

18.返回 Row

在算法 11-2 中,我们首先将 Row 初始化为空且令 ω 为 1(第 1 行)。然后,我们使用 GCore 算法生成 $(k,0)$-core 作为候选子图。在第 5—10 行中,如果节点 $u \in L'$ 违反了度数约束,那么我们将其与其相邻边一起移除,并更新 R' 中也包含在 u 的邻居集中的节点 v 的权重。在获得 $\omega_{\max,k}(u)$ 后,

我们将节点 u 放入 Row[i] 中,其中 $0 \leqslant i \leqslant \omega_{\max,k}(u)-1$。同样,我们需要检查权重约束。在第 11—16 行中,如果节点 $v \in R'$ 不满足权重约束,那么我们用 1 来减少 v 内邻居集中节点 u 的度数。接下来,我们获得 $\omega_{\max,k}(v)$ 并将节点 v 放入 Row[i] 中,其中 $0 \leqslant i \leqslant \omega_{\max,k}(v)-1$。我们继续迭代直到 G' 中的所有节点都被移除。最后,我们返回给定特定 k 的结果索引 Row。注意,我们可以通过不同的 k 值重复调用算法 11-2,以此来获得整个图的索引结构。

尽管时间改进方法可以加快处理速度,但大索引存储成本对于大型图来说是难以接受的。这是因为一个节点可以因嵌套属性而存储在多个单元中。例如,给定一个固定的 $k = 1$,$(1,3)$-cell 中的节点也将存储在 $(1,1)$-cell、$(1,2)$-cell 和 $(1,3)$-cell 中。同理,对于一个特定的 ω,计算列索引时也存在相同的问题。

二、高级索引结构

如上所述,基线索引方法存在存储空间问题。为了在不牺牲太多效率的情况下缩小索引空间,我们引入了三种新颖的索引结构:第一,RowIndex。通过利用 (k,ω)-core 的嵌套属性,我们压缩索引的每一行。第二,OptionIndex。通过比较行和列压缩的大小,我们可以选择更好的压缩方向。第三,UnionIndex。通过同时考虑行和列压缩,我们对索引的单元进行联合操作。此外,我们还介绍了相应的查询算法。

(一)RowIndex

根据引理 11-1 中的嵌套属性,我们知道 $C_{k,\omega}$ 总是 $C_{k,\omega-1}$ 的子集。因此,我们采用 RowIndex,通过压缩索引的行来避免多次存储单个节点。给定一个特定的 k,我们说所有的 $(k,*)$-cell 都在第 k 行,其中符号 $*$ 代表 ω 的任何可能值。RowIndex 和前文提出的索引结构的主要区别在于,我们只将每个节点 $u \in U$ 存储在 $(k,\omega_{\max,k}(u))$ 单元中,而不是将其放入 (k,ω_i)-cell 中,其中 $0 \leqslant \omega_i \leqslant \omega_{\max,k}(u)$。因此,我们最多只需要在索引的每一行中存储每个节点一次,这可以节省节点的冗余副本空间。同时,我们还将缩减方向

（即"→"）记录在缩减方向表中。由于 RowIndex 的运行过程比较容易理解，我们在此省略了伪代码。

　　RowIndex 查询算法的运行过程如下：给定查询参数 k 和 ω，我们首先定位 (k,ω)-cell。然后收集 (k,ω_i)-cell 中包含的所有节点，其中 $\omega \leqslant \omega_i \leqslant \omega_{max}$，并将它们一起输出作为结果 (k,ω)-core。

　　示例 11-3　如表 11-1 所示，对于 $k=1$，$(1,1)$-cell 包含的节点 $\{u_1, u_2, u_3, u_4, v_1, v_2, v_3, v_4, v_5\}$ 可以压缩到 $(1,3)$-cell 和 $(1,5)$-cell 中。也就是说，节点 u_4、v_4 只需要保存在 $(1,3)$-cell 中，节点 u_1、u_2、u_3、v_2、v_3 只需要存储在 $(1,5)$-cell 中。因此，$(1,1)$-cell 中只存储剩余的节点 v_1 和 v_5。显然，RowIndex 节省了大量的空间。当查询 $(2,3)$-core 时，我们首先定位 $(2,3)$-cell 并一起输出 $(2,3)$-cell 和 $(2,4)$-cell 中的节点。因此，我们有 $C_{2.3} = \{u_1, u_2, v_2, v_3\}$。

（二）OptionIndex

　　如上所述，RowIndex 利用嵌套属性减少了每个节点在索引的每一行中的冗余存储。类似地，我们可以构建 ColumnIndex 并以同样的方式压缩索引的每一列，它也享有同样的空间成本。对于某些单元，列压缩可能会比行压缩节省更多空间。也就是说，某些单元的列压缩可能对空间节省的贡献更大。受此启发，我们设计了 OptionIndex 结构，通过逐个遍历所有单元来构建。具体来说，当访问一个特定的单元时，我们首先比较不同压缩方向（即 RowIndex 或 ColumnIndex）的压缩大小，然后选择可以节省更多空间的一个。例如，在表 11-1 中，我们使用 RowIndex 将 $(1,1)$-cell 压缩到 $(1,2)$-cell 中，压缩方向为"→"，压缩大小为 7。此外，我们使用 ColumnIndex 将 $(1,1)$-cell 压缩到 $(2,1)$-cell 中，压缩方向为"↓"，压缩大小为 8。由于 ColumnIndex 为 $(1,1)$-cell 节省的空间比 RowIndex 多，因此我们选择 ColumnIndex 并将 $(1,1)$-cell 压缩到 $(2,1)$-cell 中。同样，我们为 $(1,4)$-cell 选择 RowIndex，因为 RowIndex 节省的空间为五个节点，而 ColumnIndex 节省的空间为四个节点。OptionIndex 的构建过程的详细信息如算法 11-3 所示。

算法 11-3：OptionIndex 构建算法

输入：二分图：$G = (L, R, E, W)$

输出：构建的索引

---

1. 初始化 index $[\ ][\ ] \leftarrow \varnothing$，shrink $[\ ][\ ] \leftarrow \varnothing$

2. $c\text{Row}[\ ] \leftarrow$ 计算行 $(0, G)$

3. 对于 $k = 0$ 到 $k_{\max} - 1$

4. $n\text{Row}[\ ] \leftarrow$ 计算行 $(k + 1, G)$

5. 对于 $\omega = 0$ 到 $\omega_{\max}$

6. $rs \leftarrow +\infty$，$cs \leftarrow +\infty$

7. 如果 $\omega + 1 \leqslant \omega_{\max}$，那么

8. $rs \leftarrow c\text{Row}[\omega].\text{size} - c\text{Row}[\omega + 1].\text{size}$

9. 如果 $k + 1 \leqslant k_{\max}$，那么

10. $cs \leftarrow c\text{Row}[\omega].\text{size} - n\text{Row}[\omega].\text{size}$

11. 如果 $rs \leqslant cs$，那么

12. $\text{index}[k][\omega] \leftarrow c\text{Row}[\omega] - c\text{Row}[\omega + 1]$

13. 将 "→" 放入 shrink$[k][\omega]$

14. 否则

15. $\text{index}[k][\omega] \leftarrow c\text{Row}[\omega] - n\text{Row}[\omega]$

16. 将 "↓" 放入 shrink$[k][\omega]$

17. $c\text{Row} \leftarrow n\text{Row}$

18. 压缩索引的最后一行

19. 返回 index 和 shrink

在算法 11-3 中，我们首先将索引和 shrink（缩小）初始化为空（第 1 行）。在第 2 行中，计算 $(0, \omega)$ -core 作为当前处理行 $c\text{Row}$ 的初始化，并在主循环中处理每一行（第 3—18 行）。我们将 $c\text{Row}$ 的下一行设置为 $n\text{Row}$（第 4 行）。然后，我们压缩 $c\text{Row}$ 中所有可能的 (k, ω) -core 的存储空间（第 5—18 行）。在每个内部迭代中，我们首先将 (k, ω) -cell 的行压缩 rs 和列压缩

cs 的结果大小初始化为正无穷大。在第 7—8 行中,我们使用 RowIndex 将 (k,ω)-cell 压缩到 $(k,\omega+1)$-cell,并将 (k,ω)-cell 的结果大小保留在 rs 中。同时,在第 9—10 行中,我们使用 ColumnIndex 将 (k,ω)-cell 压缩到 $(k+1,\omega)$-cell,并将 (k,ω)-cell 的结果大小保留在 cs 中。显然,(k,ω)-cell 的结果大小越小,压缩效果越好。因此,在第 11—16 行中,对于特定的 (k,ω)-cell,如果 rs 的值不大于 cs,那么我们选择对 RowIndex 进行压缩,并将虽在 (k,ω)-core 中但不在 $(k,\omega+1)$-core 中的节点放入 (k,ω)-cell,同时在 shrink 中记录相应的方向"→"。否则,我们选择对 ColumnIndex 进行压缩,并将虽在 (k,ω)-core 中但不在 $(k+1,\omega)$-core 中的节点放入 (k,ω)-cell,同时在 shrink 中保留相应的方向"↓"。我们以相同的方式逐个处理每个 cell。在第 18 行中我们使用算法 11-2 压缩索引的最后一行,然后在第 19 行返回结果 OptionIndex 及其相应的方向表 shrink。

　　基于预先计算的 OptionIndex,我们设计了一个高效的 option 查询算法,其详细信息如算法 11-4 所示。在第 1 行中,我们首先将 Q 初始化为空。在第 2—3 行中,对于给定的 k 和 ω,我们定位 index$[k][\omega]$,然后将 (k,ω)-cell 中包含的节点添加到 Q 中。在第 4 行中,我们从 shrink$[k][\omega]$ 中获取收缩方向 d。在第 6—9 行中,如果方向为"→",那么意味着当前的 (k,ω)-cell 采用了行压缩。我们将 $(k,\omega+1)$-cell 中包含的节点添加到 Q 中,然后转到 $(k,\omega+1)$-cell。在第 10—13 行中,如果方向为"↓",则表明压缩方向是沿列向下的。相应地,存储在 (k,ω)-cell 中的节点被添加到 Q 中,然后我们转到 $(k+1,\omega)$-cell 进行下一次迭代。过程一直持续到收缩方向为 null,最终我们将 Q 作为结果 (k,ω)-core 返回。

算法 11-4:基于 OptionIndex 的查询算法

输入:二分图:$G=(L,R,E,W)$;度数约束:k;权重约束:ω

输出: G 的 (k,ω)-core

1.$Q \leftarrow \varnothing$

2.定位 index$[k][\omega]$

3.$Q \leftarrow Q \bigcup$ index$[k][\omega]$

---

4. $d \leftarrow \text{shrink}[k][\omega]$

5. 当 d 不为 null 时

6. 如果 $d = $ "→",那么

7. $\omega \leftarrow \omega + 1$

8. $Q \leftarrow Q \bigcup \text{index}[k][\omega]$

9. $d \leftarrow \text{shrink}[k][\omega]$

10. 否则如果 $d = $ "↓",那么

11. $k \leftarrow k + 1$

12. $Q \leftarrow Q \bigcup \text{index}[k][\omega]$

13. $d \leftarrow \text{shrink}[k][\omega]$

14. 返回 Q

(三) UnionIndex

为了进一步减少索引成本,我们提出了 UnionIndex。UnionIndex 和 OptionIndex 之间的主要区别在于,我们同时在行和列方向上压缩某些单元以节省更多空间。例如,回想一下表 11-1 中的 (1,1)-cell 可以被压缩到 (1,2)-cell,那么压缩大小为 7,或者被压缩到 (2,1)-cell,压缩大小为 8。然而,如果我们同时将 (1,1)-cell 压缩到 (1,2)-cell 和 (2,1)-cell,那么压缩大小可以达到 9(即图中的所有节点)。因此,我们选择了两个方向同时进行压缩以节省存储空间。具体来说,我们将虽在 (1,1)-core 中但不在 (1,2)-core 和 (2,1)-core 中的联合集中的节点存储在 (1,1)-cell 中,并在方向表中同时记录收缩方向 "→" 和 "↓"。

构建 UnionIndex 的伪代码的过程如算法 11-5 所示。由于 UnionIndex 结构与 OptionIndex 结构相似,为简单起见,我们仅展示与算法 11-3 的不同之处。在第 6—8 行中,对于一个特定的 k,如果 $(k+1, \omega)$-core 嵌套在 $(k, \omega+1)$-core 中,则表明 RowIndex 的压缩大小大于 ColumnIndex 的压缩大小。因此,我们将虽在 (k, ω)-core 中但不在 $(k, \omega+1)$-core 中的节点放入 (k, ω)-cell,并在 shrink 中记录压缩方向 "→"。相反,如果 $(k, \omega+1)$-core 包含 $(k+1, \omega)$-core,那么我们将虽在 (k, ω)-core 中但不在 $(k+1, \omega)$-core

中的节点放入 (k,ω) -cell 中，并在 shrink 中记录压缩方向"↓"（第 9—11 行）。否则，在第 12—14 行中，我们同时将 (k,ω) -cell 压缩到 $(k+1,\omega)$ -cell 和 $(k,\omega+1)$ -cell 中，并在方向表中同时记录压缩方向"→"和"↓"，以避免在 $(k+1,\omega)$ -core 和 $(k,\omega+1)$ -core 的联合集中出现冗余存储节点。最后在第 17 行返回 UnionIndex 及其相应的方向表 shrink。

算法 11-5：UnionIndex 构建算法

输入：二分图：$G=(L,R,E,W)$

输出：构建的索引

---

1. 初始化 index[][] ← $\varnothing$, shrink[][] ← $\varnothing$

2. $c\mathrm{Row}[]$ ← 计算行 $(0,G)$

3. 对于 $k=0$ 到 $k_{\max}-1$

4. $n\mathrm{Row}[]$ ← 计算行 $(k+1,G)$

5. 对于 $\omega=0$ 到 $\omega_{\max}$

6. 如果 $n\mathrm{Row}[\omega] \subseteq c\mathrm{Row}[\omega+1]$，那么

7. index$[k][\omega]$ ← $c\mathrm{Row}[\omega] - c\mathrm{Row}[\omega+1]$

8. 将"→"放入 shrink$[k][\omega]$

9. 否则如果 $c\mathrm{Row}[\omega+1] \subseteq n\mathrm{Row}[\omega]$，那么

10. index$[k][\omega]$ ← $c\mathrm{Row}[\omega] - n\mathrm{Row}[\omega]$

11. 将"↓"放入 shrink$[k][\omega]$

12. 否则

13. index$[k][\omega]$ ← $c\mathrm{Row}[\omega] - (c\mathrm{Row}[\omega+1] \cup n\mathrm{Row}[\omega])$

14. 将"→"和"↓"放入 shrink$[k][\omega]$

15. $c\mathrm{Row}$ ← $n\mathrm{Row}$

16. 压缩索引的最后一行

17. 返回 index 和 shrink

UnionIndex 查询算法的过程很简单，其具体内容可以描述如下：给定两个查询参数 k 和 ω，我们首先定位 (k,ω) -cell 并收集其中存储的节点。然后，我们从使用算法 11-5 获得的方向表 shrink 中获取相应的压缩方向。

如果方向仅为"→"或为"↓",则我们需要定位 $(k, \omega+1)$-cell 或 $(k+1, \omega)$-cell,并收集其中包含的节点。特别是,如果 shrink 中记录了两个压缩方向"→"和"↓",那么我们需要同时访问 $(k+1, \omega)$-cell 和 $(k, \omega+1)$-cell,合并它们的节点直到不重复。我们对所有访问过的单元重复相同的操作,直到当前的压缩方向为 null,最终我们输出所有收集到的节点作为结果 (k, ω)-core。

第四节　实验与分析

一、实验设置与数据来源

我们使用了六个真实世界网络数据集,即百科、Movielens(电影镜头)、新闻、引用、书籍和 Citeulike(网站),这些网络数据集在以前的研究中被广泛使用并且可以在网站(网址为 http://konect.cc/networks/,访问时间为 2021 年 5 月 20 日)中公开获取。表 11-2 呈现了数据集的统计详情。

表 11-2　数据集统计

数据集	L 层	R 层	边
百科	6325	24952	25039
Movielens	7588	16528	63135
新闻	1408	25138	105039
引用	21607	94756	232924
书籍	32583	134942	432092
Citeulike	22715	791763	1531769

在实验中,本章实现并评估了以下算法。

第一,GCore,G 核心基准算法,即算法 11-1。

第二,BL(BaseLine),基线是基于索引的解决方案。

第三,TI(Time-Improved),时间改进的索引算法。

第四，TI＋Row(RowIndex)，与 RowIndex 结构集成的时间改进算法。

第五，TI＋Option(OptionIndex)，与 OptionIndex 结构集成的时间改进算法。

第六，TI＋Union(UnionIndex)，与 UnionIndex 结构集成的时间改进算法。

对于给定一对参数 k 和 ω 的查询，我们在每个数据集上运行算法 200 次并报告平均值。

二、性能评估

我们首先比较了基线解决方案(BL)和时间改进算法(TI)在所有数据集上的索引构建性能，结果如图 11-3 所示，以所需时间来对比性能表现。显然，TI 的运行速度比 BL 快得多，因为 BL 需要从头开始计算每个子图。特别是在大型图上，TI 的性能显著优于 BL。

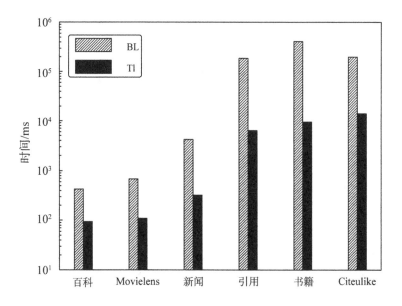

图 11-3　时间改进算法的效率评估

我们还总结了不同策略(即 TI、TI＋Row、TI＋Option 和 TI＋Union)的索引构建时间。我们改变作为输入图的节点百分比。正如我们所预期的，更多的节点会导致需要更多的索引构建时间。TI＋Union 比其他方法慢，因为它是索引构建中最复杂的方法。三种索引构建方法的时间成本大小关系为 RowIndex＜OptionIndex＜UnionIndex。注意,最高级别的时间成本差异在秒级别,这对于许多应用来说是可以接受的(见图 11-4)。

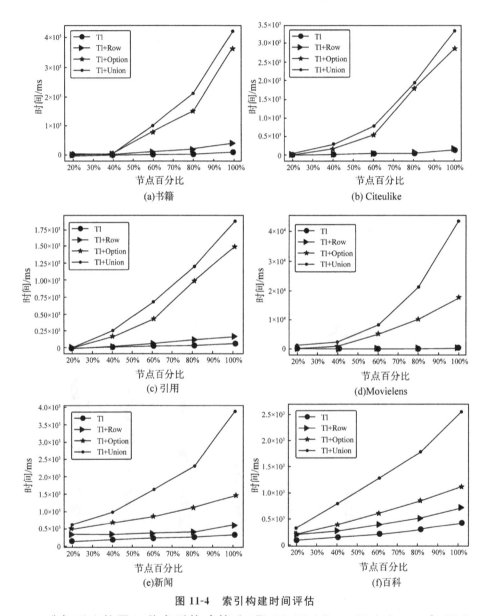

图 11-4　索引构建时间评估

我们还比较了四种索引构建算法(即 TI、TI＋Row、TI＋Option 和 TI＋Union)的空间成本。注意,空间存储是用索引内存储的节点数量来衡量的。同样,我们改变了每个数据集中节点的百分比。正如观察到的,随着涉及节点的增加,所有算法需要的索引空间都会增加。显然,TI+Union 的空间成本远低于 TI。正如我们所预期的,TI+Union 大大优于 TI+Row 和 TI+Option,因为它可以省略最多的不必要节点副本。这些方法的空间成本大小关系为 UnionIndex＜OptionIndex＜RowIndex(见图 11-5)。

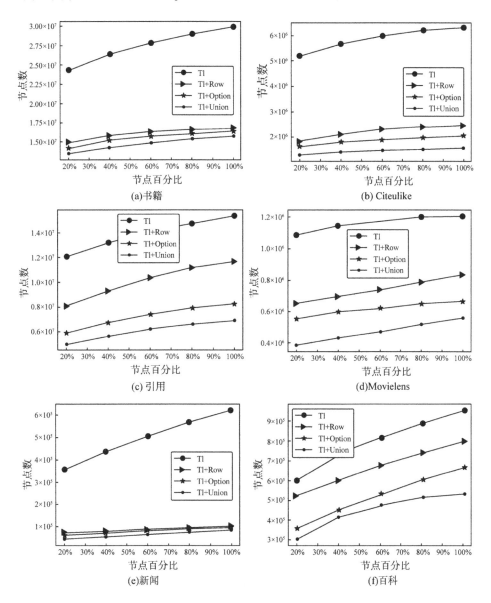

图 11-5 索引空间评估

我们还在最大的三个数据集上,通过改变 k 来评估所提出技术的查询性能,结果如图 11-6 所示。从图中可以看出,随着 k 的增加,每种算法的响应时间都在减少。这是因为当度数约束 k 变得更紧时,每次查询返回的联系密集且频繁的社区大小变小。毫无疑问,所有基于索引的查询算法都比 GCore 运行得更快,对于所有 k 值来说都是如此。基于索引的算法预先获得了 (k,ω)-core 信息,因此我们可以在查询任何 (k,ω)-core 时快速获取相关节点。

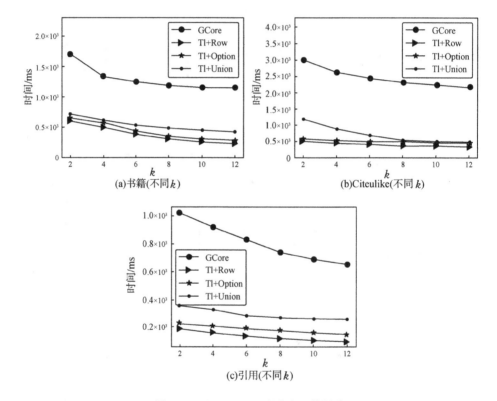

图 11-6　(k,ω)-core 查询中 k 的影响

在图 11-7 中,我们通过改变 ω 来分析 GCore、TI+Row、TI+Option 和 TI+Union 的响应时间。随着 ω 的增加,所有算法的响应时间都在减少,因为检测到的紧密子图的大小变小。基于索引的解决方案比在线解决方案(即 GCore)快得多。更复杂的索引结构(如 TI+Union)会导致更高的计算成本。因此,用户在选择索引策略时可以在查询时间和空间成本之间进行权衡。

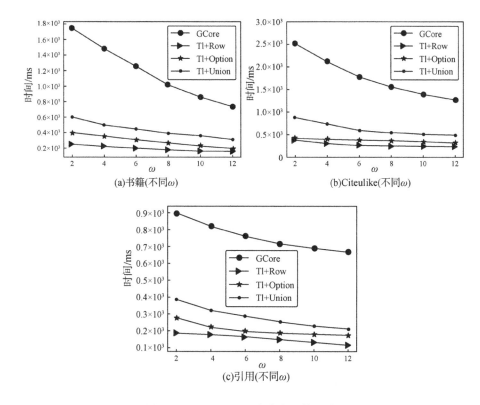

图 11-7 (k,ω)-core 查询中 ω 的影响

　　根据实验结果,我们发现索引构建时间随着数据集的扩大而增长。然而,OptionIndex 和 UnionIndex 的增长率远高于 RowIndex。这是因为,对于更大的数据集,通常意味着更大的 k_{max} 和 ω_{max}。因此,随着 k_{max} 和 ω_{max} 的增加,OptionIndex 和 UnionIndex 需要更多时间来决定索引构建的最佳方向,以缩小索引空间。在选择合适的解决方案时,除了索引空间问题外,用户应更加关注所使用网络的 k_{max} 和 ω_{max}。

第五节　本章小结

　　在本章中,我们深入探讨了加权二分图中分析紧密子图模型的新颖方法。考虑到不同场景下图中的权重信息(例如社交推荐场景),我们提出了

一个新颖的模型 (k, ω)-core,来检测联系密集且频繁的社区,确保左层的节点有足够多的邻居,而右层的节点有足够的权重。通过引入基于扩展 (α, β)-core 计算方法得到的适用于 (k, ω)-core 的基线在线解决方案,为处理复杂网络图数据提供了一个强大的起点。考虑到大规模图数据和频繁查询带来的挑战,我们利用嵌套属性开发了一系列基于索引的策略,旨在提高查询效率并减少存储成本。

本章的核心贡献在于提出了 RowIndex、OptionIndex、UnionIndex 三种先进的索引结构,同时针对每种索引结构提出了相应的查询策略以及压缩存储方法,这主要是为了在不同程度上平衡查询性能与空间成本。这些索引结构的设计考虑到了不同的应用场景和需求,从而为用户提供了灵活性和选择权,以便根据具体需求定制解决方案。

我们通过在多个真实世界数据集上进行广泛的实验来评估所提出技术的性能。实验结果验证了我们方法的高效性,尤其是在处理大规模数据集时。我们的方法在查询响应时间和索引构建成本方面都显示出了显著的优势,特别是在与传统在线解决方案相比较时。此外,我们还探讨了查询参数的影响,研究发现这些参数对算法性能有显著影响。实验结果表明,通过适当选择索引结构和参数设置,可以进一步优化性能,从而满足更加严格的性能要求。在未来的工作中,我们计划探索外部内存算法或分布式计算解决方案,以便能够处理更大规模的网络图。这需要对现有算法做出改进,以适应分布式计算环境;此外,还需要开发新的索引结构和查询优化技术,以进一步提高针对大规模数据集的性能。

总的来说,本章的工作为社交推荐场景下的加权二分图的紧密子图分析提供了新的视角和方法,通过一系列创新的技术和算法改进,显著提高了查询效率和性能。我们的方法不仅适用于当前的图数据分析任务,也为未来的研究和应用提供了坚实的基础。

第十二章　复杂机械设备故障预测与健康管理

故障预测与健康管理(PHM)是现代设备评估通常采用的一种方法,主要是利用剩余有用寿命(RUL)预测来评估健康状态。现有的主流 RUL 预测方法通过采用基于深度学习的数据驱动方法来提高预测性能。然而,大多数方法忽视了因通道间传感器数据的冗余而引起的噪声干扰,从而导致 RUL 预测性能下降。此外,这些方法缺乏透明度和可解释性,而这对于维护人员准确诊断设备 RUL 的退化过程来说至关重要。因此,本章提出了一种基于因子化时空通道融合(FTCF)和特征融合的可解释的 RUL 预测方法。通过利用因子化操作,本章构建了因子化时空通道融合块,以学习时空和通道之间的依赖关系,从而减少通道之间的冗余。通过特征融合操作,将原始信息与提取的特征信息混合,增加了在深度网络学习过程中丢失的原始信息,从而避免因增加网络深度而导致的性能下降。通过以上编码过程,传感器数据被有效压缩到一个 3D 潜在空间,用于预测和解释设备的退化过程。我们在 C-MAPSS(商业模块化航空推进系统仿真)涡扇飞机发动机和 NASA(美国国家航空航天局)锂离子电池两个数据集上进行了大量实验研究,结果表明,本章提出的方法在预测准确性方面优于最先进的方法,并且提供了一种新颖的视觉手段来评估涡扇发动机的健康状态。

第一节　问题提出

在工业设备系统中,制定有效的维护策略可以降低维护成本并提高设备可靠性。这对于复杂系统如涡扇飞机发动机来说尤为关键,因为它们的性能和可靠性直接关系到飞机的安全性与使用寿命(Han et al.,2022)。因此,PHM 已经成为新一代工业智能中的关键维护技术,在物联网(IoT)中引起了越来越多的关注。具体而言,PHM 用于支持基于条件和预测的维护决策,以确保结构、系统和组件的高效、可靠与安全运行(Zio,2022)。

在 PHM 中,RUL 预测是一项关键技术,其通过多传感器信号估算设备在故障之前的剩余操作周期,可以视为一种时间序列回归问题。准确的RUL 预测可用于评估复杂机械设备的健康状况,并协助维护工程师制定设备系统的维护计划。然而,现代工业系统包含具有不同特性的各种内置传感器,会导致系统信息增加和传感器之间存在更复杂的依赖关系。这使得RUL 预测比其他时间序列回归任务更具挑战性。

现有的 RUL 预测方法可以分为三种类型:基于模型的方法、数据驱动的方法和混合方法(Liao & Köttig,2014)。在基于模型的方法中,数学模型通常是基于对系统物理过程的理解而构建的。例如,Jouin 等(2016)提出了一个基于关键部件和机制的退化分析的 RUL 预测框架,而 Xu 等(2021)则使用 Arrhenius 模型和维纳过程进行研究并取得了良好的结果。这些方法可以从对系统退化更全面的理解中受益,但它们需要关于物理系统的广泛先验知识。此外,为特定情况建立良好的物理模型可能是具有挑战性和昂贵的成本的。

在数据驱动方法中,该方法完全基于历史数据来学习设备潜在的退化机制的近似模型,通常不需要特定的领域知识或专业知识。具体而言,数据驱动方法通常可以分为两类:传统机器学习(ML)方法和深度学习方法。例如,多层感知器、支持向量回归、相关向量回归和梯度提升树等是常见的机器学习方法,它们可以捕捉多变量时间序列数据中的时间依赖关系,并广泛用于 RUL 预测。然而,这些方法通常依赖于手动进行的劳动密集型特征工程,其预测准确性受到特征质量的限制。

为了解决传统机器学习方法的局限性问题,研究人员转向了深度学习方法,这些方法具有自动从数据中提取复杂特征的能力。这使得它们更适合处理不断增长的数据。近年来,一些研究聚焦于 CNN 和 RNN。例如,Jiang 等(2023)将 Transformer 块引入 CNN 中,以提取长期序列依赖关系并融合不同领域的特征,而 Zhu 等(2023)将读取的 LSTM 编码器—解码器与广义学习系统相结合,以描述退化过程的非线性特征。

混合方法将退化机制模型与数据驱动方法结合,形成了一种更全面的方法,其综合了两个框架的优势,并在一定程度上缓解了基于模型的方法在对广泛先验知识的需求方面的局限性。例如,Nascimento 等(2021)通过将简化模型与变分贝叶斯多层感知器相结合取得了良好的结果。然而,混合方法仍受到为特定情况构建定制模型的要求的限制,这使得创建一个真正通用的混合建模框架仍然是一个挑战。

数据驱动方法变得越来越受欢迎。尽管最新的深度学习方法取得了成功,但它们本质上是黑盒模型。这意味着退化预测过程通常对用户不透明,并且解释 RUL 预测过程存在困难,这可能导致直观上令人费解的 RUL 预测结果。因此,越来越多的人开始致力于开发可解释的 RUL 预测方法。一个有前景的方法是表示学习方法(Jing et al.,2022),例如自编码器(AE)和变分自编码器。这些方法的关键在于性能直接基于内部表示,更好的内部表示可以帮助理解问题并增强方法潜在空间的可解释性。然而,当前的可解释方法通常会构建一个二维潜在空间来解释设备的退化轨迹。在这种情况下,引擎样本在潜在空间中的映射位置之间缺乏更合理的过渡值。这种缺乏使得在潜在空间附近投影具有相似退化模式的未知引擎样本变得具有挑战性。

此外,现有的 RUL 预测方法通常会优先考虑提高其跨通道捕捉复杂关系的能力,但会忽视通道维度冗余引起的噪声干扰。通道维度上的冗余噪声是指大多数传感器的数据特性相似。这种相似性可能使得模型难以明确捕捉跨通道的相关性,进而影响预测性能。

　　以涡扇发动机为例,图 12-1 说明了在通道之间存在冗余,这意味着每个通道描述的引擎可能是一致的。换句话说,传感器数据在通道维度上具有低秩特性。因此,有必要减少通道之间的高噪声交互,并明确模型通道交互以提高预测准确性。这在时间序列预测中已经被证明在 PatchMixer(补丁混合)和 TSMixer(时序混合)中取得了良好的效果。然而,在 RUL 预测中,目前还缺乏通过减少冗余噪声来有效学习时空和通道依赖关系的方法。此外,现有的深度网络在特征提取过程中存在会失去原始信息的问题,这也可能导致 RUL 预测性能下降。

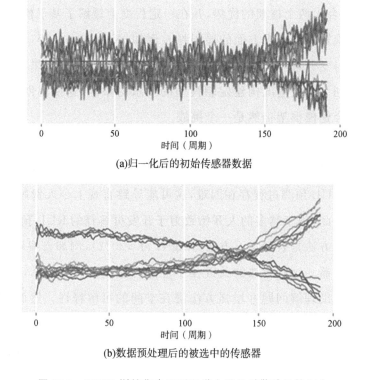

(a)归一化后的初始传感器数据

(b)数据预处理后的被选中的传感器

图 12-1　FD001 训练集中不同通道上随机引擎单元的冗余

　　本章提出了一种新的可解释的 RUL 预测方法,其在变分编码(FFVE)过程中实现了一个因子化 FTCF 块和特征融合操作。本章所提出的方法旨在首先通过使用时间 MLP 提取每个传感器的时态依赖关系来捕捉时空和通道依赖关系。然后将提取的时态依赖关系输入到一个因子化通道 MLP 中,该 MLP 减少了冗余关系并提取了多个通道之间的关系。在简单的条件下,短程残差操作可以有效提高预测性能。在复杂条件下,我们还额外使用了长短程特征融合操作,以混合低级稀疏特征和高级密集特征,从而增强原始信息并进一步提高预测性能。此外,本章构建了一个 3D 潜在空间,可用于解释模型的 RUL 预测过程,并帮助理解可视化引擎的退化过程。

第二节 相关理论与文献分析

一、时空和通道依赖关系学习任务

时空和通道依赖关系学习任务的目标是通过从多元时间序列中提取与融合时空通道信息来提高预测性能。在现有的 RUL 预测方法中,Liu 等(2022)提出了一种基于双注意力的数据驱动框架,该框架集成了通道注意力机制和 CNN,以自适应地分配通道权重,并使用 Transformer 解决长期时态依赖问题,从而有效提高预测性能。然而,这种方法侧重于增强提取时空通道信息的能力,而忽视了在捕捉影响预测性能的时空和通道相互作用时的冗余。

在计算机视觉中,Tolstikhin 等(2021)提出了 Mixer 架构,该架构使用两种不同类型的 MLP 来促进令牌和通道信息的交互。这证明了纯 MLP 架构足以完成两种信息的提取,而无需复杂的结构,如 Transformer,从而能够减少信息交互过程中的冗余问题。在多元时间序列预测中,有学者表明在这个领域不需要注意力机制,并且仅基于 MLP 的 Mixer 结构可以实现超过基于 Transformer 的模型的预测性能。此外,因子化操作可以用于时态和通道依赖关系的建模。

时间序列预测领域的最新研究已经探索了通过减少跨通道冗余来进一步提高性能的技术。例如,Ekambaram 等(2023)采用了一种新颖的混合通道建模方法,通过增加一个通道独立的主干并与跨通道调和头相结合。这种方法有效地处理了跨通道的冗余噪声。然而,在 RUL 预测领域,目前还没有一种处理跨通道冗余噪声的简单而有效的方法。

鉴于 Mixer 在其他领域展示出的出色的特征提取能力,本章设计了一个基于 Mixer 结构的深度网络,利用了传感器数据的低秩属性。这不仅极大地简化了模型结构,而且通过减少跨通道冗余进一步增强了学习时空和通道依赖关系的能力。此外,还结合了特征融合操作,以避免不同条件下深度模型导致的原始引擎信息丢失。

二、可解释的 RUL 预测方法

从先前的研究来看,大多数 RUL 预测方法都着重于最大化准确性,并且通常会忽视透明性和可解释性,不利于清晰地理解模型的预测过程。这种缺乏减少了对其应用的信任,特别是对于关键应用。鉴于这些问题,Fan 等(2022)解释了他们方法的逻辑推理过程,从而使分析时态激活在预测结果中的重要性成为可能。有学者提出了一种将可控高级特征注入自编码器和解码器的方法,以解释个体高级特征的组成。这种方法能够帮助用户为每个特征分配物理含义。尽管这些方法从各个角度解释了模型的工作原理,但它们不能解释模型如何在内部学习设备 RUL 的退化过程。

为填补这一方面的空白,Costa 等(2022)提出了一种基于变分编码的新型架构,通过将 KL 散度最小化,使潜在变量分布更接近高斯分布,并通过将 RMSE 最小化为次要优化目标,成功构建了一个能够不断投影引擎历史轨迹的视觉 2D 潜在空间。在此基础上,Jing 等(2022)将健康指标作为归纳偏见,限制了潜在空间中的退化路径,从而优化了模型的内部表示。尽管这些工作在可解释性和预测准确性方面取得了良好的成果,但模型仍然难以将未知的引擎操作数据投影到潜在空间中靠近具有相似退化模式的系统的位置。

本章基于变分推理构建了一个 3D 潜在空间,允许潜在空间中的不同引擎操作状态的映射位置之间具有更合理的过渡值。这提高了模型的泛化能力,并为引擎维护人员提供了一种新的视觉诊断方法。

第三节　方法构建

本章所提出的可解释的 RUL 预测方法侧重于两个主要组成部分：融合变分编码网络和回归器。融合变分编码网络主要由分解 FTCF 块和特征融合操作组成。这些组件可以在帮助编码器学习高级密集特征的同时，提供更多低级稀疏特征。

输入数据首先进行预处理并转换为窗口化数据，随后通过融合变分编码网络学习时间—通道依赖关系，生成潜在变量 Z 以构建 3D 潜在空间。将潜在变量 Z 输入回归器即可进行 RUL 预测。具体而言，模型基于编码器输出的均值和方差从高斯分布中抽取潜在变量，这些变量代表输入样本在潜在空间中的投影，回归器通过该投影实现 RUL 预测。此外，通过 KL 散度和 RMSE 构建多损失函数，确保 3D 潜在空间中的 RUL 投影轨迹随时间的推移而正确演化。为便于理解计算过程，下文将以涡轮风扇引擎为例展开说明。

一、数据预处理

在 RUL 预测问题中，生命周期数据通常包括多变量或单变量的时间序列向量。例如，在涡扇发动机的情况下，生命周期被表示为 $x \in \mathbf{R}^c$，其中 c 表示通道的数量，即传感器的数量。相应的 RUL 标签表示为 $y \in \mathbf{R}$。在实际应用中，可以假设存在 U 个引擎单元，并且单个引擎单元 $u \in U$ 的数据集可以表示为：

$$\boldsymbol{X}^u = \left[x_1^u, \cdots, x_{s(u)}^u \right] \in \mathbf{R}^{s(u) \times c} \tag{12-1}$$

其中 $s(u)$ 表示引擎单元 u 的失效周期数。

在实际应用中，由于传感器的刻度不同，通常需要进行数据标准化处理。以前的研究通常对每个传感器进行最大—最小归一化（Li et al.，2018）处理。然而，最近的研究表明不同的操作条件可能使 RUL 的分析和预测变得更加复杂。为了解决这个问题,输入数据 X^u 根据操作设置的组合进行分组。然后用 Z-Score 标准化方法对每个传感器在通道维度上进行数据标准化,如式(12-2)所示。

$$\text{norm}\,(x_{i,j}) = \frac{x_{i,j} - \mu(x_j)}{\sigma(x_j)} \tag{12-2}$$

其中,$x_{i,j}$ 表示第 i 个时间步的第 j 个通道,$i \in [1,s(u)]$ 且 $j \in [1,c]$。$X_i \in \mathbf{R}^{w \times c}$ 是 j 第个通道的所有数据的向量,$\mu(x_j)$ 和 $\sigma(x_j)$ 分别是对应的均值和标准差。

此外,需要采用一种噪声减少方法来降低主要由高频传感器振荡引起的噪声。为了实现这一点,本章采用了指数加权移动平均方法来进行有效的噪声滤波,具体方程如下:

$$\text{filter}\,(x_{i,j}) = \alpha \cdot x_{i,j} + (1-\alpha)\,x_{i-1,j} \tag{12-3}$$

其中,$\alpha \in [0,1]$ 是平滑系数。本章通过调整 α 到较低的值,以实现更平滑的结果。值得注意的是,这可能会导致一些噪声信息的丢失。然而,本章的重点是对降退化率的变化进行建模,而不是确定故障发生的特定数值点。因此,更强的平滑效果对 RUL 预测有积极影响。

对于预处理过的数据,本章使用滑动窗口将发动机样本转换为长度为 w 的序列,并对生命周期长度小于 w 的样本使用掩码值,得到窗口化数据 $X_i \in \mathbf{R}^{w \times c}$,具体如式(12-4)所示。

$$X_i = \begin{bmatrix} x_{i-w+1,1} & \cdots & x_{i-w+1,c} \\ \vdots & \vdots & \vdots \\ x_{i,1} & \cdots & x_{i,c} \end{bmatrix} \tag{12-4}$$

最后在模型训练过程中使用小批量梯度下降方法。利用发动机数据划分的样本数量可以表示为 $n(u) = s(u) - w + 1$。此外,$X^u = [X_1, \cdots, X_i, \cdots, X_{n(u)}]$ 表示这些样本,其中 $X^u \in \mathbf{R}^{n(u) \times w \times c}$。

二、融合变分编码网络

对于具有多变量时间序列的 RUL 预测任务,本章首先提出了一个因子化 FTCF 块来捕获时间和信道相关性。随后,本章应用特征融合运算来补充原始信息。

总之,融合变分编码网络旨在学习近似分布 $q_{\varphi}(z\,|\,x)$,以形成真实后验分布的近似值 $p_{\theta}(z\,|\,x)$ 。该学习过程使网络能够将多变量时间序列数据压缩并投影到低维潜在空间中,其中 θ 和 φ 是可变参数。上述方法的具体实现步骤如下所示。

(一)因子化时空通道融合

最近的研究方法专注于设计 MLP 的结构,利用全连接层的低归纳偏差特性更好地提取特征。在因子化 FTCF 块中,本章应用 MLP 来捕捉时空和通道依赖关系。

1. 时间 MLP

对于不同通道的时间序列,本章使用具有共享权重的单个时间依赖性提取器来进一步提高推理效率,该过程由式(12-5)给出。

$$H_1 = W_{1.3} \cdot \tanh(W_{1.2} \cdot \tanh(W_{1.2} \cdot X^{\mathrm{T}})) \tag{12-5}$$

$$R_1 = H_1^{\mathrm{T}} + X$$

第一,本章重塑时间序列以获得 $X^{\mathrm{T}} \in \mathbf{R}^{n(u) \times c \times w}$ 。第二,本章通过使用单个全连接(FC)层 $W_{1.1} \in \mathbf{R}^{w \times k_{i.1}}$ 来学习时间特征,从而放大时间维度。第三,本章使用两个 FC 层 $W_{1.2} \in \mathbf{R}^{k_{i.1} \times k_{i.2}}$ 和 $W_{1.3} \in \mathbf{R}^{k_{i.2} \times w}$ 逐渐将时间维度压缩到原始窗口大小,这会导致 $H_1 \in \mathbf{R}^{n(u) \times c \times w}$ 。第四,执行剩余操作以获得时间特征提取的输出 $R_1 \in \mathbf{R}^{n(u) \times w \times c}$ 。

2. 因子分解通道 MLP

时间 MLP 仅在时间维度 w 上执行特征提取任务。本章利用通道维度的低秩性质,并基于矩阵分解实施因子化操作以减少跨通道的冗余噪声。

基于因子化的学习方法只需要一个小的 FC 层来实现,这意味着与完备学习方法相比,本章可以用更少的权重和计算来获得更好的性能。此外,对于不同时间步的通道值,本章使用具有共享权重的单个通道依赖性提取器来进一步提高推理效率。式(12-6)描述了上述因子分解通道 MLP。

$$H_2 = W_{2.3} \cdot \tanh(W_{2.2} \cdot \tanh(W_{2.1} \cdot R_1)) \tag{12-6}$$

$$R_2 = H_2 + R_1$$

在提取了时间特征 $W_{2,1} \in \mathbf{R}^{c \times k_{t,1}}$ 后,本章继续进行通道特征提取。首先,本章使用一个 FC 层,其中 $k_{c,1}$ 小于原始通道维度 c,旨在捕捉主要的通道依赖关系。其次,本章使用两个 FC 层 $W_{2,2} \in \mathbf{R}^{k_{c,1} \times k_{c,2}}$ 和 $W_{2,3} \in \mathbf{R}^{k_{c,2} \times c}$,逐渐将通道维度恢复到原始通道大小,从而得到 $H_2 \in \mathbf{R}^{n(u) \times w \times c}$,完成基于矩阵分解的因子化操作。最后,执行剩余操作以获得因子化时空通道融合特征的输出 $R_2 \in \mathbf{R}^{n(u) \times w \times c}$。

(二)长短程特征融合操作

在使用堆叠的 FTCF 块从多变时间序列中提取特征的过程中,在数据上执行多次降维和还原操作。这些操作可能会因丢失原始信息而降低 RUL 预测的准确性。为了解决这个问题,本章采用两种不同的距离特征融合操作在不同的工作条件下有效地补充原始信息。仅使用短范围残差操作可以在简单的操作条件下提高 RUL 预测性能,而组合的长—短范围特征融合操作可以提高在复杂工作条件下的性能。

1. 短范围残差操作

与任何深度模型一样,使用 k 个堆叠的 FTCF 块可能会导致常见问题,如梯度消失和过拟合。这些问题是在时间和通道维度上执行的 $6 \times k$ 个 FC 层操作引起的。为了缓解这个问题,在 FTCF 块中的两个 MLP 操作之后执行加法剩余操作,以补充原始信息。这种操作的有效性已经通过相关 Mixer 研究进行了验证。本章将通过消融实验证明它的有效性。

2. 长范围高低级特征融合操作

此特征融合操作利用原始和提取的信息的组合来解决原始信息丢失的问题。具体来说,它通过将扁平化的低级稀疏特征向量与扁平化的高级稠密特征向量连接起来,实现了长范围高低级特征融合。在先前的研究中,这种操作经常被用来组合不同的特征,从而有效地提高性能。在这里使用连接操作的原因是为了获取目标的整体表示,使网络能够自动学习高低级特征的组合。这可以提高在复杂工作条件下的 RUL 预测性能。上述特征的融合操作如式(12-7)所示。

$$\mathrm{flatten}(\boldsymbol{X}_n) = \left[x_{1,1}^n, \cdots, x_{1,c}^n, \cdots, x_{w,1}^n, \cdots, x_{w,c}^n \right]$$

$$\text{flatten}(\boldsymbol{R}_{2n}) = \left[r^n_{21.1}, \cdots, r^n_{21.c}, \cdots, r^n_{2w.1}, \cdots, r^n_{2w.c}\right]$$

$$h_{fn} = \text{dropout}\left(\left[\text{flatten}(\boldsymbol{X}_n), \text{flatten}(\boldsymbol{R}_{2n})\right]\right) \tag{12-7}$$

$$\boldsymbol{H}_f = \left[h_{f1}, \cdots, h_{fn}, \cdots, h_{fn(u)}\right]$$

其中，$\boldsymbol{X}_n \in \mathbf{R}^{w \times c}$ 是发动机完整生命周期数据 $\boldsymbol{X}$ 中的窗口数据，$n \in [1, n(u)]$。$\boldsymbol{R}_{2n} \in \mathbf{R}^{w \times c}$ 是输入 FTCF 块后的 $\boldsymbol{X}_n$ 的输出结果。$\text{flatten}(\boldsymbol{X}_n) \in \mathbf{R}^{w \times c}$ 是低级原始稀疏特征向量，$\text{flatten}(\boldsymbol{R}_{2n}) \in \mathbf{R}^{w \times c}$ 是高级密集特征向量。连接结果形成了当前发动机生命周期范围的总体表示向量 $\boldsymbol{H}_f \in \mathbf{R}^{n(u) \times 2 \times w \times c}$。

对于整体表示 $\boldsymbol{H}_f$，使用 FC 层自动学习高低级特征的组合，得到近似概率分布 $q_\varphi(z \mid x)$ 的均值 μ 和方差 σ^2，以高斯分布 $N(\mu, \sigma^2)$ 的形式表示。考虑到方差的对数 $\log \sigma^2$ 可以提高模型的数值稳定性和优化稳定性，因此本章不直接学习方差。计算 μ 和 $\log \sigma^2$ 的过程如下：

$$\mu = \boldsymbol{W}_{3.2} \cdot \text{dropout}(\tanh(\boldsymbol{W}_{3.1} \cdot \boldsymbol{H}_f)) \tag{12-8}$$

$$\log \sigma^2 = \boldsymbol{W}_{4.2} \cdot \text{dropout}(\tanh(\boldsymbol{W}_{4.1} \cdot \boldsymbol{H}_f))$$

其中，$\mu, \log \sigma^2 \in \mathbf{R}^3$ 具有两个 FC 层，$\boldsymbol{W}_{3.1} \in \mathbf{R}^{(2 \times w \times c) \times (w \times c/2)}$ 和 $\boldsymbol{W}_{3.1} \in \mathbf{R}^{3 \times (w \times c/2)}$，丢弃率（dropout rate）为 0.2。

三、重参数化

与原始的 VAE 一样，为了解决潜在空间中随机采样不连续和不可微的问题，本章还使用高斯重参数化来实现对连续变量 z 的采样。本章首先从标准高斯分布 $\varepsilon \sim N[0, I]$ 中采样，然后通过以下过程实现对近似分布 $q_\varphi(z_i \mid \hat{\boldsymbol{X}}) = N(\mu_i, \sigma_i^2)$ 的采样：

$$\sigma_i = \exp\left(\frac{1}{2} \cdot \log \sigma_i^2\right)$$

$$z_i = \sigma_i \cdot \varepsilon_i + \mu_i \tag{12-9}$$

$$2\tau = [z_1, z_2, z_3]$$

通过这个函数映射，从 $\varepsilon \sim N(0, I)$ 采样得到的随机变量 ε_i 可以映射到近似分布 $q_\varphi(z_i \mid \boldsymbol{X})$ 中的潜在变量 z_i。这会导致一个潜在变量 $z \in \mathbf{R}^3$，并且能够确保渐变反向传播可以执行模型训练过程。

四、用于 RUL 预测的回归器

对于 RUL 预测任务，基于变分推理的当前可解释的方法通常使用回归器来替代 VAE 中的解码器。在获取采样结果后，本章提出的方法使用两个 FC 层进行回归预测：

$$\hat{Y} = W_{r,2} \cdot \tanh(W_{r,1} \cdot Z) \tag{12-10}$$

其中，FC 层的权重是 $W_{r,1} \in \mathbf{R}^{3 \times 200}$ 和 $W_{r,2} \in \mathbf{R}^{200 \times 1}$，相应地，RUL 预测结果是 $\hat{Y} \in \mathbf{R}^{n(u)}$。

五、损失函数

尽管本章的方法主要基于变分推理，但与 VAE 不同，该方法的目标不是重构输入数据，而是在一定程度上解决将 VAE 应用于 RUL 估计时的预测准确性问题，并确保整个发动机寿命周期的数据可以投影为潜在空间中的 RUL 退化轨迹。

本章的方法使用了由两个惩罚因子组成的多损失函数，这在先前的研究中已被证明是有效的。KL 项确保了具有相似退化模式的系统将在潜在空间中不断投影到相邻位置。它还确保了潜在空间具有一定的拓扑结构，这意味着在潜在空间中进行采样时，不同 RUL 状态之间存在过渡状态，而不是会导致无意义结果的空状态。计算过程如下：

$$L_{\mathrm{KL}} = - D_{\mathrm{KL}}(q_\varphi(z \mid x) \parallel p_\theta(z)) \tag{12-11}$$

其中，$q_\varphi(z \mid x)$ 是真后验分布 $p_\theta(z \mid x)$ 的近似概率分布，通常设定为高斯分布的形式。这个分布的均值和方差是编码器的部分学习目标。$p_\theta(z)$ 是潜在空间的先验分布，通常假定为标准高斯分布。

RMSE 惩罚因子用于提高将 VAE 应用于 RUL 估计时的预测准确性。其计算公式如下：

$$L_R = \mathrm{RMSE} = \sqrt{\frac{1}{n(u)} \sum_{i=1}^{n(u)} (\hat{y_i} - y_i)^2} \tag{12-12}$$

通过将式(12-11)与式(12-12)相结合，可得目标函数：

$$L_X = L_{\mathrm{KL}} + L_R \tag{12-13}$$

多损失函数支持在潜在空间中形成发动机生命周期的连续 RUL 退化轨迹,该轨迹可以用来解释该方法的有效性。

六、可解释的退化诊断

可解释的退化诊断工具由一个潜在空间和 RUL 值组成。该工具可以可视化特定发动机的当前健康状态和退化路径。诊断主要基于变分推理,它将窗口式发动机数据映射到潜在空间中,该空间具有相似的健康状态。如图 12-2 所示,图中的每个点代表一个发动机健康状态,具有相似退化模式的点将被聚集在一起。由于健康状态和完全恶化状态具有不同的特征,它们在潜在空间中将具有明显不同的位置分布,使得诊断能够有效地帮助维护人员确定当前发动机是否处于健康状态。

鉴于存在从完全健康到完全恶化的中间状态,我们建立了一个颜色尺度以清晰区分具有不同 RUL 值的发动机。具有较高 RUL 值的发动机被涂成浅灰色,而具有较低 RUL 值的发动机则被涂成深灰色。该方法成功地构建了一个连续的潜在空间,其中包含了从完全健康到完全恶化的历史发动机退化轨迹。此外,针对不同工作条件下的发动机数据,该方法将学习不同的退化路线。

这种类型的可解释诊断在输入未知的发动机数据时,会将其投影到与 3D 潜在空间最相似的已知历史发动机状态附近,从而估计发动机的当前 RUL 值。这就是这种方法可以执行可解释的退化诊断的原因。

总之,与 RUL 预测领域中大多数可解释的方法不同,本章通过变分推理机制将引擎数据投影到潜在空间中,构建了一个 3D 潜在空间模型。与通过高维潜在变量的降维操作实现的可视化图表相比,该方法需要的计算成本更少,并且允许我们观察引擎的 RUL 退化过程,而无需进行降维操作。与基于 VAE 模型生成的最新 2D 可解释退化图相比,本章提出的方法允许在不同 RUL 状态之间存在更合理的过渡值,以评估未知的引擎状态。

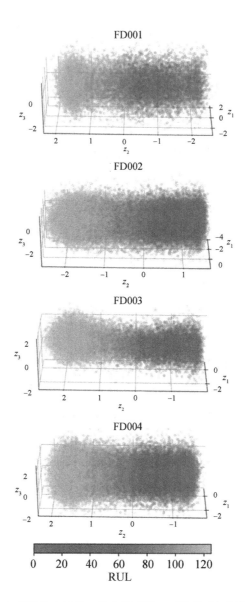

图 12-2 FFVE 在四种工作条件下学习到的发动机退化路线

第四节　实验与分析

在本节中,本章将介绍实验设置的设计,包括基准数据集的描述、RUL目标函数、性能度量标准以及实施细节。

一、数据集描述

为了全面评估所提出的方法的性能,本章选择了两个来自不同场景的实例:一个涡扇发动机和一个锂离子电池。这些实例代表了不同的应用领域,涵盖了多变量时间序列数据和单变量时间序列数据。

在第一个实验中,基准数据集是由 C-MAPSS 生成的。该工具允许用户模拟在涡扇发动机的五个旋转部件(风扇、低压压气机、高压压气机、高压涡轮、低压涡轮)的任何一个中发生的各种退化情景。C-MAPSS 数据集包括四个子集:FD001、FD002、FD003 和 FD004。每个子集具有不同的操作和故障条件,并且其复杂性的大小关系为 FD001 < FD003 < FD002 < FD004。此外,每个子集都包括一个训练集和一个测试集,如表 12-1 所示。一个发动机的单个循环由多变量时间序列组成,其中包括发动机单元编号、循环时间、三个操作设置和 21 个传感器测量。每个训练发动机单元收集了从完全健康到完全恶化的完整失效周期数据。其目标是预测测试集中的发动机发生故障之前剩余的操作周期数。

表 12-1　C-MAPSS 数据集的子集信息

数据集	FD001	FD002	FD003	FD004
训练单元	100	260	100	249
测试单元	100	259	100	248
操作条件	1	6	1	6
故障条件	1	1	2	2

续表

数据集	FD001	FD002	FD003	FD004
训练样本	17731	46219	21820	54028
测试样本	100	259	100	248

因为某些传感器保持恒定,所以它们无法为 RUL 预测提供有效信息。根据大多数 RUL 预测方法,本章移除了常数传感器测量($s1$、$s5$、$s6$、$s10$、$s16$、$s18$、$s19$)。因此,本章将 14 个传感器作为输入数据的来源,并使用三个操作设置进行数据预处理。

在第二个实验中,数据集来自 NASA Ames(艾姆斯)的预测卓越中心。该研究重点关注额定容量为 2.0 安时的 18650 型钴酸锂电池。具体而言,选择了编号为 B0005、B0006、B0007 和 B0018 的电池单元进行研究和分析。数据收集过程描述如下:电池在 24 ℃ 的室温下进行充放电循环。在充电阶段,采用 1.5 A 的恒流充电模式,直到电压达到 4.2 V,然后以 4.2 V 的恒压充电,直到电流下降到 20 mA。在放电阶段,电池以 2 A 的恒定电流放电,直到它们各自的电压降到 2.7 V、2.5 V、2.2 V 和 2.5 V。图 12-3 展示了四个电池单元的容量衰减曲线。其中,编号为 B0005、B0006、B0007 和 B0018 的电池经历了充电—放电的循环。

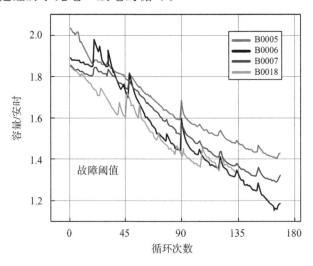

图 12-3 四个电池单元的电池容量衰减曲线

B0005、B0006 和 B0007 持续了 168 个循环,而 B0018 只持续了 132 个循环。

此外,选择额定容量的 70％ 作为故障阈值,表示当电池容量降至 1.4 安时时,电池被视为已失败。其目标是预测电池发生故障之前的剩余充放电循环次数,这代表了电池的剩余使用寿命。

由于这个锂离子电池数据集没有专门的测试集,为了确保与其他方法的公正比较,本章采用了留一法进行评估。这需要进行四轮实验,每轮选择一个项目作为验证集,而其余项目作为训练集。例如,当选择 B0005 作为验证集时,训练集由 B0006、B0007 和 B0018 组成。对于输入数据,本章仅使用放电期间获取的容量数据。本章在每个时间窗口内收集数据,以表示每个时间步的特征,并且采用与其他研究相同的方法。

二、RUL 目标函数

在许多 PHM 系统中没有准确的物理模型来评估涡扇发动机系统在每个生命周期中的 RUL。因此,通常假设退化行为可以建模为一个函数,在训练阶段以监督方式引导模型学习传感器数据和 RUL 之间的映射关系,从而提高模型的预测能力。然而,使用容量阈值作为故障标准的电池等设备则不需要 RUL 目标函数。

常见的 RUL 目标函数可以分为三类:线性退化、指数退化和分段退化,如图 12-4 所示。在传感器的分析中,存在一个共同的模式,即在运行的早期阶段,发动机可以保持恒定的正常运行状态,并随着时间的推移逐渐退化。因此,假设 RUL 随时间线性减少的线性退化并不常用。其余的函数各有各的用途:指数退化基于机械的物理模型,表明磨损是指数级的,是由零部件磨损的累积效应引起的(Gebraeel & Pan,2008);而分段退化的概念认为,在开始阶段发动机的 RUL 保持恒定,但之后会逐渐线性减少。

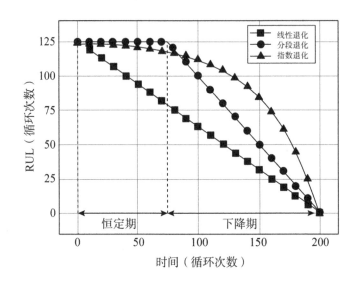

图 12-4 三种类型的 RUL 目标函数的比较

其中，最大的 RUL 被设置为 125 个周期，而最小的 RUL 被设定为 0。

应注意 RUL 目标函数只能提供一个指导值，并且关于最佳函数没有一致意见。因此，本章选择了当前研究中最广泛使用的分段退化函数，并将恒定的 RUL 阶段设为 125，表示最大的 RUL。

三、性能度量

在以前的涡扇发动机数据集的基准研究中，有两个指标用于评估方法的性能：RMSE 和 C-MAPSS 得分（SCORE）。

（一）RMSE

对于预测任务，RMSE 是一种常用的性能度量，较低的值表示更好的预测性能。对于样本的预测，RMSE 的计算公式如式（12-12）所示。

（二）C-MAPSS 得分

对于发动机退化情景，广泛接受的观点是高估发动机的 RUL 可能导致维护延迟。因此，提前预测优于滞后预测。我们在此处采用了一种称为 SCORE 的非对称算法，以指数增长的方式对增加的预测误差进行惩罚，并更重地惩罚滞后预测。正如式（12-14）所描述的，其中 $\hat{y}_n$ 是样本的预测

RUL，y_n 是目标 RUL，d_n 是 RUL 预测误差，S 是 N 个样本的计算得分。

$$d_n = \hat{y_n} - y_n$$

$$S = \begin{cases} \sum_{n=1}^{N} e^{-\frac{d}{13}} - 1, & \text{当} d_n < 0 \text{ 时} \\[2em] \sum_{n=1}^{N} e^{\frac{d}{10}} - 1, & \text{当} d_n \geqslant 0 \text{ 时} \end{cases} \tag{12-14}$$

然而，应当注意 SCORE 有一些缺点。当存在导致滞后预测的异常样本时，这种累积得分函数将主导整体性能得分，从而掩盖算法真实的整体准确性(Costa et al.,2022)。因此，为了评估模型的整体性能，RMSE 应作为一个基础和早停训练模型的指南。

在以前的锂离子电池数据集的基准研究中，有三个指标用于评估方法的性能：相对误差(RE)、平均绝对误差(MAE)和 RMSE。

(三)RE

对于具有特定容量阈值的电池，不仅有必要使用 MAE 和 RMSE 评估预测电池容量的准确性，还需要使用 RE 评估在电池发生故障之前预测剩余充放电循环次数的精度。对于 N 个样本的预测，RE 的计算公式如式(12-15)所示。

$$\text{RE} = \frac{1}{N} \sum_{n=1}^{N} \frac{|d_n|}{y_n} \tag{12-15}$$

(四)MAE/RMSE

MAE 和 RMSE 是衡量电池容量的多步迭代预测误差的常用度量标准。对于样本的预测，MAE 和 RMSE 的计算公式分别如式(12-16)和式(12-17)所示，其中，$\hat{c_n}$ 是电池样本的预测容量，c_n 是真实容量。

$$\text{MAE} = \frac{1}{N} \sum_{n=1}^{N} |\hat{c_n} - c_n| \tag{12-16}$$

$$\text{RMSE} = \sqrt{\frac{1}{N} \sum_{n=1}^{N} (\hat{c_n} - c_n)^2} \tag{12-17}$$

四、超参数和实现细节

对于涡扇发动机数据集，选择网络结构和超参数的标准是基于最小化验证集的预测性能。FTCF 块的数量 $\in \{1,2,3\}$，并且长短程特征融合操作的使用需要根据数据集的操作复杂度和故障情况进行调整。为了防止过拟合问题，本章在损失函数中添加了 L2 正则化项，其中超参数为 0.01，并应用了 dropout。

此外，本章使用 Adam 优化算法来更新模型权重，将 FD001 的初始学习率设置为 0.005，将其余子集的初始学习率设置为 0.001。在训练过程中采用了可变学习率策略，让学习率每 10 个 epoch(时间戳基准点)降低到原始值的 0.1 倍。当验证集上的 RMSE 在 10 个 epoch 内不再下降时(表明模型接近收敛)，我们会提前停止训练并将性能最好的网络保存为最终模型。表 12-2 总结了涡扇发动机数据集的所有超参数。

表 12-2　本章所提出的方法在涡扇发动机数据集上的超参数

组成部分	超参数	值
优化器	优化器	Adam
	学习率	0.005 (FD001) 0.001(FD002,FD003,FD004)
	L2 正则化	0.01
	可变学习率策略	epoch/times:10/0.1
	早停	true/10
输入	批量大小	128
	时间窗口大小	30
编码器	FTCF 块的数量	1(FD001,FD003) 2 (FD002,FD004)
	时间 MLP	规模:(210,90) 激活函数:tanh
	因子分解通道 MLP	规模:(2,7) 激活函数:tanh
	特征融合操作	短程 (FD001,FD002,FD003) 长短程(FD004)
编码器	特征融合后的 dropout	丢弃率:0.5
	μ/σ 的 FC 层	规模:(210) 激活函数:tanh 丢弃率:0.2
回归层	全连接层	规模:(200) 激活函数:tanh

为了确保锂离子电池数据集的公平比较,本章采用与其他研究相同的数据处理和训练方法。具体来说,本章采用批量梯度下降方法进行权重更新,使用 MAE 作为损失函数,将最大训练迭代限制为 2500。当训练损失达到 3×10^{-4} 时,该方法被认为已经收敛,此时训练过程被提前终止。在归一化输入中添加高斯噪声,时间窗口大小固定为 16,其余超参数通过验证误差上的网格搜索确定:FTCF 块的数量 $\in \{1,2,3\}$;是否使用长短程特征融合操作;学习率 $\in \{10^{-4}, 5 \times 10^{-4}, 10^{-3}, 5 \times 10^{-3}\}$;L2 正则化 $\in \{10^{-6}, 10^{-5}, 10^{-4}, 10^{-3}\}$;时间 MLP 的隐藏大小 $\in \{(4,2),(8,4),(16,8),(32,16)\}$;分解通道 MLP 的隐藏大小 $\in \{(1,4),(2,4),(2,8),(4,8)\}$;$\mu/\sigma \in \{2,4,8\}$ 的 FC 层的隐藏大小;回归器的 FC 层的隐藏大小 $\in \{100,200,300\}$。表 12-3 总结了锂离子电池数据集的所有超参数。

表 12-3　本章所提出的方法在锂离子电池数据集上的超参数

组成部分	超参数	值
优化器	优化器	Adam
	学习率	0.001
	L2 正则化	10^{-6}
输入	时间窗口大小	16
编码器	FTCF 块的数量	1
	时间 MLP	规模:(16,8)
	因子分解通道 MLP	规模:(4,8)
	特征融合操作	长短程
	μ/σ 的 FC 层	规模:(8) 激活函数:tanh
回归层	全连接层	规模:(200) 激活函数:tanh

五、实验结果

在本节中,我们将所提出的方法 FFVE 与其他最先进的方法的性能进行比较,并在基准数据集上展示可解释的退化诊断工具。此外,本章通过消融研究和模型分析证明了本章提出的方法的卓越性能和计算效率。

(一)与最先进方法的比较

在本节中,通过与最先进的方法进行比较,证明了所提出的方法在 RUL 预测方面的优越性。所有指标均由五次实验的平均结果计算得出。此外,本章在基准数据集上使用相同的实验设置,并选择三类方法进行比较:第一,传统机器学习方法;第二,不可解释的深度学习方法,可分为基于 CNN 的方法和基于 RNN 的方法;第三,可解释的深度学习方法,这是一种比较流行的方法,可分为基于 VAE 框架的方法和基于卷积运算的方法。

表 12-4 总结了涡扇发动机数据集上的 RUL 预测性能。与现有的最佳性能相比,本章所提出的方法 FFVE 在各种工况下均取得了更好的预测性能,RMSE 平均下降了 30.33%。特别是在 FD004 中,FFVE 的 RMSE 降低了41.23%,SCORE 降低了 17.02%。该数据集在多种操作和故障条件下表现出了复杂的时间和通道依赖性,提供了真实世界涡扇发动机运行情况的更接近的表示。因此,FD004 上的性能改进表明,与以前的方法相比,FTCF 块可以通过减少跨通道的冗余来有效增强依赖性学习能力。本章的比较还包括基于变分推理的其他可解释的方法,结果表明,使用融合变分编码网络构建 3D 潜在空间可以带来更高的预测准确性,有时甚至会超越一些最先进的黑盒方法。

表 12-5 总结了锂离子电池数据集的 RUL 预测性能。与现有的最佳性能相比,本章所提出的方法 FFVE 取得了最好的实验结果。在处理单变量时间序列输入数据时,其他方法通常收集时间窗口大小的单变量序列作为每个时间步的通道特征。然而它们忽略了噪声对通道尺寸的影响。相比之下,本章提出的方法更灵活,采用因式分解运算来减少跨通道的冗余。这使得本章提出的方法能够展现出针对时间和通道依赖性的强大学习能力,从而实现良好的预测性能。这表明有必要解决因通道的冗余而产生的噪声干扰。

表 12-4 在 C-MAPSS 涡扇发动机数据集上比较本章所提出的方法 FFVE 和最先进的方法

类型	方法	FD001		FD002		FD003		FD004	
		RMSE	SCORE	RMSE	SCORE	RMSE	SCORE	RMSE	SCORE
传统机器学习	MLP	37.56	18000.00	80.03	7800000.00	37.39	17400.00	77.37	5620000.00
	SVR	20.96	1380.00	42.00	590000.00	21.05	1600.00	45.35	371000.00
	RVR	23.80	1500.00	31.30	17100.00	22.37	1430.00	34.34	26500.00
深度学习	CNN	18.45	1299.00	30.29	13600.00	13.60	1600.00	29.16	7890.00
	Deep LSTM	16.14	338.00	24.49	4450.00	16.18	852.00	28.17	5550.00
	AGCNN	12.42	225.50	19.43	1492.00	13.39	227.10	21.50	3392.00
	MS-DCNN	11.44	196.22	19.35	3747.00	11.67	241.89	22.22	4844.00
	Bi-level LSTM	11.80	194.00	19.14	3771.00	12.37	224.00	23.38	3492.00
	ADLDNN	13.05	238.00	17.33	1149.00	12.59	281.00	16.95	1371.00
	MLE(4X)+CCF	11.57	208.00	18.84	1606.00	11.83	262.00	20.78	2081.00
	MTSTAN	10.97	175.36	16.81	1154.36	10.90	188.22	18.85	1446.29
	TaFCN	13.99	336.00	19.59	2650.00	19.16	1727.00	22.15	2901.00
可解释的方法	标准 VAE	13.74	339.00	17.91	1543.00	14.52	436.00	19.27	1987.00
	RVE	13.42	323.82	14.92	1379.17	12.51	256.36	16.37	1845.99
	TF-SCN+HLS-VAE	12.05	219.00	14.71	1358.00	12.15	238.00	16.95	1367.00
	FFVE	8.47	276.69	9.78	765.13	8.71	293.09	9.62	1134.31
IMP		22.79%	—	37.59%	—	19.72%	—	41.23%	17.02%

注：IMP 表示效果提升比例。

表 12-5　在 NASA 锂离子电池数据集上比较本章所提出的方法 FFVE 与最先进的方法

度量指标	方法							IMP
	传统机器学习	深度学习				可解释的方法		
	MLP	RNN	LSTM	GRU	DeTransformer	RVE	FFVE	
RE	0.3851	0.2851	0.2648	0.3044	0.2252	0.2113	0.1637	22.53%
MAE	0.1379	0.0749	0.0829	0.0806	0.0713	0.0674	0.0623	7.57%
RMSE	0.1541	0.0848	0.0905	0.0921	0.0802	0.0771	0.0718	6.87%

注:IMP 表示效果提升比例。

与涡扇发动机 RUL 预测相比,锂离子电池 RUL 预测任务需要准确估计电池发生故障的时间和电池容量的退化趋势。这对于准确预测当前电池的 RUL 来说至关重要。与其他方法相比,RE 降低了 22.53%,这表明 FFVE 能够准确预测电池发生故障的时间。此外,FFVE 表现出能够有效捕捉电池容量退化趋势的能力,MAE 降低了 7.57%,RMSE 降低了 6.87%。这些结果强调了 FFVE 进行准确的迭代多步(IMS)估计的能力。图 12-5 进一步说明了 FFVE 与其他方法电池容量估计和 RUL 预测结果的比较。本章提出的方法不仅可以紧密跟踪电池容量的实际退化趋势,而且可以捕获退化过程中的波动特征。

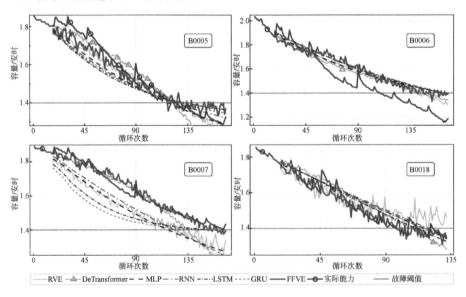

图 12-5　不同方法下的电池容量估计和 RUL 预测结果

总之,本章提出的方法利用前面提到的 IMS 估计功能,准确估计了电池容量达到阈值的故障时间点。该故障时间点与初始时间点之间的间隔表示初始电池的 RUL。由此可以看出,本章提出的方法在预测电池的 RUL 方面表现出卓越的性能。

(二)计算成本

现有研究往往强调预测性能,而忽略了模型复杂性带来的高计算成本。FFVE 主要基于 MLP 结构和变分推理,能在保证性能的同时取得良好的计算效率。

具体来说,FFVE 由两个主要模块组成:FTCF 块和特征融合操作模块。增加 FTCF 块的数量会显著提高方法的复杂性,从而导致计算成本增加。特征融合操作可以分为短程和长短程两类。关键的区别在于利用了远程高低级别特征融合操作,这虽增强了该方法在复杂工作条件下的性能,但也产生了额外的计算成本。接下来,本章将进一步分析这两个模块对系统性能的影响。

以 C-MAPSS 数据集为例,当选择 14 个传感器,并且时间窗口大小为 30 时,本章提出的方法在各种结构下所需的计算成本如表 12-6 所示。本章通过乘累加的次数来衡量计算复杂度、可训练参数和推理时间。结果表明,在各种工况下,为了提高性能而增加网络复杂度所带来的成本的增加是可以接受的。此外,FFVE 只需少量的计算和推理时间即可实现超越现有模型的性能,这有利于在实时 RUL 预测场景中的部署。

表 12-6　C-MAPSS 数据集上具有不同架构的 FFVE 的计算成本

方法	特征融合操作	计算复杂度	可训练参数	推理时间/s
FFVE (X1)	短程[1,3]	573260	207480	0.778 ± 0.013
	长短程	749660	383880	0.812 ± 0.013
FFVE(X2)	短程[2]	968060	235873	1.078 ± 0.018
	长短程[4]	1.144×10^6	412273	1.119 ± 0.017
FFVE(X3)	短程	1.363×10^6	264266	1.341 ± 0.023
	长短程	1.539×10^6	440666	1.375 ± 0.016

FD001、FD002、FD003 和 FD004 上五次 FFVE 实验的平均训练时间分别为 36.54s、110.78s、53.61s 和 142.06s。与其他深度学习方法（例如 MLE＋CCF 和 CNN-XGB）相比，本章提出的方法在这四个数据集上将训练时间缩短了约 7 倍至 20 倍。这些结果强调了本章提出的方法在计算效率和性能方面的显著优势，为实际应用中的实时 RUL 预测提供了可行的解决方案。

（三）消融研究

我们在 C-MAPSS 涡扇发动机数据集上研究了不同组件对 FFVE 的影响。本章进行了消融实验，包括分析 FTCF 块数量和特征融合类型的影响，以及评估各个模块的有效性。

1. FTCF 块数量和特征融合类型的影响

对于不同操作和故障条件下的发动机传感器，FTCF 块的数量和特征融合操作的类型是可定制的超参数。表 12-7 显示了使用不同数量的 FTCF 块以及短程残差操作或长短程特征融合操作时数据集的性能表现。RMSE 和 SCORE 采用的是五次实验的平均值，这主要是为了消除随机性的影响。

表 12-7　FFVE 与不同数量的 FTCF 块和特征融合类型的比较

FTCF 块的数量	特征融合操作	FD001		FD002		FD003		FD004	
		RMSE	SCORE	RMSE	SCORE	RMSE	SCORE	RMSE	SCORE
X1	短程	8.47	276.69	9.45	728.87	8.75	293.09	9.48	1250.26
	长短程	8.89	294.58	9.29	770.31	9.28	371.00	9.40	1171.81
X2	短程	9.10	331.66	9.18	765.13	9.02	364.37	9.82	1402.17
	长短程	9.10	325.77	9.35	814.48	9.04	375.10	9.62	1134.31
X3	短程	8.78	330.14	9.12	792.37	8.92	328.07	9.54	1503.17
	长短程	9.22	351.58	9.66	780.90	9.12	390.73	9.52	1366.70

就 FTCF 块的数量而言，增加它会导致更多的网络参数，而且不能保证参数的增加会提高预测性能，如图 12-6 所示。这些现象可能受到数据集大小、复杂性以及噪声水平的影响。因此，基于预测精度和工况复杂度，本章对 FD001 和 FD003 使用一个 FTCF 块，对 FD002 和 FD004 使用两个 FTCF 块。

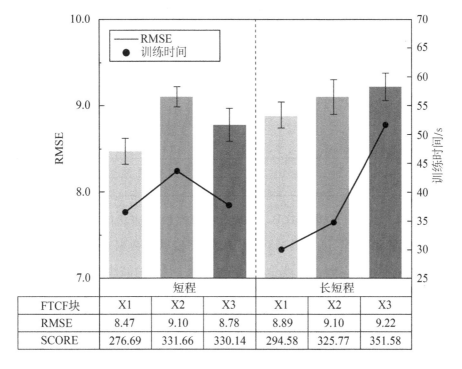

FTCF块	X1	X2	X3	X1	X2	X3
RMSE	8.47	9.10	8.78	8.89	9.10	9.22
SCORE	276.69	331.66	330.14	294.58	325.77	351.58

图 12-6 使用不同数量的 FTCF 块和特征融合类型比较 FD001 的 RMSE、SCORE 与训练时间

在特征融合操作类型方面，很明显 FFVE 在任何工况下都取得了优异的结果。在简单工况（FD001、FD002、FD003）下，具有短程残差运算的 FFVE 通常表现更好，而在最接近真实情况的复杂工况（FD004）下，长短程特征融合运算则表现更好，能够帮助模型进一步提高其性能。这一发现表明，根据具体工作条件调整、补充原始信息的程序是合理的。

2. 模块的有效性

为了评估 FFVE 中的模块的有效性，本章通过实验研究了以下三个模块对性能的影响：第一，分解通道模块；第二，特征融合操作；第三，3D 潜在空间。表 12-8 显示了三种变体和所提出的方法之间的比较结果。

表 12-8 不同方法下的 FFVE 的平均 RMSE/SCORE 情况

数量	方法	分解通道	特征融合	3D潜在空间	FD001	FD002	FD003	FD004
1	FFVE w/o 因子分解		√	√	8.72/283.91	9.58/813.26	9.01/339.40	11.45/1458.28
2	FFVE w/o 通道注意力		√	√	9.46/326.67	9.48/723.78	8.93/300.82	9.70/1776.25
3	FFVE w/o 特征融合	√		√	9.04/357.47	37.80/61145.61	10.44/438.18	37.79/110723.60
4	FFVE w/o 3D潜在空间	√	√		8.72/267.98	9.41/770.31	8.88/353.10	9.47/1229.85
5	FFVE	√	√	√	8.47/276.69	9.18/765.13	8.75/293.09	9.62/1134.31

本研究保留了时间 MLP,以防止时间依赖性捕获能力对性能造成影响。数量 1 和数量 5 的比较结果表明,利用传感器数据通道维度的低秩特性可以有效地减少通道维度中的冗余噪声。噪声的减少最终提高了 RUL 预测的性能,特别是在 FD004 的情况下,传感器值的变化很复杂,并且对捕获通道依赖性具有挑战性。

为了进一步说明分解通道模块的作用,本章在通道维度上将分解通道 MLP 替换为多头自注意力机制。通道注意力机制是 RUL 预测领域的主流方法之一,它能有效增强学习通道依赖性的能力。进行比较的目的是评估减少跨通道冗余噪声与增强学习通道依赖性的影响。因此,在数量 2 和数量 5 中,其余结构保持相同。

数量 2 和数量 5 之间的比较结果表明,在提高 RUL 预测能力方面,减少跨通道冗余噪声比增强通道依赖性学习更有效。此外,与分解通道模块相比,使用通道注意力机制导致推理时间增加约 1.3 倍至 1.5 倍。这一观察结果强调了优先考虑减少跨通道噪声在增强 RUL 预测性能和加速推理过程方面的有效性。

(1)特征融合操作

采用特征融合操作来补充不同工况下的原始信息。数量 3 和数量 5 的比较结果表明,如果没有这个操作,具有更多 FTCF 块的 FFVE 就会像 FD002 和 FD004 上的最佳模型一样,遇到梯度消失的问题,导致性能严重下降。此外,由于原始信息丢失,可能会出现过拟合和泛化能力下降的问题,从而影响预测性能。

（2）3D 潜在空间

现有的基于 VAE 框架的方法通常用于学习多元时间序列和 2D 潜在空间之间的映射关系。通过比较数量 4 和数量 5 的结果可以看出，由于 3D 潜在空间中存在比 2D 潜在空间更合理的过渡值，因此模型能够获得更好的拓扑结构，从而提高整体的性能。该方法的预测性能良好。此外，3D 潜在空间提供了一种新颖且有效的方法来可视化发动机 RUL 退化路线，证明了其对提高模型可解释性的贡献。

（四）模型分析

为了更好地了解 FFVE 的有效性，本章对涡扇发动机数据集进行了模型分析。本章通过提供预测结果并可视化一些权重来分析预测模式。此外，本章在 3D 潜在空间中为一些引擎构建了 RUL 退化路线，以证明该方法可以在预测过程中捕获 RUL 的演化模式。

1. 所提出方法的性能

为了证明所提出方法 FFVE 的预测性能，我们从四个测试集中选择发动机单元进行预测。对于每个时间步，使用过去的生命周期作为输入来绘制引擎的 RUL 预测趋势，如图 12-7 所示。从图中可以看出，实现准确的 RUL 预测往往比较困难。但通过观察预测趋势可以发现，FFVE 总能通过传感器了解发动机 RUL 退化的趋势特征。

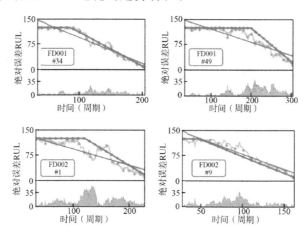

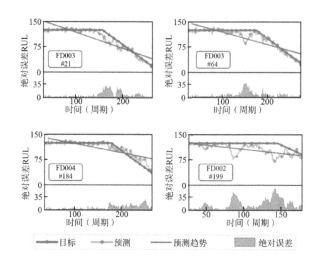

图 12-7　基于 FFVE 模型的发动机 RUL 趋势预测

　　为了进一步评估本章的方法在各种工作条件下的预测性能,本章绘制了四个测试集上的预测误差分布图,如图 12-8 所示,FD004 的预测中显著异常值较少,这也验证了多种操作和故障条件下 RUL 预测任务的挑战性。然而,所有数据集上的中值和平均预测误差都接近 0,并且至少有 50% 的样本误差在 10 以内,这表明 FFVE 在各种工作条件下都具有良好的预测性能。

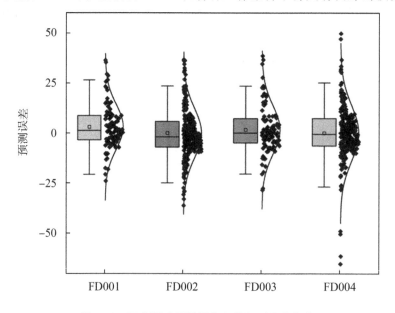

图 12-8　四个测试子数据集上的预测误差分布

虽然绘制发动机整个生命周期的预测曲线可以反映 RUL 预测结果的变化,但在解释辅助维护决策和预测过程方面仍然存在缺陷。因此,在本节中,我们将使用 FFVE 构建的 3D 潜在空间模型来展示它如何学习发动机性能的退化过程。

2. 预测模式分析

如图 12-9 所示,其中(a)是 FTCF 块中时间 MLP 的第一个全连接层。(b)是 FTCF 块中分解通道 MLP 的第一个全连接层。(c)是在长程高低级特征融合操作后,用于 μ 的第一个全连接层。(d)是在长程高低级特征融合操作后,用于 σ 的第一个全连接层。

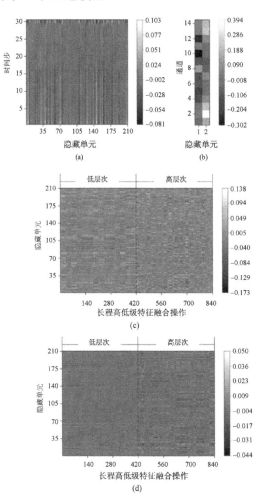

图 12-9 FD004 上 FFVE 的可视化分析

本章通过可视化 FD004 上 FFVE 的一些权重来研究预测模式。图 12-9(a)显示 FTCF 块中的时间 MLP 可以捕获时间窗口内的时间步长提供的时间依赖性。第 i 行表示每个隐藏单元上第 i 时间步的权重。可以观察到,前一步和最后一步信息会获得更多关注,即距离预测时间点最近和最远的时间点(1—15、30)的信息权重更大。这表明这些历史时间步长对预测下一个时间步长的 RUL 有更大的影响。

图 12-9(b)显示分解通道 MLP 可以从原始 14 个通道中提取 2 个不同的通道模式,从而减少通道维度内的冗余。

图 12-9 中的(c)和(d)显示了 μ 和 σ 的第一个全连接层的权重,输入来自长程高低级特征融合操作。左半部分表示原始传感器数据的权重,是低级稀疏特征向量;右半部分表示 FTCF 块提取的权重,它是一个高级密集特征向量。对原始数据的关注与该方法提取的特征之间存在显著差异。这表明长程高低级特征融合操作可以使该方法自动学习原始信息和提取信息的组合。

3. 可解释的 RUL 退化路线

虽然图 12-7 显示了 FFVE 在预测发动机 RUL 方面的良好性能,但在反映该方法内部工作的可解释性方面仍然存在缺陷。因此,本章从测试集中选择了四个发动机单元进行实验,实验结果如图 12-10 所示,其中每个图都由 3D 潜在空间组成(见图 12-2)。每个点代表历史引擎窗口数据在潜在空间中的对应位置,不同颜色的点对应不同的 RUL 值。图 12-10 显示了四个测试子数据集。为了便于观察,每 10 个时间步长进行一次预测。

我们将待预测的引擎单元划分为大小为 30 的时间窗口并输入编码器中。编码器计算相应的平均值和标准差,以生成表示当前引擎窗口数据的 3D 潜在变量。潜在空间中每个时间窗口的位置由深灰点表示,黑色箭头连接连续的点。例如,最后 30 个时间步用最右边的深灰点表示,而其他点代表引擎在潜在空间中不同阶段的位置。在所有数据集中,可以观察到以下现象。

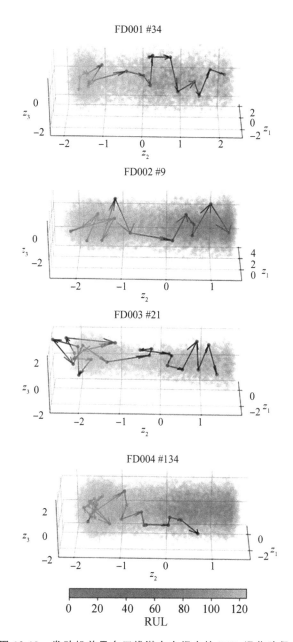

图 12-10　发动机单元在三维潜在空间中的 RUL 退化路径

（1）RUL 退化路线

当涡扇发动机处于健康状态（高 RUL）时，传感器数据会一致映射到左侧区域，并且演化路线在该区域内波动和徘徊。在发动机运行的后期阶段，3D 潜在空间中传感器数据对应的位置迅速向右侧区域衰减。这种衰减与发动机演化的预期模式一致,即 RUL 在早期阶段保持相对稳定,但在后期迅速下降。因此,该方法有效地捕获了发动机退化模式并准确地反映了发动机退化率的变化。

(2)分离不同的 RUL 状态

在图 12-10 中,最左侧代表发动机单元的健康状态,而最右侧代表完全退化状态,它们之间有相当大的空间分离。这一观察结果表明,该方法能够区分两种状态下的传感器特性,并有效地区分健康状态和退化状态。这解释了为什么该模型能够准确捕获如图 12-7 所示的发动机退化时间点。

通过使用上述方法,可以形成涡扇发动机至少 30 个生命周期的 RUL 退化路线。该路线可以定期更新最新数据。因此,在日常的发动机监测中,维护工程师可以及时获得发动机运行状态的参考视图,并根据设定的 RUL 阈值制订发动机维护计划,这有助于降低飞机维护成本并增加飞行时间。

第五节　本章小结

在设备维护和运营中,准确预测设备剩余使用寿命是非常重要的,可以帮助维护人员及时采取维修和保养措施,降低故障风险并提高设备的可靠性。然而,由于设备运行环境的复杂性和故障模式的多样性,传统方法的 RUL 预测仍然具有挑战性,因此需要一种更有效、更可解释的方法来提高预测准确性。

本章提出了一种名为分解时间通道融合和基于特征融合的变分编码的方法,用于可解释的剩余使用寿命预测。该方法旨在应对多变的操作条件和复杂的故障模式带来的挑战,通过捕获多元时间序列的时间通道依赖性来提高 RUL 预测的准确性。具体而言,本章引入了 FTCF 块和特征融合操作,以有效地减少通道维度的冗余并补充丢失的信息,从而提高预测性能。此外,本章还引入了一种新颖的可解释性分析方法,该方法可以可视化 3D 潜在空间中发动机的连续退化路线。在 C-MAPSS 涡扇飞机发动机数据集和 NASA 锂离子电池数据集上的实验结果表明,该方法在 RUL 预测精度方面优于大多数最先进的方法,并且可以在 3D 潜在空间中构建发动机的完整退化过程,以协助维护人员诊断发动机的健康状态。我们期望 FFVE 能够成为工程领域中 RUL 预测的重要工具,为设备维护和运营提供更有效的支持。

参考文献

[1] Badie-Modiri A，Karsai M，Kivelä M. Efficient limited-time reachability estimation in temporal networks[J]. Physical Review E，2020(5):052303.

[2] Bohlin L，Edler D，Lancichinetti A，et al. Community detection and visualization of networks with the map equation framework [J]. Measuring Scholarly Impact：Methods and Practice，2014(1): 3-34.

[3] Bonchi F，Galimberti E，Gionis A，et al. Discovering polarized communities in signed networks[C]// Proceedings of the 28th ACM International Conference on Information and Knowledge Management，2019:961-970.

[4] Box G E，Pierce D A. Distribution of residual autocorrelations in autoregressive-integrated moving average time series models [J]. Journal of the American Statistical Association，1970(1):1509-1526.

[5] Breiman L. Random forests[J]. Machine Learning，2001(1):5-32.

[6] Cadena J，Vullikanti A K，Aggarwal C C. On dense subgraphs in signed network streams [C]// 2016 IEEE 16th International Conference on Data Mining (ICDM)，2016:51-60.

[7] Cai H，Zheng V W，Chang K C C. Active learning for graph embedding[EB/OL]. (2017-05-15) [2024-07-20]. https://arxiv.org/abs/1705.05085.

[8] Cao X，Chen L，Cong G，et al. Keyword-aware optimal route search [J]. Proceedings of the VLDB Endowment，2012(11):1406-1417.

[9] Carbonell J G, Goldstein J. The use of MMR, diversity-based reranking for reordering documents and producing summaries[C]// Proceedings of the 21st Annual International ACM SIGIR Conference on Research and Development in Information Retrieval, 1998:335-336.

[10] Carraghan R, Pardalos P M. An exact algorithm for the maximum clique problem[J]. Operations Research Letters, 1990(6):375-382.

[11] Cartwright D, Harary F. Structural balance: A generalization of Heider's theory[J]. Psychological Review, 1956(5):277.

[12] Chen C, Wu Y, Sun R, et al. Maximum signed θ-clique identification in large signed graphs[J]. IEEE Transactions on Knowledge and Data Engineering, 2021(2):1791-1802.

[13] Chen S, Qian H, Wu Y, et al. Efficient adoption maximization in multi-layer social networks[C]// 2019 International Conference on Data Mining Workshops (ICDMW), 2019:56-60.

[14] Cheng D, Chen C, Wang X, et al. Efficient top-k vulnerable nodes detection in uncertain graphs[J]. IEEE Transactions on Knowledge and Data Engineering, 2021(2):1460-1472.

[15] Cheng J, Ke Y, Fu A W C, et al. Fast graph query processing with a low-cost index[J]. The VLDB Journal, 2011(4):521-539.

[16] Cheng X, Zhang R, Zhou J, et al. Deeptransport: Learning spatial-temporal dependency for traffic condition forecasting[C]// 2018 International Joint Conference on Neural Networks, 2018:1-8.

[17] Cho K, Van Merriënboer B, Bahdanau D, et al. On the properties of neural machine translation: Encoder-decoder approaches[C]// Eighth Workshop on Syntax, Semantics and Structure in Statistical Translation, 2014:103-111.

[18] Cinar Y G, Mirisaee H, Goswami P, et al. Period-aware content attention RNNs for time series forecasting with missing values[J]. Neurocomputing, 2018(1):177-186.

[19] Cohen J. Trusses: Cohesive subgraphs for social network analysis [J]. National Security Agency Technical Report, 2008(1):1-29.

[20] Cormen T H, Leiserson C E, Rivest R L, et al. Introduction to algorithms[M]. Cambridge: MIT Press, 2022.

[21] Cortes C, Vapnik V. Support-vector networks [J]. Machine Learning, 1995(1):273-297.

[22] Costa N, Sánchez L. Variational encoding approach for interpretable assessment of remaining useful life estimation [J]. Reliability Engineering & System Safety, 2022(1):108353

[23] Da-Xiong L, Shi-quan Z, Jun-min Y, et al. A query algorithm for heterogeneous information network[J]. Procedia Computer Science, 2018(1):1001-1005.

[24] Dinari H. A survey on graph queries processing: Techniques and methods [J]. International Journal of Computer Network and Information Security, 2017(4):48-58.

[25] Drosou M, Pitoura E. Disc diversity: Result diversification based on dissimilarity and coverage[J]. Proceedings of the VLDB Endowment, 2012(1):13-24.

[26] D'Urso P, Massari R, Cappelli C, et al. Autoregressive metric-based trimmed fuzzy clustering with an application to PM10 time series[J]. Chemometrics and Intelligent Laboratory Systems, 2017(1):15-26.

[27] Eppstein D, Löffler M, Strash D. Listing all maximal cliques in sparse graphs in near-optimal time [C]// Algorithms and Computation: 21st International Symposium, 2010:403-414.

[28] Fan L, Chai Y, Chen X. Trend attention fully convolutional network for remaining useful life estimation[J]. Reliability Engineering & System Safety, 2022(1):108590.

[29] Faruk D Ö. A hybrid neural network and ARIMA model for water quality time series prediction [J]. Engineering Applications of

Artificial Intelligence，2010(4)：586-594.

[30] Fich E M，Shivdasani A．Financial fraud，director reputation，and shareholder wealth［J］．Journal of Financial Economics，2007(2)：306-336.

[31] Ford L R，Fulkerson D R．Network flow and systems of representatives［J］．Canadian Journal of Mathematics，1958(1)：78-84.

[32] Freeman L C，Borgatti S P，White D R．Centrality in valued graphs：A measure of betweenness based on network flow［J］．Social Networks，1991(2)：141-154.

[33] Gao J，Huang X，Li J．Unsupervised graph alignment with Wasserstein distance discriminator［C］// Proceedings of the 27th ACM SIGKDD Conference on Knowledge Discovery & Data Mining，2021：426-435.

[34] Ge Q，Gao G，Shao W，et al．Graph regularized Bayesian tensor factorization based on Kronecker-decomposable dictionary［J］．Computers & Electrical Engineering，2021(1)：106968.

[35] Gebraeel N，Pan J．Prognostic degradation models for computing and updating residual life distributions in a time-varying environment［J］．IEEE Transactions on Reliability，2008(4)：539-550.

[36] Giatsidis C，Cautis B，Maniu S，et al．Quantifying trust dynamics in signed graphs，the s-cores approach［C］// Proceedings of the 2014 SIAM International Conference on Data Mining，2014：668-676.

[37] Gollapudi S，Sharma A．An axiomatic approach for result diversification［C］// Proceedings of the 18th International Conference on World Wide Web．Madrid：ACM，2009：381-390.

[38] Grover A，Leskovec J．Node2vec：Scalable feature learning for networks［C］// Proceedings of the 22nd ACM SIGKDD International Conference on Knowledge Discovery and Data Mining，2016：855-864.

[39] Gui T, Zou Y, Zhang Q, et al. A lexicon-based graph neural network for Chinese NER[C]// Proceedings of the 2019 Conference on Empirical Methods in Natural Language Processing and the 9th International Joint Conference on Natural Language Processing, 2019:1040-1050.

[40] Guillaume J L, Latapy M. Bipartite structure of all complex networks[J]. Information Processing Letters, 2004(5):215-221.

[41] Guisheng Y, Wansi Y, Yuxin D. A new link prediction algorithm: Node link strength algorithm [C]// 2014 IEEE Symposium on Computer Applications and Communications, 2014:5-9.

[42] Guo F, Polak J W, Krishnan R. Predictor fusion for short-term traffic forecasting[J]. Transportation Research Part C: Emerging Technologies, 2018(1):90-100.

[43] Han L, Li P, Yu S, et al. Creep/fatigue accelerated failure of Ni-based superalloy turbine blade: Microscopic characteristics and void migration mechanism [J]. International Journal of Fatigue, 2022 (1):106558.

[44] Hao F, Yau S S, Min G, et al. Detecting k-balanced trusted cliques in signed social networks [J]. IEEE Internet Computing, 2014 (2):24-31.

[45] He H, Singh A K. Closure-tree: An index structure for graph queries[C]// 22nd International Conference on Data Engineering, 2006:38.

[46] Hinton G E, Osindero S, Teh Y W. A fast learning algorithm for deep belief nets[J]. Neural Computation, 2006(7):1527-1554.

[47] Huang W, Song G, Hong H, et al. Deep architecture for traffic flow prediction: Deep belief networks with multitask learning[J]. IEEE Transactions on Intelligent Transportation Systems, 2014 (5): 2191-2201.

[48] Jain A K, Duin R P W, Mao J. Statistical pattern recognition: A review[J]. IEEE Transactions on Pattern Analysis and Machine Intelligence, 2000(1):4-37.

[49] Jiang L, Zhang T, Lei W, et al. A new convolutional dual-channel transformer network with time window concatenation for remaining useful life prediction of rolling bearings[J]. Advanced Engineering Informatics, 2023(1):101966.

[50] Jing T, Zheng P, Xia L, et al. Transformer-based hierarchical latent space VAE for interpretable remaining useful life prediction[J]. Advanced Engineering Informatics, 2022(1):101781.

[51] Johnson D S, Yannakakis M, Papadimitriou C H. On generating all maximal independent sets[J]. Information Processing Letters, 1988 (3):119-123.

[52] Jouin M, Gouriveau R, Hissel D, et al. Degradations analysis and aging modeling for health assessment and prognostics of PEMFC[J]. Reliability Engineering & System Safety, 2016(1):78-95.

[53] Kannan R, Tetali P, Vempala S. Simple Markov-chain algorithms for generating bipartite graphs and tournaments[J]. Random Structures & Algorithms, 1999(4):293-308.

[54] Khashei M, Bijari M, Ardali G A R. Hybridization of autoregressive integrated moving average (ARIMA) with probabilistic neural networks (PNNs)[J]. Computers & Industrial Engineering, 2012 (1):37-45.

[55] Kim H, Min S, Park K, et al. IDAR: Fast supergraph search using DAG integration[J]. Proceedings of the VLDB Endowment, 2020 (9):1456-1468.

[56] Kolda T G, Pinar A, Plantenga T, et al. A scalable generative graph model with community structure[J]. SIAM Journal on Scientific Computing, 2014(5):C424-C452.

[57] Kucuktunc O, Ferhatosmanoglu H. Diverse nearest neighbors browsing for multidimensional data[J]. IEEE Transactions on Knowledge and Data Engineering, 2013(3):481-493.

[58] Lai G, Chang W C, Yang Y, et al. Modeling long-and short-term temporal patterns with deep neural networks[C]// Proceedings of the 41st International ACM SIGIR Conference on Research & Development in Information Retrieval, 2018:95-104.

[59] Leskovec J, Huttenlocher D, Kleinberg J. Predicting positive and negative links in online social networks[C]// Proceedings of the 19th International Conference on World Wide Web, 2010:641-650.

[60] Li R H, Dai Q, Qin L, et al. Efficient signed clique search in signed networks[C]// 2018 IEEE 34th International Conference on Data Engineering (ICDE), 2018:245-256.

[61] Li R H, Dai Q, Wang G, et al. Improved algorithms for maximal clique search in uncertain networks[C]// 2019 IEEE 35th International Conference on Data Engineering (ICDE), 2019:1178-1189.

[62] Liao L, Köttig F. Review of hybrid prognostics approaches for remaining useful life prediction of engineered systems, and an application to battery life prediction[J]. IEEE Transactions on Reliability, 2014(1):191-207.

[63] Liu B, Cheng J, Cai K, et al. Singular point probability improve LSTM network performance for long-term traffic flow prediction[C]// National Conference of Theoretical Computer Science, 2017:328-340.

[64] Liu M, Zeng A, Chen M, et al. Scinet: Time series modeling and forecasting with sample convolution and interaction[J]. Advances in Neural Information Processing Systems, 2022(1):5816-5828.

[65] Liu Z, Lin Y, Cao Y, et al. Swin transformer: Hierarchical vision

transformer using shifted windows[C]// Proceedings of the IEEE/ CVF International Conference on Computer Vision，2021： 10012-10022.

[66] Londhe S，Charhate S. Comparison of data-driven modelling techniques for river flow forecasting [J]. Hydrological Sciences Journal，2010(7)：1163-1174.

[67] Lu H，Yang R，Deng Z，et al. Chinese image captioning via fuzzy attention-based DenseNet-BiLSTM [J]. ACM Transactions on Multimedia Computing，Communications，and Applications (TOMM)，2021(1)：1-18.

[68] Lv Y，Duan Y，Kang W，et al. Traffic flow prediction with big data： A deep learning approach[J]. IEEE Transactions on Intelligent Transportation Systems，2015(2)：865-873.

[69] Lyu B，Qin L，Lin X，et al. Maximum biclique search at billion scale [J]. Proceedings of the VLDB Endowment，2020(12)：2031-2044.

[70] Lyu B，Qin L，Lin X，et al. Scalable supergraph search in large graph databases[C]// Proceedings of the 2016 IEEE 32nd International Conference on Data Engineering，2016：157-168.

[71] Ma X，Tao Z，Wang Y，et al. Long short-term memory neural network for traffic speed prediction using remote microwave sensor data[J]. Transportation Research Part C：Emerging Technologies， 2015(1)：187-197.

[72] Nagel K，Schreckenberg M. A cellular automaton model for freeway traffic[J]. Journal de Physique I，1992(12)：2221-2229.

[73] Nascimento R G，Corbetta M，Kulkarni C S，et al. Hybrid physics- informed neural networks for lithium-ion battery modeling and prognosis[J]. Journal of Power Sources，2021(1)：230526.

[74] Newman M E J. Equivalence between modularity optimization and maximum likelihood methods for community detection[J]. Physical

Review E，2016(5)：052315.

[75] Nickel M，Murphy K，Tresp V，et al. A review of relational machine learning for knowledge graphs[J]. Proceedings of the IEEE，2015(1)：11-33.

[76] Papadias D，Zhang J，Mamoulis N，et al. Query processing in spatial network databases [C]// Proceedings of the 29th International Conference on Very Large Data Bases，2003：802-813.

[77] Peng Y，Zhang Y，Lin X，et al. Answering billion-scale label-constrained reachability queries within microsecond[J]. Proceedings of the VLDB Endowment，2020(6)：812-825.

[78] Perozzi B，Al-Rfou R，Skiena S. DeepWalk：Online learning of social representations [C]// Proceedings of the 20th ACM SIGKDD International Conference on Knowledge Discovery and Data Mining，2014：701-710.

[79] Poernomo A K，Gopalkrishnan V. Towards efficient mining of proportional fault-tolerant frequent itemsets[C]// Proceedings of the 15th ACM SIGKDD International Conference on Knowledge Discovery and Data Mining，2019：697-706.

[80] Polson N，Sokolov V. Deep learning for short-term traffic flow prediction [J]. Transportation Research Part C：Emerging Technologies，2017(1)：1-17.

[81] Qiao L，Zhang L，Chen S，et al. Data-driven graph construction and graph learning：A review[J]. Neurocomputing，2018(1)：336-351.

[82] Quinlan J R. Induction of decision trees[J]. Machine Learning，1986(1)：81-106.

[83] Raicharoen T，Lursinsap C，Sanguanbhokai P. Application of critical support vector machine to time series prediction [C]// 2003 International Symposium on Circuits and Systems，2003.

[84] Robins G，Alexander M. Small worlds among interlocking directors：

Network structure and distance in bipartite graphs[J]. Computational & Mathematical Organization Theory，2004(1)：69-94.

[85] Rocha-Junior J B，Nørvåg K. Top-k spatial keyword queries on road networks[C]// Proceedings of the 15th International Conference on Extending Database Technology，2012：168-179.

[86] Roy R K. A primer on the Taguchi method[M]. Dearborn：Society of Manufacturing Engineers，2010.

[87] Rubio G，Pomares H，Rojas I，et al. A heuristic method for parameter selection in LS-SVM：Application to time series prediction [J]. International Journal of Forecasting，2011(3)：725-739.

[88] Salinas D，Flunkert V，Gasthaus J，et al. DeepAR：Probabilistic forecasting with autoregressive recurrent networks[J]. International Journal of Forecasting，2020(3)：1181-1191.

[89] Shekhar S，Liu D R. CCAM：A connectivity-clustered access method for networks and network computations[J]. IEEE Transactions on Knowledge and Data Engineering，1997(1)：102-119.

[90] Shen M，Ma B，Zhu L，et al. Cloud-based approximate constrained shortest distance queries over encrypted graphs with privacy protection[J]. IEEE Transactions on Information Forensics and Security，2017(4)：940-953.

[91] Shu X，Tang J，Qi G J，et al. Concurrence-aware long short-term sub-memories for person-person action recognition[C]// 2017 IEEE Conference on Computer Vision and Pattern Recognition Workshops，2017：143-152.

[92] Sun R，Chen C，Wang X，et al. Stable community detection in signed social networks[J]. IEEE Transactions on Knowledge and Data Engineering，2020(10)：5051-5055.

[93] Tang J，Shu X，Yan R，et al. Coherence constrained graph LSTM for group activity recognition[J]. IEEE Transactions on Pattern Analysis

and Machine Intelligence，2019(2):636-647.

[94] Toda H Y, Phillips P C B. Vector autoregression and causality: A theoretical overview and simulation study[J]. Econometric Reviews, 1994(2):259-285.

[95] Tolstikhin I O, Houlsby N, Kolesnikov A, et al. Mlp-mixer: An all-mlp architecture for vision[J]. Advances in Neural Information Processing Systems, 2021(1):24261-24272.

[96] Tomita E, Sutani Y, Higashi T, et al. A simple and faster branch-and-bound algorithm for finding a maximum clique[C]// International Workshop on Algorithms and Computation, 2010:191-203.

[97] Tomita E, Tanaka A, Takahashi H. The worst-case time complexity for generating all maximal cliques and computational experiments[J]. Theoretical Computer Science, 2006(1):28-42.

[98] Valstar L D J, Fletcher G H L, Yoshida Y. Landmark indexing for evaluation of label-constrained reachability queries[C]// Proceedings of the 2017 ACM International Conference on Management of Data, 2017:345-358.

[99] Wang J, Hu F, Li L. Deep bi-directional long short-term memory model for short-term traffic flow prediction[C]// International Conference on Neural Information Processing, 2017:306-316.

[100] Wang K, Zhang W, Lin X, et al. Efficient and effective community search on large-scale bipartite graphs[C]// 2021 IEEE 37th International Conference on Data Engineering, 2021:85-96.

[101] Williams B M, Hoel L A. Modeling and forecasting vehicular traffic flow as a seasonal ARIMA process: Theoretical basis and empirical results[J]. Journal of Transportation Engineering, 2003(6):664-672.

[102] Williams B. Multivariate vehicular traffic flow prediction: Evaluation of ARIMAX modeling[J]. Transportation Research

Record，2001(1):194-200.

[103] Wu C L，Chau K W，Li Y S. Methods to improve neural network performance in daily flows prediction[J]. Journal of Hydrology，2009(1):80-93.

[104] Wu Z，Pan S，Chen F，et al. A comprehensive survey on graph neural networks[J]. IEEE Transactions on Neural Networks and Learning Systems，2021(1):4-24.

[105] Xiong L，Lu Y. Hybrid ARIMA-BPNN model for time series prediction of the Chinese stock market[C]// 2017 3rd International Conference on Information Management (ICIM)，2017:93-97.

[106] Xu X，Tang S，Yu C，et al. Remaining useful life prediction of lithium-ion batteries based on Wiener process under time-varying temperature condition[J]. Reliability Engineering & System Safety，2021(1):107675.

[107] Yang B，Cheung W，Liu J. Community mining from signed social networks [J]. IEEE Transactions on Knowledge and Data Engineering，2007(10):1333-1348.

[108] Yang H，Dillon T，Chen Y. Optimized structure of the traffic flow forecasting model with a deep learning approach [J]. IEEE Transactions on Neural Networks and Learning Systems，2017(10):2371-2381.

[109] Yu R，Li Y，Shahabi C，et al. Deep learning：A generic approach for extreme condition traffic forecasting[C]// Proceedings of the 2017 SIAM International Conference on Data Mining，2017:777-785.

[110] Yuan L，Qin L，Lin X，et al. Effective and efficient dynamic graph coloring[J]. Proceedings of the VLDB Endowment，2017(3):338-351.

[111] Yıldırım H，Chaoji V，Zaki M J. GRAIL：A scalable index for

reachability queries in very large graphs[J]. The VLDB Journal, 2012(4):509-534.

[112] Zeng A, Chen M, Zhang L, et al. Are transformers effective for time series forecasting? [C]// Proceedings of the AAAI Conference on Artificial Intelligence, 2023:11121-11128.

[113] Zhang C, Zhang Y, Zhang W, et al. Efficient maximal spatial clique enumeration[C]// 2019 IEEE 35th International Conference on Data Engineering (ICDE), 2019:878-889.

[114] Zhao P, Han J. On graph query optimization in large networks[J]. Proceedings of the VLDB Endowment, 2010(1):340-351.

[115] Zhao Z, Chen W, Wu X, et al. LSTM network: A deep learning approach for short-term traffic forecast [J]. IET Intelligent Transport Systems, 2017(2):68-75.

[116] Zheng Q, Zhu J, Tang H, et al. Generalized label enhancement with sample correlations[J]. IEEE Transactions on Knowledge and Data Engineering, 2021(1):482-495.

[117] Zhou H, Zhang S, Peng J, et al. Informer: Beyond efficient transformer for long sequence time-series forecasting [C]// Proceedings of the AAAI Conference on Artificial Intelligence, 2021:11106-11115.

[118] Zhou J, Zhou S, Yu J X, et al. DAG reduction: Fast answering reachability queries [C]// Proceedings of the 2017 ACM International Conference on Management of Data, 2017:375-390.

[119] Zhou T, Ma Z, Wen Q, et al. Fedformer: Frequency enhanced decomposed transformer for long-term series forecasting [C]// International Conference on Machine Learning, 2022:27268-27286.

[120] Zhou Y, Xie X, Wang C, et al. Hybrid index structures for location-based web search[C]// Proceedings of the 14th ACM International Conference on Information and Knowledge Management, 2005:

155-162.

[121] Zhu Y，Wu J，Liu X，et al. Hybrid scheme through read-first-LSTM encoder-decoder and broad learning system for bearings degradation monitoring and remaining useful life estimation［J］. Advanced Engineering Informatics，2023(1)：102014.

[122] Zio E. Prognostics and health management（PHM）：Where are we and where do we（need to）go in theory and practice［J］. Reliability Engineering & System Safety，2022(1)：108119.

[123] Zou L，Xu K，Yu J X，et al. Efficient processing of label-constraint reachability queries in large graphs［J］. Information Systems，2014(1)：47-66.

[124] Zou Z. Bitruss decomposition of bipartite graphs［C］// International Conference on Database Systems for Advanced Applications，2016：218-233.